KB075247

소 셜 픽 션

..

지금 세계는

무   엇   을

상 상 하 고

있   는   가

**소셜픽션 :
지금 세계는 무엇을 상상하고 있는가**

초판 1쇄 발행 2014년 2월 20일
초판 4쇄 발행 2019년 10월 8일

지은이 | 이원재 외
발행인 | 김형보
편집 | 최윤경, 박민지, 강태영, 이환희
마케팅 | 이연실, 김사룡
경영지원 | 최윤영

발행처 | 어크로스출판그룹(주)
출판신고 | 2018년 12월 20일 제 2018-000339호
주소 | 서울시 마포구 양화로10길 50 마이빌딩 3층
전화 | 02-6959-3299(편집) 070-8724-5877(영업) 팩스 | 02-6085-7676
e-mail | across@acrossbook.com
ⓒ소셜픽션랩 2014

ISBN 978-89-97379-38-5 03320

이 도서의 국립중앙도서관 출판시도서목록(CIP)은 e-CIP홈페이지(http://www.nl.go.kr/ecip)와 국가자료공동목록시스템(http://www.nl.go.kr/kolisnet)에서 이용하실 수 있습니다. (CIP제어번호 : CIP2014003580)

만든 사람들

집필 | 강정수, 김산, 김진화, 윤지영, 이성은, 이숙현, 이원재
편집 | 김류미
교정교열 | 오효순
디자인 | 이석운, 최윤선
일러스트 | 베네핏 (benefit.is)

소셜픽션

SOCIAL FICTION

지금 세계는 무엇을 상상하고 있는가

이원재 외 지음

어크로스

추천사

2014년, 자발적으로 모인 시민들은 새로운 정치가 자신들의 삶을 어떻게 바꿀 수 있을지 상상하기 시작했고, 소셜픽션을 쓰기 시작했습니다. 소셜픽션은 정책과 정치를 바꿨고, 낡은 정치인과 정치판을 교체하는 새로운 모티프가 되었습니다. 10년 전 출간되어 스테디셀러가 된 《소셜픽션》은 사회 변화를 위한 교과서이며, 이 책을 만난 것은 제겐 축복입니다. – 2024년, 《소셜픽션》 출간 10주년 기념 파티에 참석한 대통령 OOO 축사 중에서

— 김호(더랩에이치 대표, 《쿨하게 사과하라》 저자)

상상에는 정답이 없습니다. 그래서 우리는 마음껏 상상할 수 있습니다. 이 책은 오늘을 만들어 온 위대한 과거의 상상들과 새로운 미래를 만들고 있는 현재의 상상들을 소개합니다. 바로 오늘 우리가 맞닥뜨리고 있는 문제, 그리고 함께 넘어서야 할 문제들에 대한 소설 같은 이야기입니다. 함께 써가는 소셜픽션, 흥미진진하고 멋진 사회에 관한 자유로운 상상을 담은 소설. 미래는 이렇게 우리에게 오고 있습니다.

— 서명숙(사단법인 제주올레 이사장)

새로운 상상이란 한 분야에 대한 전문성을 토대로, 다른 분야에 대한 상식과 포용력을 결합해 만들 수 있습니다. 여러 사람이 협업하고 소통하면 그 상상이 무한대가 됩니다. 열린 마음으로 우리가 함께 살고 싶은 사회를 만들어나갈 수 있기를 희망합니다.

— 안철수(국회의원)

내가 살고 싶은 세상을 내가 상상하는 것, 그 과정을 통해 내 욕구, 진짜배기 내 의견, 내가 추구하는 가치가 무엇이었는지를 또렷이 만나는 것, 그것들이 실제 작동하는 세상을 만들기 위해 마음을 내는 것. 이것들은 내 삶을 축제로 만드는 일이자 동시에 치유의 과정이기도 합니다. 이 책은 한 경제학자의 깊고도 발랄한 상상과 성찰이 우리 사회를 치유해낼 수도 있으리라는 겸손한 깨달음을 내게 주었습니다.

— 정혜신(마인드프리즘 대표)

낯선 곳으로 여행을 갈 때, 먹어보지 않은 음식을 먹을 때, 새로운 일을 시작할 때 우리에게 필요한 것은 용기입니다. 미래를 상상하는 일도 마찬가지입니다. 내가 아는 것, 내가 당연하다고 믿고 있는 것들을 스스로 깨야 새로운 상상이 가능합니다. 그래서 이 책은 용기에 관한 책입니다. 혁신가들이 얼마나 대담하게 미래를 상상했는지, 그리고 그것을 실현하기 위해 어떻게 노력하는지를 보여주는 책 말입니다.

— 천근아(소아정신과 의사, 연세대 교수)

PART 2 **내일을 바꿀 오늘의 상상** — 지금 세계는 무엇을 상상하고 있는가

**케인스가 대공황의 한복판에서
100년 뒤를 상상한 까닭은?**

1

요즘 사람들은 하루에 대략 3시간을 일한다. 일주일이면 평균 15시간 쯤 일하는 것 같다. 컴퓨터가 너무 많은 일을 해주기 때문에 일거리가 부족하다. 일자리 나누기는 중요한 사회 문제다. 놀랍게도 많은 사람들은 여전히 일을 해서 월급을 받아 살아가는 게 명예로운 일이라고 여기기 때문이다. 습관이란 참 무섭다. 전혀 필요 없는 관습이 이렇게 오래 간다.

그래서 얼마 안 되는 일자리를 골고루 나누느라 정치가들은 골머리를 앓는다.

사실 기본 생활에는 돈이 거의 들지 않기 때문에 월급은 그리 많지 않아도 된다. 교육도 공짜고 병원도 거의 무료다. 기본적인 의료나 교육은 공기나 물 같은 것이다. 이런 서비스를 얻느라 돈을 많이 내야 하는 시대도 있었다고 한다. 그건 숨 쉴 공기를 얻느라 비용을 지불해야 하는 것과 비슷하게 어처구니없는 상황이다. 그런 시대 사람들은 어떻게 살았을까? 예전에는 월급날을 손꼽아 기다리던 풍습도 있었다고 하던데, 나는 월급날이 며칠이었는지 기억도 나지 않는다.

정말 어처구니없게도 요즘도 가끔 돈을 벌기 위해 애쓰는 사람들이 있다. 이상한 정신세계를 가진 사람들이다. 자산을 쌓아두는 일이 무슨 소용이란 말인가. 우리는 이미 삶에 필요한 경제력 이상을 가진 시대에 살고 있다.

내 주변 사람들이 가장 많은 시간을 보내는 장소는 마을 공동체 센터다. 예전에는 주민센터 또는 동사무소라고 불렸던 곳이다. 이곳을 중심으로 만들어지는 문화와 예술은 우리 삶의 중요한 일부다. 동네 독서 토론 모임은 당연히 직장보다 중요하다.

물론 글로벌 기업들의 시계는 다르다. 그곳에서는 속도가 생명이고, 고속성장만이 절대가치다. 그들은 치열하게 경쟁하고 끊임없이 신제품을 내놓는다. 그런 곳에 취업하려면 마음을 단단히 먹어야 한다. 100년 전 사람들처럼 직장에 목숨을 걸고 살아야 하기 때문이다. 경영자가 된다면 더 그렇다. 한번쯤 경험해볼 만한 명예로운 일이기도 하지만 그런 선택을 하는 사람이 많지는 않다. 그래도 그런 삶을 사는 사람들은, 혹시나 경쟁이 심한 곳에서 실패해도 돌아올 곳이 있어 마음 놓고 그런 선택을 하는 것이리라.

평생 한 직장에 목을 매거나 정규직이라야 사람대접 받는다고 여기던 시절도 있었다고 들었는데 그렇다면 삶이 참 갑갑했을 것 같다. 요즘은 어떤 직장이든 취업도 쉽고 그만두기도 쉽다. 그만두고 나서도 새롭게 공부해 다른 일을 시작할 수 있는 길이 널려 있다. 창업해 사업하기도 편하다. 망하기도 쉽고 다시 일어서기도 쉽다.

이 모든 게 직장이 문을 닫고 사업이 망해도 인생은 망하지 않는 구조 덕이다. 어찌되든 생존은 가능하다. 국가와 마을 공동체가 보장하는 복지 시스템이 있기 때문이다. 그래서 실패 경험은 오히려 재기의 자산이 된다. 실패를 두려워하지 않고 신나게 일하는 사람에게 성공의 기회도 더 많이 찾아온다.

"무슨 일을 하세요?" 이런 질문을 받으면 요즘 사람들은 이렇게 대답한다.

"시도 쓰고 소프트웨어 사업도 합니다."

"1년의 절반은 노인 환자를 돌보는 간병사로 일하고요, 나머지 절반은 여행 작가로 살아요."

"음악으로 아이들을 만나는 일을 하는데요, 일주일에 3일은 학교에서 수업을 하고 나머지는 우리 아이와 친구들을 모아 음악놀이를 진행합니다."

100년 전이라면 이런 대답이 나왔을 것이다.

"의사입니다." "교사입니다." "삼성에 다닙니다." "커피전문점을 운영합니다."

참 고리타분하고 재미없게 들린다.

아, 잠깐. 착각하지 마시라. 이건 현실이 아니다. 내가 잠시 빠져든 상상이다. 100년 뒤의 세계를 떠올리고 제약 조건 없이 가장 원하는 미래를 그려보았다. 첫머리부터 너무 싱거운가?

2

그런데 거의 100년 전 이런 뚱딴지같은 일을 했던 사람이 있다. 그는 20세기 세계 경제의 밑그림을 그렸던 경제학자 존 메이너드 케인스(John Maynard Keynes)다. 케인스는 1930년에 쓴 에세이 《우리 후손들의 경제적 가능성(Economic Possibilities of Our Grandchildren)》에서 꼭 100년 뒤인 2030년의 사회를 그렸다.

케인스는 100년이 지나고 나면 경제 문제는 모두 풀릴 것이라고 생각했다. 잠깐의 불황이 해결되는 정도가 아니라, 경제 자체가 문제가 아닌 사회가 도래할 것이라고 말이다. 과학과 기술의 발달로 충분한 자본이 축적되고 생산력이 높아지기 때문이다. 인류의 경제적 능력은 당시의 8배까지 늘어날 수 있다고 썼다.

그 사회에서는 생계를 위한 노동이 거의 필요가 없다. 오히려 남아 있는 일을 어떻게 골고루 나눌 것인지가 문제가 된다. 인간에게는 여전히 약간의 노동을 하며 살아야 직성이 풀리는 습관이 남아 있을 것이기 때문이다. 잘 나눈다면 사람들은 하루 평균 3시간, 일주일 15시간 정도는 여전히 일할 수 있을 것이다. 이를 위해 일자리를 나누는 게 중요한 문제가 된다.

사정이 이렇다 보니 돈을 더 많이 소유하려고 노력하는 사람들은 매우 부도덕하거나 정신적으로 건전하지 못한 사람으로 취급받게 된다.

필요하지도 선하지도 않은 일에 집착하는 사람을 사실 찾아보기 힘든 사회가 된다. 남을 위해서라면 몰라도 자신의 경제적 이익을 위해 목표를 세우고 무엇이 선한 것인지를 토론하는 것이, 이익을 논하는 것보다 훨씬 즐겁고 중요한 일이 된다.

마침내 경제가 인류에게 영원히 중요한 문제가 아니라는 사실이 드러나고 만다. 역설적으로 경제 문제가 해결되었기 때문이다. 이제 '어떻게 지혜롭고 유쾌하고 풍족한 삶을 누릴 것인가?'라는 질문이 진정한 인류의 항구적 문제가 된다. 문화와 예술이 삶의 중심에 자리 잡는 것은 물론이다.

3

케인스의 에세이는 일종의 소셜픽션(social fiction)이다. 제약 조건 없이 먼 미래의 일을 상상해 구체적으로 그린 것이다.

소셜픽션이란 사회에 대해 제약 조건 없이 상상하고 이상적인 미래를 그리는 기획 방법이다. 예를 들어 당장의 일자리 문제 해법을 생각하는 대신, '30년 뒤 직장'의 모습을 상상해 그려보는 것이다. 서울이라는 거대 도시의 문제를 당장 찾고 해결하려 나서는 대신, 우리가 염원하는 삶을 사는 데 필요한 '20년 뒤 서울'의 모습을 떠올리는 것이다. 사회적 상상을 최대한 발휘하는 것이 중요하다.

이때 상상은 공상이나 예측과 달리 의지가 담긴다. '이런 미래가 올 것'이라는 막연한 예측이 아니라, '이렇게 되면 좋겠다'는 염원이다. 즉 여기서 상상이란 예언자나 공상과학 소설가가 하는 일이 아니라,

특정한 사회나 조직의 변화를 원하는 사람들의 마음속 염원을 확인하는 일이 된다. 상상을 통해 먼 미래의 이상적인 모습을 그리고 나면, 거기서부터 현재 무엇을 해야 하는지를 차례대로 생각하고 기획하는 일이 가능하다.

소셜픽션은 이렇게 비전과 목표를 중심에 놓고 생각한다는 데 의미가 있다. 이 방법론은 일이 방향을 잃지 않고 오래 갈 수 있게 하는, 효과적인 기획 방법이기도 하다.

일반적으로 일을 기획하는 데는 크게 두 가지 프로세스가 있다. 하나는 순방향 기획(forward planning)이고, 다른 하나는 역방향 기획(backward planning)이다. 순방향 기획은 현재 상태에서 발생한 문제를 현재 가용한 자원으로 일단 푸는 것이다. 그렇게 풀어가는 과정에서 또 다른 문제가 나오면, 새로운 문제는 그것대로 다시 푼다.

역방향 기획은 거꾸로다. 먼저 장기적 목표를 정한다. 그리고 그 목표를 달성하는 데 장애물이 되는 현재의 제약 조건을 정의한다. 그다음에야 정의된 제약 조건을 해소하는 방법을 찾는다. 마지막으로 지금 내가 개입할 수 있는 지점을 찾고 행동한다.

소셜픽션은 사회 전체에 대한 역방향 기획을 가능하게 한다.

케인스의 에세이는 '지혜롭고 유쾌한 삶'을 누리는 사회를 만들고자 하는 염원이 담긴 픽션이었다. 그는 먹고사는 일이 아니라 즐기고 사색하는 일이 인간 삶의 본질이라고 보았다. 그래서 그 모든 것이 해소된 상태의 사회를 그렸다. 그런데 그런 그림을 그려놓고 보니 그 상상에는 조건이 있었다. 자본 축적이었다.

100년 뒤 인간에게 중요한 문제는 지혜와 유쾌함이었고, 그것을 얻을 방법은 철학과 문화와 예술이었다. 그런데 그런 본질적 문제에 좀더 집중하려면 먼저 먹고살기 위한 노동시간을 줄이면서도 생계 문제가 해결되어야 한다. 노동시간을 줄이면서 생산을 늘리려면 도로나 기계 같은 물적 생산 인프라의 비중이 훨씬 더 커져야 한다. 노동을 덜 투입하고도 생산이 가능해야 하니 말이다. 즉 자본 축적이 그 조건이 된다. 케인스는 연간 2퍼센트가량의 자본 설비 증가율과 1퍼센트가량의 기술 발전이 100년 동안 유지되어 당시의 4~8배가량의 자본 축적이 이루어진다면 그게 가능하다고 보았던 것이다.

그렇다면 자본을 축적하는 방법, 즉 성장 전략이 필요하다. 지혜와 유쾌함을 얻기 위한 경제 성장 전략. 그게 케인스의 역방향 기획이다.

4

흥미롭게도 케인스가 이 글을 발표한 시기 세계 경제는 대공황의 한복판에 있었다. 1929년 미국에서 검은 목요일의 주가 대폭락으로 시작된 대공황은 전 세계 경제를 붕괴의 구렁텅이 안으로 몰아넣고 있었다. 사람들은 끼니를 걱정하는 경제적 동물로 전락했다. 당장 시급한 현안이 쌓여 있음에도 기존 패러다임으로는 도무지 문제를 풀 수 없는 상황이었다. 한 치 앞을 내다보기 힘든 상황에서 케인스는 '한가롭게' 100년 뒤를 꿈꾸었다.

그런데 그것은 정말 한가로운 일이었을까?

대공황의 한복판에서 케인스가 했던 일은 현실적 제약 조건을 뛰어

넘는 사회적 상상을 발휘하는 일이었다. 당시 사람들의 마음속 염원은 임박한 생계의 해결이었을 것이다. 특히 일자리를 잃은 노동 계층의 염원은 더욱 절박했을 것이다. 주가가 폭락하는 가운데 재산을 잃지 않으려는 자산가들이 있었고, 경제 문제를 영원한 인류의 가장 중요한 문제로 여기는 사회 분위기가 만연했을 것이다. 먹고사는 일을 최우선 순위에 놓고 '먹고살아야 하니까'라는 말이면 편법과 부패도 통하는 '먹고사니즘'이 판을 쳤을 것이다.

그때 케인스는 다시 한 번 깊이 생각했을 것이다. 물론 당시 가장 큰 문제는 경제였다. 그런데 경제가 정말 궁극적인 문제일까? 그는 근본적으로 사람들의 마음속 염원이 무엇인지를 살펴보았을 것이다. 그가 내린 결론은 이렇다. 먹고사는 문제가 중요한 이유는 역설적으로 먹고사는 것과 관련 없는 본질적 문제가 더욱 중요하기 때문이다. 케인스는 그 본질적 문제를 해결하는 실마리를 '지혜와 유쾌함을 추구하는' 사람의 본성에서 찾을 수 있다고 본 것 같다. 경제 성장은 그런 본성을 실현하는 데 필요한 요소 중 일부인 생계 문제와, 적절한 여가 시간 확보 문제를 해결해줄 수 있다. 그런 아이디어에 기초해 그린 사회의 모습이 바로 '우리 후손들의 경제적 가능성'에 나타난 것이다. 경제는 여전히 중요하다. 다만 다른 가치를 실현하는 데 필요한 조건이기 때문에 그렇다.

케인스는 이런 생각을 조금 더 구체화한다. 중요한 것은 인구 대비 생산량을 늘리는 일이다. 그래야 1인당 소득이 늘어나 생계 문제가 해결되면서 노동시간이 줄어 사람들이 더 많은 여가를 누릴 수 있다. 그러려면 자본을 축적해야 한다. 자본 축적의 주체는 기업이다. 기업이 투자하고 생산하고 판매해서 이윤을 만들어내고, 그것을 다시 투자하면서 자본은 축적된다.

공황은 이런 흐름을 깨뜨린다. 그래서 문제다. 소비자 주머니에 돈이 없다. 이때 케인스는 정부가 적극적으로 지출해 일자리를 만들고 복지정책과 노동정책을 통해 소득을 늘려 수요를 창출하는 정책을 적극적으로 옹호한다. 어떻게든 일자리가 생기고 소득이 늘어야 수요가 있을 것이고, 그래야 기업이 투자를 하고, 그 결과 자본이 축적될 것이라고 보았기 때문이다.

대공황을 보는 정반대 시각도 있었다. 시장을 강조하고 정부 개입을 싫어하는 고전적 자유주의자들은 정부 지출 확대를 강력하게 비판했다. 이들이 보기에 공황이 일어난 이유는 지나치게 거품을 키웠기 때문이다. 따라서 공황 때는 지출을 늘리고 수요를 키울 게 아니라, 거꾸로 거품을 꺼뜨리면서 고통을 감수하고 내실을 다져야 한다고 주장한다.

케인스와 이런 자유주의자들의 관점의 차이는 인간의 본질에 대한 시각에서 나온다. 케인스는 경제는 목적이 아니라 수단이라고 보았다. 인간 삶의 본질은 유쾌함과 지혜로움을 추구하는 것이라고 이야기했다. 반면 시장을 강조하는 자유주의자들은 인간이 시장에서 생산하고 경쟁하고 교환하면서 자아를 실현하는 존재라고 보았다.

이런 자유주의적 관점을 채택하면 개인이 시장에서 선택할 수 있는 폭이 줄어들 때 인간의 본질이 훼손된다. 대공황에 대해서도 당장 고통스럽더라도 시장의 기능과 질서를 훼손하지 않는 대책을 마련해야 할 것이다. 그러니 무리하게 정부가 나서서 돈을 푸는 일에 반대할 수밖에 없다. 당시의 주류 경제학으로도 이쪽이 더 맞는 이야기다.

그러나 케인스의 관점을 채택한다면 시장의 기능과 질서는 본질적인 문제가 아니다. 경제는 수단이므로 과정이야 어떻든 안정적인 소득과 여가를 확보해주면 임무가 끝난다. 이렇게 출발하다 보니 케인스는 공황 때 돈을 풀어 수요를 늘리라는 처방을 내릴 수 있었다. 결과적으로 자본이 축적된다면 생산과 여가는 확보될 것이기 때문이다. 파격적인 조처이고 기존 시장 질서를 흔드는 일이다. 관점이 달랐기 때문에 이론적 틀에서 벗어나 대공황의 현실에 대응할 수 있었다. 이를 기초로 새로운 이론적 틀이 나오게 된다.

5

지금 케인스의 소셜픽션은 그 완성을 향해 달려가고 있다. 단 경제 성장이라는 측면에서만 그렇다. 세계 경제의 1930년 이후 성장세는 보수적으로 봐도 케인스가 가정한 범위 안에 들어와 있다는 게 경제학자들의 추론이다. 케인스의 꿈이 달성될 수 있는 조건이다.

그러나 그가 꿈꾸었던 지혜롭고 유쾌한 삶과 인류의 보편적 삶은 아직 거리가 멀다. 분배 문제와 환경 문제는 케인스의 소셜픽션에서 빠져 있던 중요한 퍼즐의 한 조각이다. 여전히 세계의 절반은 굶주리고 있다. 기후 변화로 인류의 생존 자체가 백척간두에 서 있다. 또한 인간의 탐욕이 어디까지 자라날 것인지에 대해서도 정교하게 예측하지 못했다. 충분히 가지고 나서도 더 가지려는 사람들은 경제력이 수십 배 늘어난 뒤에도 노동시간을 줄이지 않으며, 지혜와 유쾌함에 투자하는 시간을 늘리지도 못한다.

그럼에도 거의 한 세기 동안 케인스의 상상은 우리의 사회적·경제적 삶이 지금 여기까지 도달하는 데 엄청난 영향을 끼쳤다.

실제로 20세기 후반 미국과 유럽에서는 케인스의 생각이 주류를 이루었다. 미국에서나 유럽에서나 노동권을 보호하고 사회 인프라에 투자하고 사회복지 프로그램을 가동하기 시작한다. 미국의 프랭클린 루스벨트 대통령이 시동을 건 뉴딜 정책은 유명한 사례다. 정부가 나서서 댐과 도로를 건설하여 일자리를 만들고, 노동권을 보호해 저임금 노동자의 임금을 올려놓았다. 영국에서 나온 베버리지 보고서는 '요람에서 무덤까지' 모든 시민들이 보편적인 사회 서비스를 제공받을 수 있게 하자는 복지국가의 비전을 제시한다. 결국 영국을 포함한 서유럽 국가들은 복지국가의 길을 걸어가게 된다.

케인스의 처방은 제대로 작동했다. 일자리가 만들어지고 수요가 창출되고 자본이 축적된다. 대공황의 충격에 휩싸인 미국과 두 번의 전쟁으로 폐허가 된 유럽은 이런 정책의 결과 수십 년 동안 경제 성장과 자본 축적을 이어갔다. 자본주의는 황금기를 맞았다. 대공황 이후 자유주의적 생각을 따랐다면 일어나기 어려운 일이다.

비록 틀렸지만 뚱딴지같은 상상은 인류 역사에 놀라운 영향을 끼쳤다.

6

지금 세계는 어쩌면 1929년 대공황 때보다 더 높은 벽 앞에 서 있다.

경제는 만성적 불안 앞에 놓여 있다. 2008년 리먼브라더스 파산 사태 이후에 월가 점령 시위가 이어지면서 뭔가 대안이 나올 것도 같았지만 그렇지 않았다. 오히려 미국발 금융위기로 시작한 세계 경제의 불안은 유럽 재정위기로 옮겨가서 복지국가의 심장을 위협하고 있다.

정치는 극단적 대립과 비효율을 넘어설 새로운 방법을 찾아내지 못하고 있다. 전 세계에 자유와 민주주의를 전파하는 선구자를 자처하던 미국은 연방정부가 문을 닫는 셧다운 사태를 맞았다. 예산안 통과가 지연되어 16일 동안 연방정부가 폐쇄되고, 100만여 명의 공무원들이 강제 무급 휴가를 떠났다. 합리적인 이유를 찾기 어렵다. 민주당과 공화당 양당의 극단적 대립 속에 대화와 타협이 실종되면서 벌어진 일이다. 미국뿐 아니라 세계 곳곳에서 선거로 선출된 정부가 유권자의 의견을 반영해 정책을 펼치는 데 실패한 사례를 찾는 것은 어렵지 않다. 오히려 성공한 사례를 찾기가 어렵다.

경제 성장을 이루었고 나름대로 민주적 정치 시스템과 복지 시스템을 갖추었다고 하는 미국과 유럽 선진국들이 길을 잃고 헤매는 모양새다.

그래서 우리는 상상으로부터 돌파구를 찾기로 했다. 그래도 대안과 미래를 말하고 실험하는 사람들이 세계 곳곳에 있다. 그들이 미래 사회에 대해 어떤 상상을 펼치고 있는지를 찾았다. 그 생각들을 기초 자료로 한국 사회가 가야 할 방향을 토론해볼 수 있으리라고 여겼다. 케인스가 대공황 한복판에서 얼토당토않게도 100년 뒤를 상상함으로써

한 치 앞도 보이지 않는 문제 해결의 실마리를 찾아 나섰던 것처럼, 우리도 상상에서 출발하기로 한다.

7

이 책은 세계가 지금 어떤 사회를 상상하는지에 대한 안내서다. 장기적 미래를 생각하는 이들이 꿈꾸는 미래 사회의 모습과 현재 진행 중인 가장 앞선 실험을 소개하는 게 목적이다. 지금 새로운 일을 기획하는 사람이라면 그게 1년짜리 기획이든 10년짜리 기획이든 이들의 이야기에 귀를 기울여볼 필요가 있을 것이다. 큰 그림에서 사회 변화의 방향을 느껴야 당장의 기획이라도 뒤처지지 않을 수 있다. 산업화와 민주화 이후, 한국 사회의 변화 방향이 궁금한 사람 역시 이들의 이야기에서 생각의 갈피를 잡아볼 수 있을 것이다.

이 일을 하기 위해 우리는 먼저 세계 곳곳을 누비면서 거대한 상상을 하는 사람들의 이야기를 들었다. 인터넷을 통해 그들의 육성을 듣기도 했다. 다양한 매체와 문헌을 통해 더 깊은 생각을 들여다보았다.

그 내용을 담은 게 소셜픽션을 찾아 떠난 여행이다.

이 과정에서 지금 우리 곁에 있는 거대한 사회제도들이 처음에는 아주 대담한 상상에서 시작되었다는 것을 발견했다. 지금의 우리를 있게 한 과거의 상상을 찾아 나선 여정이 1부에 담겨 있다.

이 책의 본론이라고 할 수 있는 2부에서는 지금 이 세계가 상상하고 있는 것이 무엇인지를 찾아 정리했다. 다양한 사례를 검토하면서 우리는 현재 세계가 벌이고 있는 새로운 사회적 실험 속에서 네 가지 키워드를 찾아냈다.

첫 번째 키워드는 참여다. 미래 사회는 과거처럼 위에서 정하고 아래에서 실행하는 이른바 톱-다운(top-down) 방식으로 작동하지 않는다. 모두가 참여해야 굴러간다. 더 많은 사람들의 생각을 열린 방식으로 담아내는 상상과 실험을 찾았다. 정치에서의 직접민주주의, 경제에서의 공유경제 등 다양한 사례를 담았다.

두 번째 키워드는 자립이다. 참여의 전제는 자립이다. 스스로 일어설 수 있는 사람들이 올바르게 참여할 수 있다. 노인이고 낙후된 지역이고 빈곤층이고 여성이라고 차별하고 소외시키는 것도 물론 문제다. 그러나 소외시키지 않는다면서 의존적으로 만든다면 더 큰 문제다. 여기서는 모두가 자립하는 사회를 상상하고 실험하는 이들을 찾았다.

세 번째 키워드는 달라지는 정부다. 많은 사람들이 정부의 비효율과 무능을 질타한다. 세계 금융위기 뒤 각국 정부의 상황을 살펴보면 그럴 법도 하다. 하지만 민주주의 사회에서 정부는 그래도 시민들의 의지만 모아지면 변화시킬 여지가 있는 권력이다. 정부가 단단한 껍질을 깨고 사회를 혁신하는 열린 실험실이 되기를 상상하는 사람들의 이야기를 모았다.

네 번째 키워드는 알고리즘 사회다. 과거에 사람이 하던 일을 점점 더 기계가 대체한다. 그런데 이 기계는 인간의 단순노동을 대신해주던 20세기의 기계가 아니다. 약사처럼 처방전을 써주고, 기자처럼 기사를 쓰고, 변호사처럼 필요한 법률을 찾아주는 알고리즘이다. 이런 알고리즘이 지배적이 된 미래 사회에서 우리는 어떤 꿈을 꾸어야 하는지에 대한 앞서가는 생각을 정리했다.

부록에서는 시민들이 함께 모여 이런 사회적 상상을 했던 기록을 정리했다. 2013년 서울 어린이대공원의 30년 뒤 미래를 주제로 열렸던 소셜픽션 컨퍼런스와 각급 기관에서 진행한 소셜픽션 워크숍에 대한 기록이다.

상상 자체도 중요하지만, 그 상상이 실현되는 것도 중요하다. 많은 거대 담론 기획이 있었지만 대부분 실패한 이유는 사람들의 참여를 끌어내는 데 실패했기 때문이다. 미래 사회에서는 많은 이들의 참여 없이 무언가 실행되기를 기대하는 것은 불가능하다. 함께 상상하는 과정을 경험하는 것은 그래서 중요하다. 그 과정은 치유의 경험이다. 실현 가능성과 별개로 정신을 풍요롭게 한다. 같은 현실에 살더라도 상상이 있는 삶은 질적으로 다르고, 상상이 있는 조직은 변화 가능성이 높다. 그런 경험의 장으로 기획된 것이 소셜픽션 컨퍼런스와 워크숍이었다.

8

산업화와 민주화 이후 한국은 사회적 상상의 부재 상태다. 먹고살기 어려워서 그렇다고? 하지만 지금보다 훨씬 더 어려웠던 과거에도 이 정도는 아니었다.

1980년대 한국의 1인당 국민소득은 2013년의 5분의 1에도 못 미쳤다. 그런데 그때 이 나라 대학생들은 민주화를 외쳤다. 캄캄한 군사 독재정권 치하에서 벌어진 일이다. 1970년대 한국의 1인당 국민소득은 지금의 10분의 1 수준이었다. 국제 사회에서 이 나라는 전쟁으로 피폐해진 데다 군인이 지배하는 후진국으로 여겨졌다. 그때 이 나라의 젊은 공무원과 기업가들은 미래 경제를 기획했다. 노동자들은 피땀 흘려 세계를 뛰어다니고 뜨거운 공장에서 청춘을 바쳤다. 1980년대에 민주화란 비현실적 판타지였다. 산업화 역시 1970년대 당시에는 몽상이었다. 그야말로 사회적 상상의 산물이었다. 그 상상은 결국 현실의 벽을 깨뜨리고 세상을 바꾸었다.

그런데 그 후, 이 나라에는 사회적 상상이 사라졌다. 현실 자체도 답답하지만, 이것을 넘어선 세상이 어떤 모습일지에 대한 큰 그림이 없다는 사실에 더 숨이 막힌다. 영혼을 잠식하는 불안은 상상이 사라진 자리에 무성해진다. 새로운 세대의 불안과 답답함의 이유가 여기 있다. 애써 상상력을 가져보려 해도 사회 시스템이 이를 가로막기 일쑤다. 한국 사회는 정치적·경제적·문화적으로 단단하게 굳어버렸다.

사회 변화는 미래와 과거가 밀고 당기는 가운데 일어난다. 이상적인 미래의 이미지가 앞에서 끌어당기고, 현실화된 과거가 뒤에서 밀어야 사회는 앞으로 걸어간다. 사회적 상상이 사라지면 인류 진보의 시계는 멈춘다. 거대한 벽 앞에서 좌절해 쓰러졌을 때 다시 일어서는 가장 좋은 방법은 벽 너머의 세계를 상상하는 것이다.

본론에 쓴 것처럼, 세계는 이미 사회적 상상의 잔치를 벌이고 있다. 지금이라도 함께 묻고, 상상하고, 대답해야 한다.

당신이 꿈꾸는 미래 사회는 어떤 모습인가?

지금 우리는 무엇을 상상할 것인가?

Intro 소셜픽션을 찾아 떠난 여행

빈곤이 사라지는 소셜픽션을 써보도록 합시다. 빈곤이 무엇인지 알기 위해 어린이들이 박물관에 가야 하는 세계를 그려봅시다. 공상과학 소설이 있었기에 과학이 따라가서 그것을 실현할 수 있었습니다. 마찬가지로 사회적 상상력을 발휘해 소셜픽션을 쓰고 문제 해결 방법이 따라오게 해봅시다. 상상이 모든 것의 출발점입니다.

지금 세계가 상상하는 사회는 어떤 모습일까? 이 질문에 답하기 위해 우리는 세계 곳곳에서 꿈틀거리고 있는 사회적 상상을 찾아 나서기로 했다. 가장 앞서가는 상상을 만나기 위해서는 가장 앞선 사람들을 찾아 이야기를 들어야 한다. 그래서 우리는 사회적 상상으로 가장 앞선 사람들이 모이는 자리에 참석하기 시작했다.

영국 옥스퍼드,
2013년 4월

2013년 4월, 노벨평화상 수상자 무함마드 유누스(Muhammad Yunus)가 영국 옥스퍼드 뉴시어터의 중앙 무대에 올라 마이크를 잡았다. 전 세계 사회 혁신가 1000여 명이 모인 스콜월드포럼이 열리는 자리였다. 유명한 연극배우와 오페라 가수들이 섰던 그 자리에서 유누스는 이렇게 말했다.

스콜월드포럼
Skoll World Forum
제프 스콜이 약 800만 달러를 기부한 옥스퍼드 대학교의 사이드 비즈니스 스쿨에서 매년 열리는 행사로, 전 세계의 사회적 기업가, 투자자, 정책 입안자들이 모인다. 그해의 사회적 기업가와 혁신가를 선정해 스콜 어워드(Skoll Award)를 시상한다.

기술은 빠르게 발전합니다. 현재의 모습은 20년 전의 눈으로 보면 사실상 공상과학(Science Fiction) 소설입니다. 알라딘의 램프와도 같은 물건을 우리는 주머니에 하나씩 넣고 다니지 않습니까. 스마트폰 말입니다. 사실 사이언스 픽션은 좋은 것입니다. 상상을 통해 생각할 수 없던 것을 생각하게 해주니까요. 중요한 것은 과학이 이 공상과학 소설을 따라간다는 것입니다. 상상했기 때문에 실현된 것입니다.
하지만 우리는 소셜픽션이 없습니다. 그런 것을 상상하도록 훈련되지 않았기 때문입니다. 그래서 사회는 크게 변화하지 않습니다. 우리가 과학에 대해 그랬던 것처럼 사회에 대해 상상했다면, 우리는 새로운 사회를 만들 수 있었을 것입니다.

현실적 제약 조건을 넘어선 사회적 상상은 '비현실적'이거나 '모호하다'는 비판에 직면하게 마련이다. 하지만 변화는 늘 상상에서 시작된다.

공상과학 소설을 보면 이를 알 수 있다. 예를 들어 프랑스의 알베르 로비다(Albert Robida)가 1800년대 말에 출간한 20세기 예측서들을 보자. 그의 책에는 다수 채널을 가진 대형 텔레비전, 24시간 실시간 뉴스 채널, 홈쇼핑, 영상 전화기, 대륙 간 항공, 인공 강우, 시험관 아기, 패스트푸드, 국립공원 시스템 등이 등장한다. 물론 당시에는 기술적으로 불가능한 것들이다. 그러나 먼저 상상력을 발휘한 뒤, 과학기술이 뒤따라가서 현실로 만들었다.

사회에 대해서도 먼저 상상이 있고 나서 제도와 문화가 뒤따라가서 현실로 이루어지도록 할 수 있지 않을까?

사회적 상상이 꿈틀대는 현장에서 소셜픽션이라는 화두를 만나는 순간이었다. 제약 조건 없는 상상을 마음껏 하는 것이 사회 문제 해결의 시작이라는 유누스의 이야기는 우리 여정의 출발점이자 큰 주제가 되었다.

> 빈곤이 사라지는 소셜픽션을 써보도록 합시다. 빈곤이 무엇인지 알기 위해 어린이들이 박물관에 가야 하는 세계를 그려봅시다. 공상과학 소설이 있었기에 과학이 따라가서 그것을 실현할 수 있었습니다. 마찬가지로 사회적 상상력을 발휘해 소셜픽션을 쓰고 문제 해결 방법이 따라오게 해봅시다. 상상이 모든 것의 출발점입니다.

우리가 2013년 4월 스콜월드포럼에 참석하기 위해 도착한 곳은 영국 옥스퍼드 대학교 사이드 경영대학원 건물이었다. 옥스퍼드 대학의

©skollworldforum.org

2013년 스콜월드포럼에서 무함마드 유누스가 무대에 올라 소셜픽션에 대해 설명하고 있다.

출발은 1096년으로 거슬러 올라간다. 세계에서 가장 오래된 대학 중 하나다. 그러나 사이드 경영대학원은 900년 뒤인 1996년에야 설립되었다. 주요 대학 가운데 가장 늦은 셈이다. 경영은 돈 버는 일에만 관심을 두는 것이라 진정한 학문이 아니라는 생각이 경영대학원 설립을 늦추었다. 대신 전 세계 사회 혁신가들이 모이는 스콜월드포럼을 이곳에서 열면서 사회적 가치를 중시하는 경영학의 새로운 면모를 보여주고 있다.

스콜월드포럼은 2004년에 시작되었다. 각 분야에서 다들 외롭던 전세계 사회 혁신가들이 한데 모여 이야기를 나누어보자는 발상이 그 출발이었다. 이 포럼은 세계에서 가장 오래된 대학의 가장 젊은 경영대학원인 옥스퍼드 사이드 경영대학원에서 10년째 열리고 있다.

스콜월드 포럼의 창립자인 제프 스콜(Jeff Skoll)은 인터넷 경매기업 이베이의 초대 사장이었다. 젊은 나이에 억만장자가 된 스콜은 회사를 떠난 뒤 자신의 재산을 내놓아 스콜재단을 세웠고, 스콜재단은 스콜포럼을 주최하는 것을 비롯해 전 세계 사회 혁신가들을 지원하는 일을 하고 있다.

눈길을 끈 것은 2013년에 열린 포럼의 주제였다. '파괴: 대담하게 상상하고 성공하도록 디자인하라(Disrupt: Dare to Imagine, Design to Win).' 상상을 앞세운 것이다. 경제학자 조지프 슘페터가 사용했던 '창조적 파괴(creative disruption)'를 연상시킨다. 포럼에서는 이 단어가 상징하듯 기존 질서를 뛰어넘는 발상의 전환을 강조하는 논의가 주류를 이루었다.

불황 중에 홀대받던 '상상'이라는 단어가 다시 시민권을 획득하는 순간이었다.

사실 상상은 불황 때는 그다지 환영받지 못하는 용어다. 특히 사회정책과 경제정책을 이야기하는 자리에서 '상상' 운운하면 뜬구름 잡는 소리라는 타박을 듣기 쉽다. 더 나아가 장기적 대안을 상상하기 시작하면, 한가한 소리라는 힐난이 돌아온다. 상상을 높이 사주는 곳은, 그나마 그것을 팔아 돈을 벌어야 하는 기업이다.

사회 혁신을 이야기한다는 스콜월드포럼에서도 몇 년 전까지 이 자리를 강력하게 지배하던 용어는 '투자'였다. 사회 혁신을 실행할 돈을 어떻게 만들어낼 것인지가 이들을 옥죄는 중요한 제약 조건이면서, 동시에 대화에서 빠지지 않는 주제였다. 물론 이를 위해 사회적 투자, 혁신적 기부 등 기존과는 다른 금융이 필요하다는 논의가 주류를 이루었다.

하지만 아무리 혁신적이라고 해도 금융이나 투자가 중심 주제가 되는 순간 논의는 일정한 틀 안에 갇히게 된다. 금융이나 투자는 측정하고 계량화하지 않으면 움직일 수 없기 때문이다. 당장 어떻게 성과를 낼지는 막막하지만 매우 엉뚱한 상상으로 가득한 구상은, 투자자 앞에서 비현실적이라는 비판에 맥을 추지 못한다. 투자자 우위의 시장에서 혁신가들은 계속 투자를 받기 위해 자신의 상상을 스스로 제약하는 행동을 하기 쉽다. 몇 년 전 스콜월드포럼이 바로 그런 분위기였다.

원래 사회 혁신은 정부, 기업, 시민 사회의 세 부문 모두에서 해결하지 못하는 문제가 있을 때, 문제를 중심에 놓고 세 부문 모두의 전략을 유연하게 혼합해 해결해보자며 출발한 것이다. 이는 대단한 사회적 상상이었다. 하지만 해가 지나면서 눈앞의 문제에 점점 더 매몰되는 모습을 보였다. 처음의 상상은 낡은 창립 취지문처럼 서랍 속에 들어가 찾는 사람 없는 신세가 되었다. 어쩔 수 없는 일처럼 보였다. 자본주의는 융성하고 있었고, 당장의 재원, 당장의 인력, 당장의 문제 해결책을 찾아내는 게 시급했다.

그러던 분위기가 반전을 맞은 것이다. 상상을 앞세운 2013년의 스콜 월드포럼이 이런 사실을 반증한다. 포럼이 진행되는 나흘 동안 제약 조건 없는 대담한 상상을 주제로 한 토론이 강의실과 세미나 장소를 가득 채웠다. 왜 그랬을까?

2008년 미국발 금융위기를 맞은 뒤, 전 세계는 자본주의를 다시 성찰하게 되었다. 영국의 〈파이낸셜 타임스〉에서는 '자본주의의 미래'라는 기획기사를 연중 싣기 시작했다. 저명한 경제학자 1000여 명은 금융에서 비롯된 자본주의 위기를 충분히 경고하지 못했다는 반성문에 서명해 발표했다. 세계는 근본적으로 새로운 질서를 찾고 있는 것처럼 보였다.

하지만 5년이 지난 지금, 우리가 자본주의의 미래에 살고 있지 않다는 사실은 분명하다. 오히려 자본주의의 과거에 살고 있는지도 모른다. 다들 새로운 세상이 곧 올 것처럼 기대에 부풀었지만, 정작 변한 것은 없다. 기껏 나온 청사진이라고 해봐야 1960년대 미국과 유럽이 가졌던 큰 정부의 복원이거나, 또는 1980년대 레이건과 대처가 내세웠던 시장 만능주의의 완성이다. 새롭지도 않고 문제 해결책이 될 것 같지도 않다. 무엇보다도 근본적인 미래는 아닌 것 같아 보인다.

사회 혁신을 꿈꾸고, 세상의 근본적인 변화를 바라던 사람들은 고민과 좌절에 빠졌다. 무너지고 나서도 무너지지 않는 자본주의는 어디로 가고 있는 것일까?

기이하게도 이번 좌절은 선진국일수록 심했다. 복지국가들의 재정은 무너져갔고, 시장의 불평등은 커져만 갔다. 새로운 방식으로 사회 문제를 해결하겠다는 사회적 기업가들의 혁신은 어쩐 일인지 개발도상국에서 더 빛을 발했다. 빌 게이츠의 마법은 아프리카에서는 통했지만 정작 그의 조국 미국에서는 큰 성과를 거뒀다는 이야기가 들리지 않는다.

퍼즐을 맞추기 시작할 때는 훨씬 쉬운 법이다. 대강 아무 조각이나 끼워넣어도 그림이 나오는 것 같다. 아프리카에서 빌 게이츠가 하고 있는 일이 바로 그렇다. 인간의 생존 조건이 열악한 곳에서는 해야 할 일이 분명하고 방법도 비교적 수월하다. 자원을 투입하고 사람이 뛰어들어 행동하면 변화는 가능하다.

그러나 퍼즐이 완성되어갈 무렵이면 문제는 훨씬 복잡해진다. 놓아야 할 자리에 놓지 않은 조각들 탓에 남은 조각들이 들어갈 자리가 없어 보인다. 대부분 선진국이 맞닥뜨린 퍼즐은 바로 이 지점에 있다. 조각 하나를 제대로 맞추려고 해도, 주변의 조각 몇 개를 빼고 옮겨야 한다. 그런데 이미 놓인 조각은 강력한 기존 패러다임으로 붙어 있으려고만 한다. 판을 완전히 흔들지 않고서는, 새로운 조각은 놓기조차 어려운 상황에서 시간만 자꾸만 흘러간다.

모두가 답답하다. 처음부터 근본적으로 생각하지 않고서는 답이 보이지 않는 상황이다.

'대담하게 상상하라'는 슬로건이 사회 혁신가들의 포럼에 다시 등장한 것은, 그래서다. 처음부터 근본적이고 대담한 상상을 하며, 패러다임을 바꾸자는 제안이다. 소셜픽션처럼, 현실적 제약 조건을 아예 넘어서기 위해, 소설 같은 이상적인 미래를 꿈꾸고 원래의 목표를 떠올리는 데서 사회 혁신을 시작하자는 이야기다. 그렇지 않고서는 거대한 현실의 벽을 도저히 넘어설 방법이 없다는 깨달음의 산물이기도 하다.

미국 콜로라도 주 아스펜, 2013년 6월

강연 영상 공유 플랫폼 TED의 총괄 큐레이터로 유명한 크리스 앤더슨과 사회적 금융의 리더인 어큐먼 펀드 설립자 재클린 노보그라츠(Jacqueline Novogratz)가 함께 무대로 올라섰다.

"약간 묘한 느낌이네요." 세션을 시작하면서 사회자인 크리스 앤더슨이 말했다. 재클린 노보그라츠는 어색한 웃음을 지었다. 하지만 곧 그들은 평상시처럼 명확한 영어로 이야기를 시작했다.

> **어큐먼 펀드**
> **Acumen Fund**
> 세계의 빈곤 문제를 해결하는 비즈니스 모델을 가진 기업에 투자하는 비영리 벤처 펀드로, 재클린 노보그라츠에 의해 설립되었다.

그들의 어색한 웃음에는 이유가 있었다. 재클린 노보그라츠와 그녀를 인터뷰한 크리스 앤더슨은 부부였다. 부자의 돈을 불리기보다 빈곤층에게 기회를 주는 사회적 금융을 만들어내고 성공시킨 여성과, 인터넷을 이용해 지식을 엄청난 속도로 확산시키며 집단지성의 선구자가 된 남성이 결혼한 것이다. 빈곤 퇴치 운동에서 출발한 사회 혁신가와 인터넷으로 출발한 사회적 기업가의 만남이었다. 이들은 기술과 사회 혁신이 만나 화학적으로 결합하는 장면을 상징적으로 보여준 셈이다. 아스펜의 수많은 다른 세션에서도 비슷한 주제를 다루고 있었다.

전 세계 곳곳의 사회적 상상을 탐구하러 나선 우리가 그다음으로 방문한 곳은 아스펜 아이디어 페스티벌이다. 아스펜 아이디어 페스티벌은 미국의 내로라하는 정책가, 기업가, 비영리 리더들이 모여 혁신적 아이디어에 대해 마음껏 이야기를 나누는 곳이다. 미국에서 가장 아름다운 휴양지이자 스키장으로 유명한 콜로라도 주 아스펜에서 해마다 열리는 아이디어 축제다.

버락 오바마 대통령의 최측근으로 불리며 미국 연방통신위원장을 지낸 줄리어스 제나코스키는 이 페스티벌에 반바지 차림으로 나타나 통신의 미래를 이야기했다. 버진 그룹 회장 리처드 브랜슨은 휴가를 온 사람처럼 편한 복장으로 나타나 행사장 뒷줄에 앉아 발표를 들었다. 곳곳에 설치된 텐트에서 직업도 지역도 다른 참석자들이 햇살 아래 서서 간식을 즐기며 이야기를 나누는 모습을 목격할 수 있다.

이렇게 자유롭게 소통하는 가운데 새로운 아이디어를 찾는 아스펜 아이디어 페스티벌의 시작은 2차 세계대전 직후로 거슬러 올라간다.

1949년 여름, 콜로라도의 작은 도시 아스펜에 세계적인 예술가, 학자, 기업가들이 모여들었다. 독일 철학자 괴테의 탄생 200주년을 기념하기 위해서였다. 의사이자 철학자인 알베르트 슈바이처, 스페인의 철학자 호세 오르테가 이 가세트, 폴란드의 음악가 아르투르 루빈스타인 등의 거장과 세계적 언론인까지 포함해 2000명이 넘는 사람들이 참석했다. 이들은 2주 동안 수준 높은 아이디어를 발표하고 토론하며 분야와 정치 성향을 뛰어넘는 지적 교류의 장을 열었다.

이 페스티벌을 기획한 사람은 아스펜 연구소의 설립자 월터 페프케 (Walter Paepcke)였다. 당시 그는 시카고에 위치한 미국 컨테이너 회사 (Container Coporation of America)의 회장이었다. 페프케 회장은 이듬해인 1950년 싱크탱크 아스펜 연구소를 설립했다. 정치 · 경제 · 사회 · 문화 각 분야의 리더들이 일상에서 벗어나 세계를 움직이는 큰 생각(아이디어)에 대해 이야기를 나누는 장을 마련하자는 취지였다. 그 뒤 아스펜 연구소는 철학 · 인문학 · 과학 · 공공정책 등 분야를 망라한 세미나를 지속적으로 개최했다. 음악 축제와 디자인 컨퍼런스도 열었다. 현재 아스펜 연구소는 직원 300명을 거느린, 미국에서 가장 영향력 있는 싱크탱크 중 하나로 발돋움했다.

2013년 여름, 아스펜 아이디어 페스티벌에는 연사 350명과 청중 2000여 명이 모여들었다. 빌 클린턴 정부 때 재무장관을 지낸 로버트 루빈, 조지 부시 정부 때 재무장관을 지낸 헨리 폴슨, 버락 오바마 정부의 재무장관인 제이콥 루 등이 연사로 참석했다. 민주당과 공화당 소속 정치인들이 함께 참석할 정도로 정치적 입장도 다양하다. 크라우드 펀딩으로 주가를 올리고 있는 킥스타터의 최고경영자(CEO) 페리 챈 같은 벤처기업가가 참석하는 한편, 칼라일 그룹 공동 창립자 데이비드 루빈스타인 같은 거물급 투자자도 자리를 빛냈다. 저명한 〈뉴욕 타임스〉 기자 토머스 프리드먼과 버진 그룹 창업자 리처드 브랜슨이 같은 무대에 서는 자리도 마련되었다.

2013년 아스펜 아이디어 페스티벌에서 오바마의 재선 확률을 정확히 예측한 통계학자 네이트 실버(Nate Silver)가 언론인 케이티 쿠릭(Katie Couric)의 질문에 답하고 있다.

소 셜
픽 션

내용은 매우 다양하다. 시민운동의 미래부터 사회적 기업가 정신에 이르기까지, 항공산업의 미래부터 우주여행 가능성까지, 미국 헌법정신에 대한 이야기부터 해법에 대한 이야기까지, 그야말로 종횡무진이다. 다양한 주제에 대해 일주일 동안 150개가량의 세션이 열렸다.

아스펜 아이디어 페스티벌에서는 빅 아이디어(big idea)를 강조했다. 장기적인 관점에서 사회 문제를 해결할 방법을 논의하자는 의미일 것이다. 현재 시스템을 부분적으로 고치는 게 아니라 근본적으로 바꿀 거대한 아이디어를 찾는 게 이 모임의 목적이다.

아이디어라고 하면 반짝거리는 새롭고 가벼운 생각이라고 여기는 사람도 있다. 하지만 아스펜 아이디어 페스티벌에서 말하는 아이디어는 생각이나 사상에 가깝다. 다양한 직업과 입장과 연구 분야를 가진 사람들이 함께 생각을 나눌 때 여러 영역을 아우르는 '빅 아이디어'가 나올 수 있다는 취지다.

그래서 이곳에서 거론되는 아이디어는 주로 과학과 기술과 사회와 정치가 만나는 지점에 있다. 교육 혁신가가 나와 교실의 경계가 사라지는 시대를 말한다. 학습 방법은 한편으로는 동영상 등 컴퓨터를 활용한 수준별 학습으로, 다른 한편에서는 소그룹 활동 등을 통한 맞춤형 인성 교육으로 빠르게 바뀌어간다는 이야기다. 항공산업은 우주여행을 기획한다. 도시는 경계가 무너져 협력과 공유의 공간이 되고, 새로운 미디어의 시대가 온다. 특히 기술의 변화와 연관 지어 사회 변화를 이야기하는 논의가 많았다.

스티브 잡스 전기작가이자 〈타임〉 편집장과 사장을 지낸 월터 아이작슨(Walter Isaacson)이 이 페스티벌의 주최자인 아스펜 연구소의 소장이다. 월터 아이작슨은 "세상을 바꾸는 빅 아이디어는 서로 다른 배경과 성향을 가진 사람들이 함께 모일 때 나온다"고 말했다.

샌프란시스코 그리고 베이징, 2013년 9월

그다음 우리는 돈을 찾아 나섰다. 물론 사회 문제 해결을 상상하는 데 관심이 있는 돈이다. 해마다 샌프란시스코에서 열리는 사회적 자본시장 컨퍼런스가 그 주인공이다. 사회 문제 해결에 투자하는 투자자들과 그들의 투자를 희망하는 기업가와 전문가들이 모이는 자리다. 사회적 투자를 매개하는 장터 같은 곳이라고 보면 된다.

사회적 자본시장 컨퍼런스 SOCAP
더 나은 세상을 만들기 위해 자본을 투자하겠다는 목표로 시작한, 세계적으로 가장 성공한 사회적 투자 행사다. 2008년에 시작해 5000명 이상이 참가했다.

2013년 9월 3일부터 6일까지 열린 여섯 번째 컨퍼런스의 주제는 '착한 경제 촉진하기'였다. 1800여 명이 참석한 이 자리에서는 다양한 사례 발표와 토론이 이어졌다. 백악관, 연방준비은행 등 정부 쪽부터 시작해 게이츠 재단이나 록펠러 재단 같은 큰 규모의 자선기금, 중소 규모의 자선재단, 사회적 가치 투자를 하려는 펀드 운용자, 사회적 기업가 등이 참석했다.

사회적 투자는 민간자금이나 금융 기법을 사회 문제를 해결하는 데 활용하는 것으로, 사회적 가치를 지닌 벤처캐피털로 볼 수 있다. 예를 들어 모건스탠리와 크레스지 재단이 2013년 초 함께 시작한 '헬시 퓨

처스 펀드'는 건강 문제 해결에 투자하는 사회적 투자 펀드다. 1억 달러(약 1130억 원) 규모로 조성된 이 펀드는 저소득층을 위한 의료센터를 설립하는 한편, 저소득층 지역의 주택 건설 등 주거 환경 개선에도 투자한다.

이번 컨퍼런스에 참석한 크레스지 재단(Kresge Foundation)의 사회적 투자 책임자인 킴벌리 코넷(Kimberlee Cornet)은 "저소득층 건강 악화의 가장 큰 이유 중 하나는 열악한 주거 환경이므로 건강 문제 해결을 위해 주택 건설에도 함께 투자하기로 했다"고 말했다.

노동 부문 또한 주요한 투자 대상이다. 아메리칸 워킹 캐피털(AWC, American Working Capital)은 노동자 협동조합 등 경영권을 직원들이 가진 기업에 전문적으로 투자한다. 이런 기업이 고용 안정성이 높을 뿐만 아니라 장기적으로 재무 안정성도 높다고 믿기 때문이다. 특히 직원들이 기업 자산을 사들일 수 있도록 다양한 방법의 금융을 제공한다. 기존 금융과 달리 경영권이나 지나친 투자 수익은 가져가지 않는다.

또 다른 주요 투자 대상은 환경이다. 이번 컨퍼런스에서는 '바다'를 주제로 한 특별 세션이 열렸는데, 어업의 생산과 소비 구조를 바꿔 남획을 막는 프로젝트에 대한 투자 방법이 논의되었다. 이 밖에도 종교 기관들의 미션 관련 투자, 교육 혁신에 대한 투자, 도시 혁신에 대한 투자 등을 다루었다.

컨퍼런스에는 백악관 사회 혁신 수석인 조너선 그린블라트가 주요 토론자로 참석해 눈길을 끌었다. 오바마 정부는 사회투자펀드를 조성하고 사회투자채권 아이디어를 도입하는 등 다양한 사회적 투자 촉진 정책을 내놓고 있다. 미국, 영국, 프랑스 등 주요 8개국(G8)은 사회적 투자 태스크포스를 2013년 6월에 구성해 다양한 정책을 논의 중이라고 한다.

사회적 자본시장 컨퍼런스에서 투자자들은 전통적으로 정부가 해결해야 하지만 제대로 해결되지 않고 있는 대형 의제에 관심을 가졌다. 이전에도 '착한 투자자'들은 있었지만 그들의 관심은 개별 사회적 기업이나 비영리단체를 지원하여 성장을 돕는 일이었다. 그런데 이제 건강, 주거 환경 등 정부가 해결하지 못한 공공의 문제에 부쩍 관심을 갖게 된 것이다.

같은 달 베이징의 하늘은 맑았다. 몇 년 전만 해도 이틀이 멀다 하고 스모그 현상이 일어났고 숨 쉬기 어려울 정도로 공기가 탁한 날이 많았던 도시다. 베이징 시에 환경청을 두어 여러 해 동안 집중적으로 대기 오염을 관리한 결과라는 귀띔을 받았다. 정부 역할의 중요성을 다시 한 번 느낄 수 있는 대목이다.

사회적 기업
사회적 목적을 우선적으로 추구하면서 영업활동을 수행하는 기업 및 조직을 말한다. 국내에서는 2007년 사회적 기업 육성법 제정과 1차 36개 기업 인증을 통해 본격적으로 국가에 의해 육성되었다.

세계청년리더포럼
World Young Leaders Forum
세계청년리더포럼은 독일 BMW재단이 매년 전 세계의 정치 · 사회 · 경제 분야에서 혁신적 활동을 벌이는 청년 리더들을 초청해 지구촌의 미래를 논의하는 행사다.

베이징에서 열리는 세계청년리더포럼은 우리가 이번에 세계의 사회적 상상을 찾아 나서면서 방문한 마지막 장소였다. 세계청년리더포럼은 전 세계에서 초청받은 300여 명이 참석하며, 2년에 한 번씩 매번 다른 나라에서 열린다.

이 포럼에서는 '지속 가능성'을 주제로 삼아 전 세계의 책임 있는 청년 리더들이 모여 다양한 주제를 논의했다. 다양성이 문제를 해결할 수 있는 유일한 방법이라는 믿음에서 나온 것이다. 아시아, 유럽, 북미, 남미, 아프리카 등 다양한 대륙의 리더들을 초청했다. 정치, 정부, 기업, 시민 사회, 문화예술 등 다양한 분야의 리더들이 한데 모여 사회 문제의 혁신적 해결 방법을 찾는 자리다.

이 자리에서는 지속 가능한 세계를 만들기 위한 정치와 정책과 국제 협력이 논의되었다. 예를 들면 다국적 기업이 중심이 되어 벌이는 자원 고갈 문제를 막기 위해 정부와 시민단체, 기업 등 다양한 이해관계자들이 함께 참여하는 국제 연대를 만들자는 제안이 나왔다. 기존의 국가 중심 국제기구가 문제를 풀지 못했다는 데 착안한 새로운 형태의 국제 협력 모델이다.

사회를 더 나은 곳으로 변화시키려면 새로운 형태의 사회에 맞는 권력 구조와 국제 협력 체계를 만들어야 한다. 세계청년리더포럼은 그런 생각을 버리도록 했다.

우리는 스콜월드포럼에서 사회 혁신가들을 만나며 '소셜픽션'을 알게 되었다. 아스펜 아이디어 페스티벌에서는 정책가, 기업가, 활동가들에게서 기술과 사회의 행복한 만남이 낳는 사회적 상상을 목격했다. 사회적 자본시장 컨퍼런스에서는 '착한 자본'을 상상하게 되었다. 그리고 이 모든 것이 가능하려면 정치 구조와 국제관계가 든든하게 받쳐주어야 한다는 사실을 세계청년리더포럼에서 깨닫게 되었다.

이 자리에서 미래 사회에 대해 가장 먼저 생각하고 실험하고 이야기를 나눈 사람들을 만났다. 그리고 이들로부터 얻은 통찰을 밑그림으로 지금 세계가 그리고 있는 소셜픽션을 찾기 시작했다.

그렇게 찾아낸 세계의 상상을 소개하기 전에 먼저 할 이야기가 있다. 수십 년 전 지금의 세계를 상상한 사람들은 어떻게 출발했고, 어떻게 사회 변화가 일어나게 했는지에 대한 것이다.

오 늘 을
바 꾼 제 의
어 상 상
상

그들도
상상으로부터
출발했다

chapter 1

전쟁 없는 평화로운 세계는 불가능할까
- 유럽연합과 장 모네의 정치적 상상

> 꿈꾸는 사람들은 늘 존재하는 법이다. 장 모네는 전략적 마인드와 정치적 상상력 그리고 이 것을 뒷받침할 끈질긴 인내를 가진 사람이었다. 그는 1888년 프랑스의 코냑 지방에서 코냑 장사를 하는 집안에서 태어났다. 유럽연합이라는 거대한 그림을 그리고 직접 실행에 옮긴 그였지만 정규 대학 교육을 받지 않았다. 대신 미국, 영국, 중국 등 전 세계를 돌아다니면서 '삶이라는 학교'를 다녔다고 스스로 말한다.

독일과 프랑스는 유로화를 함께 사용하고 있다. 유럽연합(EU, European Union)이라는 이름의 공동 의회를 갖고 있으며, 그 의원을 함께 선출한다. 이는 우리에게 매우 익숙해진 광경이다.

하지만 우리는 자주 잊는다. 두 나라는 불과 70여 년 전에 서로에게 총칼을 겨누고 전쟁을 치른 적국이었다는 사실을 말이다. 한쪽은 점령하고 다른 쪽은 점령지가 되어 목숨을 걸고 싸웠다는 사실을 말이다.

전쟁을 치른 적국이 어느덧 같은 화폐를 사용하며 서로 주권을 조금씩 양보하고 공유하게 된 데는, 어쩌면 60년 전 어떤 이들이 공유했던 상상이 없었다면 불가능했을지 모른다.

삶이라는 학교에서 배운
원대한 상상

문명에 대해 할 수 있는 최고의 공헌은 자유롭게 선택되고 만들어진 공동체 안에서 사람들이 그들의 잠재력을 개발하도록 허용하는 것이다.

— 장 모네

1951년 6월 파리 발도르프-아스토리아 호텔. 몇 명의 신사들이 이곳에 모여들기 시작했다. 진지한 얼굴의 한 남성과 맞은편에 앉은 단호한 표정의 또 다른 남성이 대화를 주도한다. 이 자리에 참석한 다른 신사들도 심각한 표정으로 경청한다. 대화는 그렇게 한참이나 이어졌다.

"유럽의 통합 없이는 모든 국가는 자국의 권한만을 추구하게 될 것입니다. 또한 독일은 동구 공산권과 협정을 맺어 자국의 국익을 추구할 유혹을 갖게 될 것입니다. 서방의 힘은 얼마나 많은 군대가 있느냐에 달린 것이 아니라 서방의 통합과 공동 의지에 달려 있습니다……. 만약 당신이 프랑스, 독일 그리고 그들의 이웃 국가에 이용하고 방어할 공동자원을 제공한다면 유럽은 저항하려는 의지를 회복할 것입니다."

"당신의 제안은 프랑스와 독일이 같은 제복을 입으라는 말이나 다름없습니다. 그것은 군사적인 문제이기 전에 인간적인 문제입니다."

"맞습니다. 무엇보다 우리가 먼저 해야 할 일은 사람들에게 그들이 같

은 미래에 직면하고 있다는 것을 인식하게 하는 것입니다." [1]

이날 오찬의 주인공은 바로 유럽통합의 아버지라 불리는 프랑스 출신 장 모네(Jean Monnet), 그리고 2차 세계대전을 승리로 이끈 뒤 전쟁 영웅으로 부상한 드와이트 아이젠하워 북대서양조약기구(NATO) 최고 사령관이다. 아이젠하워는 나중에 미국 대통령으로 8년간 재임하게 된다.

유럽연합. 이것은 한때 상상에서 시작됐다. 그것도 손에 꼽힐 만큼 극소수의 유럽인들이나 '시도해볼 만한 꿈'이었을 뿐이다. 두 번이나 세계대전을 경험하며 일상의 삶 자체가 위태로웠던 대다수 유럽인들에겐 상상하기 어려운 꿈 혹은 비현실에 가까웠다. 유럽 지역을 벗어난 사람들에게는 더더욱 상상 밖의 영역이었을지도 모른다.

하지만 꿈꾸는 사람은 늘 있게 마련이다. 장 모네가 그 대표적인 인물이다. 모네는 전략적 마인드와 정치적 상상력 그리고 이것을 뒷받침할 끈질긴 인내를 가진 사람이었다.

장 모네는 1888년 프랑스의 코냑 지방에서 코냑 장사를 하는 집안에서 태어났다. 유럽연합이라는 거대한 그림을 그리고 직접 실행에 옮긴 그였지만 정규 대학 교육을 받지 않았다. 대신 미국, 영국, 중국 등 전 세계를 돌아다니면서 '삶이라는 학교'를 다녔다고 스스로 말한다.

코냑 상인으로 편하게 삶에 안주할 수도 있었지만 그의 운명은 그를 가만히 놔두지 않았다. 1차 세계대전 당시 프랑스 총리 비비아니(René Viviani)에게 건의한 영국과 프랑스의 군수물자 보급망을 통합하자는 그의 제안이 채택되면서 그는 유럽통합의 주역이 되는 길에 들어서게 된다. 이 인연으로 그는 전쟁 후 UN 사무차장으로 일하면서 지역 통합에 대한 비전과 경륜을 쌓아나갔다.

2차 세계대전이 발발하자 나치 독일에 대항하는 효과적 방안의 하나로 프랑스와 영국을 연방으로 통합하는 불영연방안(佛英聯邦案)을 실현시키기 위해 노력했다. 또 2차 세계대전 때 그가 작성한 미국 철강 및 자동차 산업의 군수산업으로의 전환 방안은 루스벨트 미국 대통령에 의해 채택되어 미국의 참전 계기를 제공하기도 했다.

1950년 쉬망 플랜에 따라 발족한 유럽석탄철강공동체(ECSC) 최고 행정기구 의장을 맡으면서 유럽통합에 대한 그의 오랜 꿈이 하나하나 실현되기 시작했다. 1955년 로마조약에 의해 ECSC가 유럽경제공동체로 확대되면서 그는 의장직

> **쉬망 플랜**
> **Schuman plan**
> 1950년 프랑스 외교부장관 로베르 쉬망이 제안한 독일과 프랑스 접경 지역의 석탄과 철강 공동 관리안으로, 유럽 평화를 상징하는 생산 연대다.

에서 물러나 민간 조직인 유럽합중국행동위원회를 조직하여, 20여 년간 각국의 정권이 바뀌더라도 유럽통합의 기본 노선은 변함이 없도록 배후에서 영향력을 행사했다.

세상에는 두 가지 유형의 사람이 있다고 한다. 무엇이 되기 위한 사람과 무엇을 하기 위한 사람이다. 모네는 전형적인 후자로 평가받는다. 모네 스스로도 자신은 정치인이 아니었기 때문에 가장 정치적인 행위를 심각한 견제 없이 해낼 수 있었다고 소회한 바 있다. 그는 유럽연합이라는 목표를 위해 인내심을 갖고 사람들을 설득했고, 불가능해 보이던 일을 가능한 현실로 만들어냈다.[2]

유럽석탄철강공동체는 유럽연합의 씨앗이었다. 유럽 6개국(네덜란드, 룩셈부르크, 벨기에, 독일, 이탈리아, 프랑스)이 철강과 석탄에 대해 무역 장벽을 없앤 것이다. 자연스레 산업들에 대해서는 국가별 세금이 아니라 공동의 세금(유럽세)을 매기게 되었다. 지금 시각에서 보면 대수롭지 않은 일일 수 있다. 하지만 당시만 해도 이는 획기적인 발상의 전환이었다.

유럽석탄철강공동체의 기반이 된 쉬망 플랜이 나온 1950년은 여전히 3차 세계대전의 가능성이 높게 점쳐질 때였다. 소련이 유럽 어딘가를 언제든 침공할 수 있다는 공포와 불안이 유럽 전역을 감돌던 시기다. 특히 당시 재래식 전쟁에서 석탄과 철강은 각국 산업뿐만 아니라 무기와도 직결된 문제였고, 이 때문에 그 생산량에 따라 각국의 군사력이 평가되는 시대이기도 했다. 그런데 불과 5년 전까지만 해도 서로 총을 겨누던 적들(특히 프랑스-독일) 간에 '공동시장'을 설립한다는 것은 혁명적인 일이었다.

세계대전은 유럽인들에게 전쟁의 공포와 함께 각성의 기회가 되었다. 수많은 사람들이 죽어나가는 것은 물론이고 지난 수백 년간 이룬 문명과 업적이 하루아침에 잿더미로 변해버리는 현실을 직접 목격했기 때문이다. 두 번의 거대하고 참혹한 전쟁은 역설적으로 평화가 왜 필요한지 유럽인들에게 각인시켜주는 계기가 되었다.

모네의 구상에 감명받은 아이젠하워는 곧 런던으로 달려가 중대한 연설을 했고, 이 자리에는 당시 영국의 야당 지도자였던 처칠도 있었다.

유럽이 날림으로 이루어진 국경선으로 나뉘어 있는 한 유럽인이 지닌 숙련과 정신력에 걸맞은 거대한 물질적 성장을 이뤄낼 수 없습니다. 국경선은 공동의 이익 대신 국지적인 이익을 조장할 것입니다. (……) 정치 분야에서 이러한 장벽은 불신과 의혹을 조장할 것입니다. 이는 대중들을 희생하여 기득권을 보호할 것이며, 유럽 자신의 명백한 선(善)에 도달하기 위한 진정으로 단합된 행동을 가로막을 것입니다. (……) 그러나 통합이 이뤄지면 유럽은 적절한 안보를 구축할 수 있고 (……) 실현 가능한 유럽연방의 설립은 유럽이 완전하고 필수적인 몫을 수행하는 곳에서 사람들 사이에 신뢰를 형성하는 데까지 나아갈 수 있을 것입니다."[3]

장 모네는 회고록에서 "평화를 지키는 데 있어서 아이젠하워의 정치적 감각은 그의 군사적 본능을 능가했고 사람들도 그것을 믿어 의심치 않았기 때문에 미국에서 그의 명성은 계속 높아지고 있었다"고 썼다.

길고 어려운 과정 끝에 중세기 이후 논의만 거듭돼온 유럽통합의 꿈이 처음 현실로 발현된 유럽석탄철강공동체는 유럽 내 석탄과 철강에 대한 공동시장을 설립함으로써 전쟁의 발발을 사전에 차단하는 역할을 했다. 이후 1957년 로마조약을 체결하면서 유럽석탄철강공동체는 유럽경제공동체(EEC)로 확대 발전했다. 상품, 노동, 자본, 서비스의 자유로운 이동이 가능한 공동시장(common market)을 겨냥한 움직임이었다. 이 계획이 성공하면서 특히 독일과 이탈리아 경제는 크게 성장했다.

EEC는 이후 일각에서 제기된 극도의 회의론에 맞닥뜨리면서도 질

오늘을 바꾼
어제의 **상상**

적, 양적 변화를 거쳐 지금의 유럽연합(EU)으로 완성되었다. 60년 전 석탄철강공동체로 시작한 유럽공동체가 유로화라는 단일 통화까지 등장시키며 경제공동체를 거쳐 이제는 정치공동체로 운명을 같이하고 있는 것이다. 토니 블레어 전 영국 총리는 이 단일 통화 정책을 "정치적 동기에서 시작됐으나 경제적 방식으로 표출된" 아이디어라고 표현한 바 있다.[4]

증오를 연대로, 노벨평화상을 수상하기까지

> 지난 60여 년 동안 유럽연합과 이 지역 선구자들이 유럽의 평화와 화합, 민주주의, 인권 증진에 기여한 바가 큽니다. 유럽연합의 안정화 노력이 전쟁의 대륙이었던 유럽을 평화의 대륙으로 바꾸는 데 일조했습니다. 과거 독일과 프랑스는 여러 차례 전쟁을 벌였지만 오늘날 두 나라의 전쟁은 상상할 수도 없습니다.
>
> — 2012년 노르웨이 노벨위원회

쉬망 플랜에 대한 비준이 6개국에 의해 마무리된 지 정확히 60년이 흐른 2012년, 노벨평화상 수상의 영예는 유럽연합에 돌아갔다. 27개 회원국으로 이루어진 유럽연합을 노벨평화상 수상자로 선정한 노르웨이 노벨위원회는 선정 이유를 밝히면서 무엇보다 '전쟁과 평화'를 강조했다. 당시 유럽의회 마르틴 슐츠 의장은 "유럽연합이 바로 화합이다. 영감을 주는 역할을 한다. 유럽연합은 전쟁을 평화로, 증오를 연

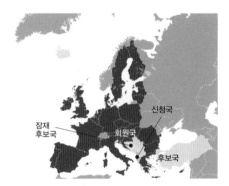

신청국
잠재
후보국
회원국
후보국

2013년 유럽연합 회원국 분포도

대로 바꾼 유일무이한 프로젝트"라며 벅찬 감동을 자신의 트위터에 남기기도 했다.

2008년 미국에서 시작된 세계 경제위기와 맞물려 비틀거리던 유로존에 대한 회의론 그리고 일부 회원국들의 재정 문제 등 경제위기와, 이와 맞물린 사회 혼란까지 감안한다면 유럽연합의 노벨평화상 수상은 다소 의외라는 반응도 나왔다. 당사자인 유럽연합이 가장 당황했을지도 모른다.

노벨위원회가 경제위기 한가운데 있는 유럽연합에 평화상을 안기면서 던지고 싶었던 메시지는 대략 두 가지일 것이다. 평화를 위한 지난 60여 년간의 끈질긴 노력이 공식적인 이유라면 그 뒤에 감춰진 또 다른 메시지는 '어떤 어려움 속에서도 분열은 안 된다'는 간절한 부탁일지 모른다.

한때 '가능한 꿈'과 '비현실' 사이를 오가던 정치적 상상을 유럽인들은 현실이라는 그릇에 담아냈다. 경제 및 정치위기로 인한 사회 혼란, 되살아나는 민족주의와 이민자 문제 등 크고 작은 갈등이 유럽연합 내에 여전히 존재하지만 그 못지않게 분명한 또 하나의 사실은 슐츠 의장의 말처럼 '유럽연합은 전쟁을 평화로, 증오를 연대로 바꾼 유일무이한 프로젝트'라는 점이다.

유럽은 늘 전쟁의 포연 속에 있었다. 어떤 역사가들은 유럽 전체에 전쟁이 전혀 없던 시기는 불과 며칠에 불과하다는 주장을 할 정도로 유럽의 역사는 곧 전쟁의 역사였다. 대륙 내 각 국가들과 영주들이 다스리는 개별 영토가 조밀하게 붙어 있어 영토 분쟁, 민족 분쟁, 종교 분쟁 등으로 한시도 조용할 날이 없었던 곳이 다름 아닌 유럽이었다. 하지만 지금은 평화와 복지의 상징이 되고 있다. 장 모네와 같이 상상하는 사람들이 만든 마술과 같은 일인지도 모른다.

이제는 유럽연합에 가입하지 않은 주변국들도 경제활동은 물론 여타의 정책을 결정할 때 유럽연합의 제도와 기준 등에 맞출 수 밖에 없는 상황이 되었다. 유럽연합이라는 커다란 '지역 공동체'가 주변 국가들의 통화, 제도, 법률, 문화에까지 실질적인 영향을 미치게 된 것이다.[5]

끝나지 않은 모네들의 정치적 상상

유럽 대통령을 직접 뽑을 수 있는 유럽 시민권을 상상해봅시다. 혹은 제비뽑기에 의해 선발된 시민배심원들이 직접 매우 중요하고 논쟁적인 이슈에 대해 결정하는 것도 상상해봅시다. 또 스스로 입법자가 되어 시민들이 미래에 있을 조약들에 직접 투표하는 유럽 전반의 국민투표(Europe-wide Referendum)도 상상해봅시다. 예를 들어 이민자들에게 그리스, 독일, 스웨덴 시민권이 아니라 유럽 시민권(European citizenship)을 주는 건 어떨까요. 우리의 공통적인 정체성은 민주주의이며, 참여를 통해 교육이 이뤄지고, 또 그 참여가 배타와 혐오보다는 신뢰와 연대를 낳는, 그런 곳 말입니다.

— 파판드레우(George Papandreou) 전 그리스 총리

이제 유럽인들은 유럽 시민권을 상상하기에 이르렀다. 유럽 전체를 대변하는 유럽연합 대통령의 필요성도 제기된다. 대표적으로 게오르기오스 파판드레우 전 그리스 총리는 유럽 시민권을 통한 국경 없는 유럽 민주주의를 제안한다. 기존 정체성이 단지 피부색과 언어, 핏줄 등으로 규정됐다면 이제는 민주주의라는 것을 정체성으로 하자는 제안인 것이다. 꽤 근사하지 않은가!

피부색, 인종, 언어, 종교 등을 이유로 벽을 쌓고 서로를 공격했던 과거에 대한 반성과 함께 민주주의에 바탕을 둔 이성의 힘으로 문명에 기여해야 한다는, 즉 통합과 평화라는 화두를 던진 것이다.

장 모네의 사회적 상상은 단순하지만 원대했다. 국경선으로 갈라진 국가들의 이해관계를 하나의 그물망처럼 촘촘히 만들어 상대국의 위기가 곧 나의 위기로 다가오는, 역으로 상대국의 발전이 나의 발전까지 견인하는 공동의 이해관계를 만들어야 한다는 생각이었다. 결과적으로 지금의 프랑스와 독일의 젊은이들이 '과거에 도대체 왜 전쟁을 했는지 이해하지 못하는' 수준으로까지 발전해야 한다는 결론으로 귀결된다.[6]

지금도 유럽 곳곳에서는 많은 '모네들'이 미래를 상상하고 시도하고 있다. 민주주의를 '정체성' 삼아 새로운 유럽 시민권을 만들자는 파판드레우 전 그리스 총리의 상상은 수많은 소셜픽션 가운데 하나일 것이다.

Chapter 2

사람에 대한 차별을 철폐할 수는 없을까
– 넬슨 만델라의 자유와 평등에 대한 영원한 갈망

남아공 정부는 만델라를 26년이나 감옥에 가두었지만 그의 정신까지 가둬둘 수는 없었다.
자유와 평등을 향한 그의 상상은 감옥의 벽을 넘어 온 세상에 울림을 만들어냈다. 1990년
넬슨 만델라는 27년, 1만 일 만에 자유의 몸이 되었다. 그는 이미 70세가 넘은 노인이 되어
있었다. 자유를 찾은 그에게 남은 운명은 휴식이 아니었다.

전 세계에서 가장 많은 언어로 번역되었다는 '세계 인권 선언'의 구
절을 굳이 빌려오지 않더라도 인간의 평등과 자유는 누구도 침해할 수
없는 절대적 권리다. 세상의 모든 인간은 남과 다르다는 이유로 차별
받아서는 안 된다.

물론 이런 보편적인 상식을 상상조차 하기 어려운 시절도 있었다.
미국만 해도 1947년에 와서야 재키 로빈슨이라는 첫 번째 흑인 메이
저리그 야구선수가 나올 수 있었다. 인간이 달을 향해 끊임없이 도전

하던 1960년대에도 마틴 루터 킹 목사와 맬컴 엑스는 흑인들의 인권을 위해 싸워야만 했다.

1970~1980년대를 지나며 인종차별은 많은 국가에서 범죄로 인식되기 시작했다. 하지만 여전히 피부색에 따른 차별이 정당화되던 나라가 있었다. 남아프리카공화국이다.

아파르트헤이트, 희망을 앗아가다

아파르트헤이트(인종 분리 정책)는 피부 색깔을 이유로 사람을 차별하기 위한 남아공의 정책이다. 그 뿌리는 19세기 영국 식민 시절에 만들어진 통행법으로 거슬러 올라간다. 당시 남아공을 지배하던 백인들은 가난한 흑인들이 자신들의 영역에 들어오는 것을 원치 않았다. 흑인과 유색인종은 허가를 받아야만 지역을 이동할 수 있게 한 것이 통행법이다. 백인들은 자신들이 소수이며 흑인들이 다수라는 것을 깨달았다. 흑인들에게 흡수당하는 것이 두려웠던 그들은 흑백 분리 정책을 통해 자신들을 보호하려고 했다.

1948년 이후 아파르트헤이트는 더 강력해졌다. 일련의 법이 만들어졌고 본격적인 인종차별이 시행되었다. 이들은 먼저 사람들의 피부색과 인종에 따라 등급을 정했다. 남아공 내에 사는 사람들은 모두 인종과 피부색에 의해 정해진 등급에 따라 거주지와 출입할 수 있는 구역에 제한을 받았다. 백인들은 혼혈이 늘어나는 것도 꺼려 다른 계급 간의 결혼은 물론 성행위마저도 금지하기에 이르렀다. 반공법도 만들어졌다. 법무장관이 공산주의자로 인정하기만 하면 재판 없이 투옥할 수 있었다. 반공법은 당연히 아파르트헤이트에 반대하는 세력에게 적용되었다.

남아공의 대표적인 아파르트헤이트는 반투 홈랜드(Bantu Homeland) 정책이었다. 백인 정권은 줄루족, 코사족 등 약 10개에 이르는 흑인 부족에 명목상의 자치정권을 수립하도록 했다. 하지만 그곳은 전체 영토의 약 13퍼센트에 불과한 데다 대부분 황무지였다. 수많은 흑인들이 거주지를 빼앗기고 도저히 사람이 살 수 없는 척박한 땅으로 이주해야 했다. 본토에 금지된 카지노와 환락가가 이곳에서는 허용되었다. 이 법으로 1960년에서 1994년까지 약 350만 명이 생활 터전을 잃고 극빈층으로 전락했다.

나쁜 정책은 사람들에게서 꿈과 희망을 앗아간다. 남아공에서 나쁜 정책의 궁극적인 목적은 영원한 지배였다. 피지배자들에게 희망을 남겨서는 안 됐다. 남아공 권력자들은 흑인들에게 꿈과 희망, 신념과 의지를 모두 빼앗기 위해 온갖 수단을 강구했다.

하지만 어둠이 가장 깊은 시간에 사람은 꿈을 꾸는 것처럼 억압이 커질수록 자유를 향한 꿈과 갈망도 커져갔다. 아파르트헤이트는 세상에서 가장 큰 꿈과 희망 그리고 자유와 평등을 향한 신념과 의지를 가진 위대한 사람들을 낳았다.

넬슨 만델라(Nelson Rolihlahla Mandela)가 바로 그런 사람들 가운데 하나였다. 만델라는 인종차별이 사라지는 것을 상상조차 하기 어려웠던 시절부터 흑인과 백인이 평등하게 주권을 행사하는 민주주의 국가를 꿈꾸었다.

교도소를 학교로 만든
만델라의 투쟁

넬슨 만델라는 1918년 당시 영국령이었던 남아공의 케이브 지방 템부족 족장의 아들로 태어났다. 1942년 변호사가 되어 흑인 인권을 위해 싸우기 시작했다. 1944년 아프리카민족회의(ANC)에 가입해 청년동맹을 조직하고, 남아공의 인종 분리와 차별 정책에 대한 저항을 시작했다.

만델라는 치열했다. 그는 청년을 조직하고 지휘했다. 아파르트헤이트의 강도가 높아지면 저항의 강도도 높아졌다. 그의 삶의 중심에는 자유를 향한 꿈과 함께 남아공 정부와 경찰이 자리했다. 그들은 만델라의 투쟁에 대한 응징으로 그의 자유를 제한하고 체포와 투옥, 모욕과 끊임없이 이어지는 재판 등을 선물했다. 그럴수록 만델라는 투쟁의 수위를 높였고 정부는 그를 뒤쫓았다. 결국 도망자가 되었고, 1962년 체포됨으로써 도망자의 불안한 삶도 끝났다. 그는 사형을 언도받을 수 있는 죄목으로 재판에 회부됐다.

나는 나의 일생을 이러한 아프리카인의 투쟁에 헌신해왔습니다. 나는 백인 지배에 맞서 싸웠을 뿐만 아니라, 흑인 지배에도 맞서 싸웠습니다. 나는 모든 사람이 조화롭게 그리고 동등한 기회를 가지고 함께 사는 민주적이고 자유로운 사회의 이념을 소중히 생각해왔습니다. 나는 이 이념을 위해 살고자 했습니다. 그러나 필요하다면, 나는 이 이념을

위해 목숨을 버릴 준비가 되어 있습니다.[7]

— 넬슨 만델라

재판이 시작되자 그는 스스로를 변호할 것이며, 목숨을 구걸하지 않겠다고 선언했다. 그는 재판 내내 죽음을 각오했고, 자신에게 닥칠 운명을 준비했다. 기나긴 재판이 끝나고 1964년 만델라는 종신형을 선고받았다.

만델라는 로벤 섬의 감옥에 갇혔다. 케이프타운 인근에 있는 달걀 모양의 작은 로벤 섬은 여의도보다 훨씬 작은 섬이다. 삼면이 콘크리트 벽인 수감실에는 작은 창 하나가 나 있었다. 나머지 한 벽은 조금의 비밀스러운 순간도 허락하지 않기 위해 누구나 방 안을 들여다볼 수 있도록 창살이 달려 있었고, 천장에 매달린 전구는 24시간 불이 켜져 있었다.

교도소 생활은 가혹했다. 섬이라는 지리적인 조건은 수형자들의 고립감을 더욱 크게 했다. 인종차별은 이곳에서도 이루어졌다. 죄수는 모두 유색인종이었고, 교도관은 백인이었다. 교도관들은 죄수들을 끊임없이 모욕했고, 죄수들은 끝도 없는 강제 노역에 시달려야 했다. 처음 이곳에 온 죄수들은 직계 가족에게만 반년에 한 번씩 편지를 쓸 수 있었는데, 500개 단어를 넘으면 안 되었다. 이곳에서는 어떤 미래도 꿈꿀 수 없는 것처럼 보였다. 만델라에게 남은 운명은 자신이 살아 있는 날만큼 이 방에서 자고 일어나는 일뿐이었다. 그는 살아서 이 섬에 들어왔지만 죽어야만 떠날 수 있었다.

하지만 만델라는 이곳에서도 자유에 대한 꿈을 잃지 않았다. 그는 제도의 개선과 수형자들의 인간적인 대우를 요구하며 투쟁했다. 끊임없는 그의 노력은 변화를 만들었다. 강제노동 수용소나 다름없던 섬이 만델라의 학교로 바뀌어갔다.

만델라의 학교에서 수감자들은 지식을 교환하며 아파르트헤이트가 사라진 남아공을 함께 상상했다. 이곳에서 만델라는 젊은 ANC 조직원들을 교육해 다시 세상으로 내보냈다. 로벤 섬은 남아공 정부의 의도와는 달리 절망의 섬이 아니라 ANC의 교육기관으로 탈바꿈했다.

1989년, 남아공 대통령이 된 프레데리크 빌렘 데 클레르크는 아파르트헤이트를 끝내기로 한다. 계속되는 저항과 국제 사회의 제재, 그리고 불합리한 정책이 만들어낸 수많은 모순들이 쌓이면서 백인 통치자들은 아파르트헤이트를 포기하지 않을 수 없었다. 남아공 정부는 만델라를 26년이나 감옥에 가두었지만 그의 정신까지 가둬둘 수는 없었다. 자유와 평등을 향한 그의 상상은 감옥의 벽을 넘어 온 세상에 울림을 만들어냈다. 1990년 넬슨 만델라는 27년, 1만 일 만에 자유의 몸이 되었다. 그는 이미 70세가 넘은 노인이 되어 있었다.

**두 개의 얼굴,
흑과 백을 넘어**

자유를 찾은 만델라에게 남은 운명은 휴식이 아니었다. 그는 남아공의 새로운 건설자로서의 역할을 하기로 했다. 1993년 노벨평화상을 수상하고, 1994년 남아공에서 모든 국민들이 평등하게 선거권을 행사한 선거에서 대통령으로 당선되었다. 그는 복수 대신 화해와 관용 위에

만델라가 타계하자 런던 웨스트민스터 등 세계 곳곳에 있는 그의 동상에 추모 행렬이 이어졌다.

자유롭고 평등한 남아공을 건설하기 위해 헌신하다, 2013년 12월 5일 95세를 일기로 타계했다.

아파르트헤이트의 철폐가 고스란히 만델라의 공은 아니다. 만델라가 감옥에 있는 동안 또 다른 노벨평화상 수상자인 데즈먼드 투투(Desmond Mpilo Tutu) 대주교는 반(反)아파르트헤이트의 또 다른 상징이 되어 정부와 싸웠다. 그는 만델라가 만든 진실화해위원회의 위원장이 되어 아파르트헤이트 기간 동안 벌어진 범죄들을 조사했다. 투투 대주교는 공정한 조사와, 과거의 책임을 묻고 누군가를 비난하는 대신 미래에 대한 비전을 제시하며 임무를 마쳤다.

마마 아프리카(Mama Africa)로 불리는 미리암 마케바(Miriam Makeba)는 단지 아파르트헤이트를 세계에 알렸다는 이유로 여권과 국적을 말소당했다. 마케바는 세계를 떠돌며 자유를 노래했다. 1990년 마케바는 자유인이 된 만델라로부터 한 통의 전화를 받았다. 그리고 그해 6월 30여 년 만에 고국의 땅을 밟을 수 있었다. 만델라가 감옥에 갇혀 있는 동안 이 밖에도 많은 사람들이 남아공 흑인들의 자유와 평등을 위해 싸웠고, 그들 대부분은 감옥에 가거나 목숨을 빼앗겨야 했다.

만일 그 모든 어둠 속에서 넬슨 만델라와 같이 끊임없이 자유와 평등이 실현된 미래 사회의 모습을 외치는 이가 없었다면 어떻게 됐을까? '흑인과 백인이 함께 주권을 행사하는 민주주의 국가'라는, 전혀 비현실적으로 보이는 비전을 외치는 사람이 있었기에 어쩌면 사람들은 만델라가 그리던 미래 사회의 모습을 나침반 삼아 어둠 속에서도 그런 싸움을 계속할 수 있었던 것은 아닐까.

오늘날 남아공은 두 개의 얼굴을 가지고 있다. 남아공은 아프리카 최고의 산업국으로 월드컵을 치른 국력을 가진 나라다. 아프리카의 맹주 역할을 하고 있기도 하다. 반면 문제도 적지 않다. 빈부 격차가 날이 갈수록 커지고 있고, 심각한 범죄율이 사회 문제가 되고 있으며, 에이즈가 창궐하고 있다. 어쩌면 남아공이 지금까지 걸어온 길보다 앞으로 걸어가야 할 길이 더 어렵고 힘든 길이 될 수도 있다. 인종차별이 없는 사회라는 꿈이 실현된 지금, 또 다른 사회적 상상이 필요한지도 모른다.

Chapter 3

유토피아는 왜 존재하지 않을까
– 유럽 최빈국에서 최고 복지국가가 된 스웨덴

> 1930년대 불황 속에서 스웨덴의 노동자와 서민들은 어떤 열망을 품었을까. 사회주의자들의
> 주장처럼 혁명을 꿈꾸었을까? 아니다. 그들이 바란 것은 일자리와 사회보장이었다. 보편적
> 복지국가와, 국가가 적극적으로 투자하며 일자리를 만드는 경제를 향한 비그포르스의 계획
> 은 그런 열망에 부합했다.

소련과 동구권의 붕괴로 현실 사회주의의 이상이 무너지더니 얼마
후에도 세계 금융위기가 닥쳤고, 이제는 자본주의의 미래가 의심받고
있다. 이런 중 현존하는 국가 중 유토피아에 가장 가깝다는 평가를 받
는 나라가 있다. 바로 스웨덴이다.

스웨덴은 보편적 복지를 도입한 매우 강력한
복지국가로 알려져 있으면서, 동시에 시장경제
가 발달해 선진국 가운데 가장 높은 경제성장률

> **보편적 복지**
> 복지를 국가의 의무와 시민의 권
> 리로 파악해 누구나 복지 혜택을
> 누릴 수 있게 하자는 입장이다.

을 유지하고 있는 나라로 평가를 받는다. 복지와 성장 모두를 충족하고 있는 셈이다.

지금의 스웨덴이 만들어지는 데는 강력하고 보편적인 복지정책을 도입한 것이 결정적 역할을 했다고 할 수 있다. 그 배경에는 한때 찢어지게 가난한 가운데서도 유토피아적 복지국가의 꿈을 그린 사람들이 있었다.

비그포르스와 스웨덴 사민당[8]

유토피아는 영국의 인문주의자 토머스 모어가 1516년에 발표한 책《최선의 국가 형태와 새로운 섬 유토피아에 관하여》를 통해 알려진 개념이다. 그리스어의 '없다(ou)'와 '좋다(eu)'라는 뜻의 'u'와 장소를 의미하는 'toppos'를 합성해 만든 용어다. 즉 유토피아(utopia)는 '없는 곳(no-place)'이면서 '좋은 곳(good-place)'이라는 두 가지 의미를 가진다. 물론 아무리 좋은 곳도 존재하지 않는다면 소용이 없다. 이 때문에 유토피아는 누군가를 비현실적이라고 비아냥거릴 때 사용하는 단어이기도 하다.

그런데 1930년대 대공황 뒤의 경제위기를 잘 헤쳐나가고 스웨덴의 도약 기반을 다진 유토피아주의자들이 있었다. 그들은 바로 스웨덴 사회민주당(사민당)의 정책가이며 재무장관을 지낸 에른스트 비그포르스(Ernst Wigforss)와 사민당 당수 및 총리를 지낸 페르 알빈 한손(Per Albin Hansson)이다. 한손은 대학도 안 나온 노동자였지만 총리까지 지낸 사람이다. 한손의 참모이던 비그포르스는 1930년대 스웨덴 경제 모델의 초석을 마련한 인물이다.

스웨덴은 자연과 가혹한 투쟁을 벌여야 살아남을 수 있던 가난한 농업 국가였다. 19세기에서 20세기에 걸쳐 인구의 4분의 1이 북미로 이민을 떠난 것도 그런 빈곤에서 벗어나기 위해서였다. 사람들은 장시간 노동과 빈곤을 참아내야 했고, 우울과 좌절이 나라 전체를 뒤덮고 있었다. 1900년대 초반 공업화가 시작된 이후에도 사정은 나아지지 않았다. 오히려 대량 해고와 파업 등으로 사회 갈등이 깊어졌다.

그런 우울한 상황에서 비그포르스는 1919년 '예테보리 강령'을 작성한다. 여기에 스웨덴 복지국가의 모든 요소가 담겨 있다. 한 달짜리 유급휴가, 출산수당, 평등한 교육 기회, 높은 누진 상속세 제도와 소득세 등이 그것이다. 당시 이것이 실현 가능하다고 생각한 사람은 거의 없었다. 하지만 시간이 흐르면서 이 강령은 스웨덴 사람들의 집단 상상력을 사로잡았다. 그리고 잠정적 유토피아 형태로 한 발씩 나아갔고, 50년 후 현실에서 실현되었다.

> **예테보리 강령**
> 사민당과 비그포르스가 발표한 스웨덴 복지국가의 최초의 스케치로, 구체적이면서도 급진적인 정책들로 구성되어 있다.

사실 정치가로서 비그포르스의 길은 순탄하지 못했다. 1928년 비그포르스는 부자들에게 높은 누진세율의 상속세를 부과한다는 법안을 발의했다. 그러자 기득권층과 중산층은 경악했고, 반대 진영의 정당들은 신랄한 비판을 퍼부었다. 비그포르스는 평소 온건한 성격이었지만 그때만큼은 길길이 날뛸 정도로 격렬한 반응을 보였다고 한다.

비그포르스는 굴하지 않았다. 1932년 총선을 앞두고 '나라 살림 계획(planhushallning)'을 제시했다. 예테보리 강령의 연장선에 있는 계획이었다. 이 계획의 핵심은 꼭 필요하지만 민간기업이 투자하지 않는 부문에서 정부 지출로 공공사업을 벌이겠다는 것이다. 그래서 일자리를 늘리고 사회 전반적인 생산성도 높이려 했다. 이와 함께 사회복지 정책으로 시민들이 일자리 및 안정된 생활을 누릴 수 있도록 하는, 구체적인 플랜을 제시한 것이다.

이는 대공황으로 신음하던 세계 경제와 스웨덴 경제에서는 매우 현실적인 경기회복 정책이기도 했다. 그래서 비그포르스는 '케인스 이전의 케인스주의자'라 불리기도 한다.

보수 세력을 압도하고
보편적 복지를 시작하다

진보 세력은 흔히 이념에 매몰되어 현실을 모르고 구체적 대책을 세우지 못한다는 비판을 받는다. 그런데 당시에는 거꾸로였다. 보수 세력이야말로 시장근본주의라는 이념에 빠져 어떤 대책도 내놓지 못하는 무능한 모습을 보여주었다. 파산과 실업으로 생계를 잃은 사람들이 거리로 쏟아져 나오는데, 보수 세력은 정부가 개입해서는 안 된다는 말만 되풀이했으니 말이다.

당시 유럽 시민에게 중요한 것은 이념이 아니라 일자리 전망이었다. 혁명주의 세력이 강했던 독일 사민당은 구체적인 정책을 내놓지 못했고, 결국 히틀러가 집권했다.

물론 비그포르스의 계획에 반발하는 세력도 만만치 않았다. 스웨덴 보수 세력은 "경제도 안 좋은데 정부 지출을 늘리자니, 제정신이냐"고

따졌다. 결국 사민당은 1932년 총선에서 과반수를 얻지 못했다. 보수 세력인 자유당, 보수당, 농민당의 의석을 합치면 사민당보다 더 많았다. 그래서 불황 타개 정책을 쓸 수 없게 되자, 사민당은 이 정책을 쓰기 위해 전략적인 선택을 한다. 농민당의 젊은 당원들과 비밀 협상을 벌여 사민당-농민당 연정을 구성한 것이다. 충격적인 일이었다. 당시 스웨덴에서 농민당은 왕정을 지지하는 극단적인 보수 세력이었다. 그만큼 이 계획을 실행하겠다는 의지가 강했던 것이다.

집권 직후에는 건설노조 파업이 일어났다. 파업은 1년 넘게 계속되었다. 야당은 이를 빌미로 사민당 정부를 전복하려 했다. 그런데 재미있는 상황이 벌어진다. 스웨덴 노총(LO)이 나서서 파업을 진정시킨 것이다.

스웨덴 노동운동은 계급 내부의 지나친 소득 격차를 지양하는 전통이 있었다. 당시 건설 노동자의 임금은 스웨덴 평균 임금의 170퍼센트 정도로 상당히 높은 편이었다. 이런 상황에서 임금 상승을 요구하는 파업은 다른 업종 노동자들의 지지를 얻기 어렵다는 판단에서 그런 결정을 한 것이다.

또한 비그포르스는 노동운동의 목적이 자본가를 배척하는 것이 아니라 노동계급을 사회 전체의 생산을 발전시키는 주체로 만드는 것이라고 주장했다. 이를 위해 자본가들과 협력할 수도 있다고 생각했다. 스웨덴 노총 내에서는 1920년대 후반부터 노동운동이 산업 합리화, 즉 구조조정에 협력할 수 있다는 노선이 계속 확산되었다.

1936년 총선에서 사민당은 보편적 복지를 앞세워 압승을 거두었다.

사민당의 장기집권 시대가 막을 올리는 순간이었다. 더불어 보편적 복지국가도 스웨덴의 국가적 비전으로 입지를 굳히게 되었다. 보편적 복지국가를 매개로 자본과 노동의 대타협도 이루어졌다. 자본 쪽에서 높은 세금을 부담하는 대신 노동 쪽에서는 구조조정과 규제 완화를 받아들이는 방향의 타협이었다.

국민의 집과 잠정적 유토피아[9]

이때 비그포르스가 사용한 '잠정적 유토피아'라는 개념을 살펴보자.

사람들은 사회의 모순과 부조리에 분노하고 좌절한다. 그런데 인간은 좌절로 끝나는 존재가 아니다. 인간은 '새로운 세상'을 열망하고, 이에 상상력을 발휘해 '가상의 미래'를 만든다. 비그포르스가 말한 '잠정적 유토피아'다. 그런데 이 잠정적 유토피아는 말 그대로 잠정적이며, 끊임없이 변화하는 것이다. 사람들의 참여와 환경 변화를 통해 끊임없이 당초의 잠정적 유토피아가 현실적으로 가능하고 바람직한 계획인지 검토하고, 그렇지 않다면 계속 수정해나가야 한다.

비그포르스는 자신이 제시한 유토피아를 '길잡이'에 비유했다. 삶의 방향을 찾는 성인에게 필요한 것은 '독재자'가 아니라 '멘토'다. 마찬가지로 우리에게 필요한 것은 정해진 매뉴얼이 아니라 내가 원래 상상하던 미래가 무엇인지 일깨워주는 밑그림이다. 그 밑그림 위에 자신이 색칠할 여지가 있어야 밑그림에 참여한다. 채색까지 끝난 그림에 자신까지 붓을 들어 기여하려는 사람은 없다.

비그포르스가 그린 유토피아는 이런 밑그림과 같은 것이므로 '잠정적'이라 부른 것이다. 사람들의 마음속 상상력과 도덕적 열망을 자극해 구체적인 행동을 끌어내려면 이런 유토피아가 필요하다고 그는 믿었다.

그런데 1930년대 불황 속에서 스웨덴의 노동자와 서민들은 어떤 열망을 품었을까. 사회주의자들의 주장처럼 혁명을 꿈꾸었을까? 아니다. 그들이 바란 것은 일자리와 사회보장이었다. 보편적 복지국가와, 국가가 적극적으로 투자하며 일자리를 만드는 경제를 향한 비그포르스의 계획은 그런 열망에 부합했다.

한손은 비그포르스의 이런 사회적 상상을 실현할 정치적 지도력을 갖춘 인물이었다. 비그포르스는 한손이 전문지식이 없는 보통 사람이기에 오히려 당 지도자가 되는 것이 옳다고 보았다. 정치 지도자는 한 가지 분야만을 집중적으로 파고들도록 훈련받은 사람보다는 여러 분야를 두루 살펴 균형을 취할 수 있는 사람이어야 한다고 생각했기 때문이다.

한손은 가난한 노동자 마을에서 태어나 어린 시절부터 상점에서 사환으로 일하며 성장한 서민이었다. 그랬기에 못 배우고 차별받는 가난한 서민들의 정서에 공감할 줄 알았다. 대학 교육을 받지 못했지만 대립과 갈등 상황에서 민주적인 토론을 통해 합의를 이끌어낼 줄 아는 정치인이었다.

탁월한 대중 정치가였던 한손은 비그포르스의 보편적 복지국가를 '국민의 집'이라는 구호로 표현했다. 국가는 모든 국민이 행복을 누릴 수 있는 '집'이 되어야 한다는 이 은유는 대중에게 엄청난 설득력을 발휘했다. 보편적 복지국가를 향한 상상에 국민이 함께 동참하도록 이끈 것이다.

　그 결과 스웨덴은 유럽 최빈국에서 전 세계가 부러워하는 복지국가로 성장했다. 비그포르스가 20세기 초반에 그린 소셜픽션을 향해 한 걸음씩 걸어온 결과다.

Chapter 4

빈곤 문제를 시장 원리로 해결할 수 있을까
– 그라민 은행과 무함마드 유누스의 다른 금융

> 유누스는 기존 은행들이 가난한 사람들을 근거 없는 편견을 갖고서 '상대 못할 계층'으로 여
> 기는 것에 반감을 가졌다. 오히려 가난한 사람들의 대출 상환율이 부자들보다 훨씬 더 높았
> 는데, 그 이유는 가난한 사람들에게는 소액 대출이 가난에서 벗어날 수 있는 유일한 길이며,
> 다른 대안이 존재하지 않는다는 절박함이 있었기 때문이다.

1976년 어느 날 무함마드 유누스는 굳은살이 박인 손으로 대나무 직조기 앞에 앉아 있던 수피아 베굼이란 여성을 만났다. 당시 21세로 세 자녀를 둔 베굼은 직조기를 장만하기 위해 5타카(당시 환율로 22센트)를 빌렸다. 그런데 이자가 일주일에 10센트였기에 장사를 해도 남는 것이 없었다. 불공정한 금융 때문에 가난의 굴레에서 벗어날 수 없는 딱한 처지였다.

유누스는 그 마을 주민들이 중간상인이나 고리대금업자로부터 벗어

나기 위해 직접 재료를 사려면 돈이 얼마 필요한지를 조사했다. 42명의 주민이 필요한 돈은 856타카(약 27달러)였다. 뒤집어 말하면 42명이 27달러의 빚 때문에 고리대금업자들에게 묶여 노예처럼 살고 있었다.

유누스는 자신의 주머니에서 27달러를 꺼내 이들에게 빌려주었다. 돈은 언제든 능력이 될 때 갚으라고 했다. 자본금 27달러짜리 그라민 은행은 이렇게 탄생했다. 무함마드 유누스가 미국 밴더빌트 대학에서 경제학 박사학위를 받은 뒤 고국 방글라데시로 돌아와 국가계획위원회에서 공직자로 일하던 시기였다.

빈곤층에게 돈을 빌려가라고 매달리는 은행

자본주의 경제에서 은행은 사람들에게서 돈을 모아 사업자에게 빌려주고 이자를 받는다. 이때 가장 중요한 대출 심사 기준은 돈을 얼마나, 제때 돌려받을 수 있느냐 하는 것이다. 그래서 담보와 신용보증이 필요하다는 게 은행업의 상식이다. 하지만 유누스의 상식은 달랐다.

유누스는 27달러를 빌려준 뒤, 지역 은행 지점장을 찾아가서 가난한 사람들에게 소액 대출을 하는 제도를 제안했다. 단박에 거절당했다. 담보도 없이 대출해주는 것은 위험하다는 논리였다. 그 순간 유누스는 자신이 직접 은행을 설립하기로 마음먹는다.

유누스는 1976년 방글라데시 치타공 대학 인근 지역의 농촌 빈민층을 대상으로 3년간 은행 융자 서비스를 시범적으로 시작하여 성공하자 1979년부터는 국가 중앙은행과 상업은행으로부터 지원을 받아 도시 지역으로 확산했다. 그리고 마침내 1983년에 정부 법에 의해 정식 은행으로 승인받아 빈곤층을 위한 공식 은행으로 자리 잡게 되었다. 이것이 바로 그라민 은행이다. 그라민(grameen)은 '마을'이란 뜻이다. 그라민 은행은 아주 느리게 시작하여 느리게 성장했다. 그러나 그것이 대변하는 사고의 전환은 혁명적이다.

그라민 은행은 가난한 사람들에게는 돈을 빌려주지 않는 기존 은행들의 관행을 깨고 농사지을 땅이 없는 사람, 재산이 없어 저당 잡힐 담보가 없는 사람, 문맹인 사람, 남성보다는 여성 우선으로 돈을 빌려주겠다고 나섰다. 오래된 빈곤의 악순환(저소득 → 낮은 저축 및 투자)을 선순환(저소득 → 마이크로크레디트 → 투자 → 소득 및 저축 증가)으로 전환하는 것이 그의 목표였다.

> **마이크로크레디트**
> **microcredit**
> 무담보 소액 대출이라고도 하며 그라민 은행에 의해 시작되었다. 영세민에게 자활을 할 수 있도록 자금과 사업 기회를 마련하기 위해 실시하는 대출 사업을 말한다.

유누스가 상상한 것은 완전히 새로운 종류의 은행이었다. 이 은행은 기존 관행을 거의 따르지 않았다. 그라민 은행은 상업은행의 운영 시스템과는 거꾸로 움직였다. 은행 최고의 고객인 부자들은 대출을 받을 수 없었다. 고객이 은행에 가서 대출해달라고 사정하는 게 아니라 은행이 시골 마을의 여인들을 찾아가 돈을 빌려가라고 매달렸다. 소액 대출, 한 번이 아닌 지속적인 대출, 일시 상환이 아니라 일주일 단위의 상환, 개인 대출이 아닌 5인 집단 대출이 그라민 은행의 방식이다.

유누스는 가난한 사람들에 대한 생각부터 남달랐다. 그는 기존 은행들이 가난한 사람들을 근거 없는 편견을 갖고서 '상대 못할 계층'으로 여기는 것에 반감을 가졌다. 오히려 가난한 사람들의 대출 상환율이 부자들보다 훨씬 더 높았는데, 그 이유는 가난한 사람들에게는 소액 대출이 가난에서 벗어날 수 있는 유일한 길이며, 다른 대안이 존재하지 않는다는 절박함이 있었기 때문이다. 가난한 사람들에게 대출해주면 그들은 가난에서 벗어나기 위해 상상하기 힘든 능력을 발휘한다는 점을 그는 강조했다.

가난한 사람들은 돈을 제대로 갚지 못할 거라는 우려를 뒤집고 그라민 은행은 문을 연 지 10년 만에 흑자 경영으로 돌아섰고, 대출금 상환율도 98퍼센트에 이르렀다.[10]

그라민 은행이 여성에게 우선적으로 대출해주기로 한 것도 신선한 발상이다. 이것은 그라민 은행의 높은 상환율을 뒷받침해주는 요인이다. 여성은 남성보다 자녀에 대한 책임감이 강하고 절대 빈곤에 더 쉽게 노출되기에 더 적극적으로 살아갈 수밖에 없다. 이런 결정은 여성을 오랜 억압과 잘못된 관습으로부터 해방시켜주고 정치에 대한 관심을 높이는 결과를 가져왔다.

그라민 은행의 또 다른 특징은 소그룹 대출이다. 대출을 받기 위해서는 다섯 명이 한 그룹으로 묶여야만 한다. 다섯 명 중에 두 명에게 1차로 자금을 지원하여 6주 이상 원리금을 정상적으로 갚는 경우 나머지 대상자에도 자금을 빌려준다. 집단의 연대감과 압력을 활용하는 것이다.

그라민 은행은 대출받는 데 보증이나 관련 서류를 요구하지 않으며, 돈을 갚지 못한다고 해서 법적 책임을 묻지도 않는다. 대출금을 정해진 기간에 상환하지 않으면 '융통성 있는 대출'로 전환하여 특별 관리한다. 3년이 지나도 못 갚으면 그대로 청산한다.

또 그라민 은행은 대출받은 사람을 정기적으로 방문해 재정 상태가 어떤지, 대출받은 돈을 가족 전체를 위해 쓰고 있는지 등을 확인했다. 그라민 은행의 성

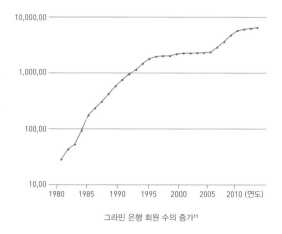

그라민 은행 회원 수의 증가[11]

공 뒤에는 열성적인 직원들이 있었다. 대학을 나온 엘리트 직원들은 하루에도 수 킬로미터를 걸어다니며 마을 사람들을 만나 은행이 하는 일을 설명하고, 그룹을 짓는 일을 했다.

대출이 실행된 후에는 주 단위로 그룹 미팅을 실시해 서로 소통하는 장을 만들었다. 대출자들은 은행이 실시하는 다양한 경제 및 문화 프로그램에 의무적으로 참석해 각종 교육을 받았다. 빚을 잘 갚는 것도 중요하지만 무엇보다도 생활습관과 행동의 변화가 중요하다고 여기기 때문이다.

출범한 지 20년이 지난 1996년에 그라민 은행은 1076개의 지점, 월 대출 금액 3500만 달러, 상환율 99퍼센트, 이들이 방문하는 주당 고객 수 200만 명이라는 경이로운 기록으로 세상을 깜짝 놀라게 했다. 가장 못사는 나라 중 한 곳에서, 가난한 사람들을 상대로 한 위험한 금융 프로젝트가 빈곤의 악순환을 끊어내는 데 성공한 것이다.[12]

그라민 은행은 2011년 말 기준 지점 2567개와 1만 2000여 명의 직원

을 거느리며 꾸준히 확대되고 있다. 대출자 수는 2002년 208만 명에서 2011년 12월 658만 명으로 3배 이상 늘었으며, 대출 금액도 2002년 2억 1344만 달러에서 2012년 12월에는 10억 805만 달러로 5배가량 증가했다. 이러한 외형 확장에도 불구하고 30일 연체율이 2002년 18.4퍼센트에서 2011년에는 8.76퍼센트로 하락하는 등 건전성 지표가 잘 유지되고 있다.[13]

게다가 마이크로크레디트 기법을 토대로 한 그라민 모델은 전 세계로 수출되었다. 여섯 개 대륙 총 2억 명이 넘는 사람들이 마이크로크레디트를 이용한다. 유엔은 2005년을 '마이크로크레디트의 해'로 지정했다.

대출 사업이 성공하자 그라민 은행은 대출금 지원과 훈련 · 기술 지원을 전담하는 '그라민 트러스트'를 설립해 전 세계 58개 국가에 그라민 은행식 융자 모델을 확산시켰다. 이에 따라 현재 223개 조직에서 각 나라의 실정에 맞게 빈민층을 대상으로 자영 창업 지원 사업을 운영하고 있다. 이런 성과는 모두 은행의 전통적 관행과는 정반대의, 그야말로 상상의 산물이다.

유누스는 2006년 자신이 총재로 있는 그라민 은행과 함께 노벨평화상을 공동 수상했으며, 같은 해 서울평화상도 수상했다.

따뜻한 돈, 마이크로크레디트

1720년 아일랜드 출신 작가 조너선 스위프트는 런던 생활을 정리하고 고향 더블린에 머물고 있었다. 그는 영국 식민 치하의 조국 아일랜드 국민의 비참한 삶을 지켜보며 더블린에 사는 가난한 예술가들의 생활고를 덜어줄 길이 없을까 고민했다. 결국 그는 이들에게 조건 없이 소액의 생활 자금을 빌려주기로 결심했다. 그가 사재를 털어 만든 초기 자금 500파운드는 200년 역사의 아일랜드 융자기금이 만들어지는 실질적 토대가 되었다. 고향 후배 예술가들의 삶을 애달파하며 시작한 이 대출 사업이 무담보 마이크로 대출 방식의 기원이 되었다. 18세기 초 열악한 환경에서 시작된 이 기금 운동은 19세기를 지나면서 20퍼센트가 넘는 아일랜드 가정에 대출 지원을 해주는 대표적 서민 금융으로 뿌리를 내리게 되고, 이후 은행 시스템이 본격적으로 도입되는 20세기 초까지 꾸준히 지속되었다.

마이크로크레디트는 금융에서 소외된 취약 계층에게 무담보 신용 대출 방식으로 소액의 창업 자금을 빌려주고, 교육, 훈련 등 경영 지원 서비스를 통해 이들의 자립과 자활을 돕는 금융 기법을 말한다. 돈만 빌려주는 것이 아니라 경영 컨설팅도 해주는, 즉 금융 서비스와 비금융 서비스를 결합하여 가난한 사람들의 탈빈곤을 돕는 활동이다.

1999년 2월 22일, 페터 슈피겔이 설립한 비정부단체 '테라 원 월드 네트워크'의 첫 회담에 참석한 유누스는 무담보 소액 대출 운동을 더 폭넓게 보급하기 위해 다음과 같은 견해를 밝혔다.

저는 빈민박물관을 상상해봅니다. 2030년쯤엔 가난이 완전히 극복됐으면 좋겠습니다. 우리 지구상에 가난이란 이름 아래 사는 사람이 단한 명도 없도록 말입니다. 그러면 '가난'이란 단어는 더 이상 아무런 의미도 갖지 못하게 되겠지요.

마이크로크레디트는 1990년 이후 지난 20년간 전 세계 900만 가구, 약 4500만 명이 빈곤층에서 벗어나도록 하는 데 일조했다.[14] 신용도가 낮은 저소득층에게 무담보로 돈을 빌려주는 것 자체를 금기시했던 기존의 금융 관행을 깨고, 자체 수입만으로도 유지·성장이 가능하다는 것을 보여주었다는 점에서 대안 금융의 새 지평을 열었다는 평가를 받는다.

오늘날 빈곤의 원인은 다면적이고 복잡하다. 탈빈곤의 해법 역시 총체적 관점에서 다차원적인 접근을 통해 이루어져야 한다. 마이크로크레디트가 빈곤층의 자립을 돕고 기업가 정신을 북돋우는 것은 분명하나, 이 방법만이 빈곤 탈출의 가장 효과적인 방법이라고 단언하기는 어려울 것이다. 그럼에도 여전히 마이크로크레디트가 의미 있는 이유는 금융의 본래 사명을 깨우쳐주기 때문이다. 은행은 어려운 사람이 자립할 수 있도록 영양을 공급하는 곳이라는 사명 말이다.

상상도 못할 아이디어 하나가 시장을 한순간에 뒤바꿔놓을 수 있다. 과거에는 괴짜들의 머릿속 상상으로 그쳤을 아이디어가 지금은 마이크로크레디트를 통해 비즈니스로 발전하는 것을 보면 말이다.

Chapter 5

걷다 보면 치유가 되는 길이 한국에도 있다면
– 서명숙과 제주 올레길이 바꾼 세상

> 산티아고에서 돌아온 그는 길을 내는 일을 시작했다. 어머니가 다시 말렸다. 자동차로 가면
> 빨리 갈 길을 누가 걸어가느냐고 했다. 주변 사람들도, 관광 전문가들도 하나같이 그 상상을
> 터무니없는 일이라며 외면했다. 그러나 자신의 상처를 치유했던 그 길을 제주로 옮기겠다
> 는 상상은 힘이 셌다.

　길은 사람만이 가진 특별한 것은 아니다. 동물들도 정해진 길을 따라 이동한다. 하지만 사람의 길은 특별하다. 사람의 길은 사람과 사람을 연결하고 마을과 마을, 도시와 도시를 연결한다. 길은 문명을 의미하고, 길의 많고 적음은 때론 그 도시 혹은 나라가 얼마나 잘 다스려지고 부강한가를 보여준다. 1인당 도로 길이와 그 도로의 포장률은 국토 개발의 척도가 되기도 한다. 그래서 세계의 모든 길은 한때 로마로 통했고, 한국의 많은 길은 서울로 향한다.

그런데 아주 특별한 길이 있다. 이 길은 서울로 향하지도 않고 차가 달리는 길도 아니다. 길 곁에 화려한 쇼핑 시설도 없고 편의 시설도 변변치 않은 불편한 길이다. 그저 오래전부터 지역 주민들이 걷던 좁고 작은 길과 길을 연결하여 간단한 안내 표지들을 만들어놓았을 뿐이다. 조금 다른 것이 있다면 이 길은 제주도의 자연과 사람들이 사는 모습을 품에 안고 있는 정도다. 그런데 1년이면 100만 명이 넘는 사람들이 비행기나 배를 타고 찾아와 이 길을 걷고 또 걷는다. 그들은 이 길에서 문명과 조금 멀어지는 대신 도심에서 얻지 못했던 치유와 평화, 화해와 어울림 같은 것들을 얻는다.

걷기도 힘들었던 여자, 고향에 길을 내다

올레길로 불리는 이 길은 제주도와 인근 우도, 가파도, 추자도 등까지 포함하여 26개 코스, 총 길이 420여 킬로미터에 이르는 길이다. 자세히 살펴보면 15킬로미터 안팎으로 이뤄진 21개의 정규 코스가 제주도를 한 바퀴 휘감고 있으며, 여기에 다섯 개의 길이 추가적으로 붙어 있는 형국이다. 목포에서 판문점까지 국도 1호선의 길이가 500킬로미터에 조금 못 미친다고 하니 길이로 따져도 정말 기나긴 길이다.

그런데 어디서 갑자기 이 길이 나타난 것일까? 어느 날 제주도의 상징이 돼버린 이 길은 어떻게 만들어진 것일까? 420킬로미터나 되는 기나긴 길이니 절대 쉽게 만들어지는 길은 아니다. 얼핏 생각하면 국가나 지자체가 주도해 예산을 마련해 만들었을 것 같다. 하지만 의외로 이 길은 한 사람의 상상과 꿈에서 시작해 생긴 길이다. 그 길을 만든 주인공은 사단법인 제주올레의 서명숙 이사장이다.

서명숙 이사장은 언론인이었다. 처음 언론인으로 그의 길은 그리 순탄치 않았다. 그는 대학 시절 긴급조치 9호를 위반했다. 서슬 퍼렇던 5공 시절 시국 관련 전과 때문에 쉽게 기자가 될 수 없었다. 여기저기 잡지에 글을 쓰기 시작했다. 그렇게 몇 년의 시간을 보내고 나서야 월간 〈마당〉의 기자가 될 수 있었다. 그는 열심히 취재하고 글을 썼다. 1989년에는 〈시사저널〉의 창간 멤버가 되어 정치부 기자로 이름을 알렸고, 2001년에는 편집장이 되었다.

하지만 편집장으로서의 삶은 행복하지 않았다. 편집장은 더 이상 일선에서 취재하고 글을 쓸 수 있는 기자가 아니었다. 회사 측의 '특별한 요구'가 이어졌다. 몸이 부서져라 이리 뛰고 저리 뛰었고, 후배들을 감싸 안았지만 그것으로는 부족했다. 후배들은 선배가 미처 막아주지 못한 화살이 자신에게 올 때면 그에게 불평했다. 상처받았지만 후배들을 감싸느라 자신의 상처를 돌보지 못했다. 몸도 마음도 지친 그는 결국 〈시사저널〉을 떠날 수밖에 없었다.

몸도 마음도 만신창이였다. 30분을 채 걷기도 힘들었다. 다시 일어서기 위해 걷기 시작했다. 매일 매일 걷는 거리를 늘려갔다. 평생 일에 빠져 살던 그에게 꿈이 생겼다. 스페인 산티아고로 가는 순례자의 길을 걷고 싶었다. 그러던 어느 날 〈오마이뉴스〉에서 연락이 왔다. 2년 임기의 〈오마이뉴스〉 편집장이 되었다. 월급은 허투루 쓰지 않고 통장에 모았다. 1년 남짓, 통장에 꿈을 이룰 만큼의 잔고가 생기자 미련 없이 직장을 그만두었다.

어머니가 먼저 말렸다. 하지만 그의 걸음을 멈춰 세울 수 없었다. 스페인 산티아고로 순례자의 길을 걷기 위해 떠났다. 30분도 걷지 못하던 그가 800킬로미터를 걷기 시작했다. 꼬박 36일을 걸었다. 길에서 친구를 만났고, 이야기를 나누었다. 대화와 생각은 깨달음을 주었다. 그뿐만이 아니었다. 길은 자신도 모르던 마음의 상처까지 치유했다. 그 경험을 다른 사람들과 나누고 싶었다. 그 순간 고향 제주의 길을 떠올렸다. 마을 어귀에서 대문을 잇는 좁다란 정겨운 올레길을 그린 것이다.

제주도는 바람이 많아 집 대문을 길가에 바로 낼 수 없었다. 올레는 마을의 큰길에서 집 대문을 잇는 좁은 길이다. 바람을 약하게 만들기 위해 곡선으로 길을 내어 그 양쪽에 제주도에 흔한 현무암으로 넉넉한 높이의 담을 쌓는다. 바다에서 몰아친 바람은 마을의 큰길을 휘몰아치다가도 올레를 지나며 순해졌다. 마당에 들어올 때쯤이면 빨래와 작물을 말려주는 여느 뭍의 바람과 같아졌다. 올레 입구는 정낭이라 부르는 나무로 느슨하게 막는다. 사람이나 작은 동물은 쉽게 지나되 말이나 소 같은 큰 짐승을 막는 문이다. 올레는 항상 열려 있으면서 그 속에 사는 사람들을 안전하게 품어주던 길이다.

서명숙 이사장은 그 올레길을 상상했다. 제주의 척박한 자연, 고단한 삶을 마치고 집으로 돌아오는 사람을 정겹게 품어주던 그 길. 곧게 뚫린 해변 도로와 거대한 호텔, 리조트와 유흥 시설로 즐비한 길이 아니라 키 높이의 담에 둘러싸여 엄마 품처럼 안아주던 그 길이 머릿속에 가득했다.

산티아고에서 돌아온 서명숙은 길을 내는 일을 시작했다. 어머니가 다시 말렸다. 자동차로 가면 빨리 갈 길을 누가 걸어가느냐고 했다. 주변 사람들도, 관광 전문가들도 하나같이 그 상상을 터무니없는 일이라며 외면했다. 그러나 자신의 상처를 치유했던 그 길을 제주로 옮기겠다는 상상은 힘이 셌다.

2007년 9월 8일 첫 번째 올레길이 열렸다. 15.6킬로미터, 성산읍의 시흥초등학교에서 광치기 해안을 연결했다. 그 후에도 꾸준히 길을 냈다. 막히면 돌아가기를 거듭한 끝에, 2012년 11월 24일 하도 해녀박물관에서 종달바당에 이르는 길을 냄으로써 제주를 한 바퀴 빙 도는 길이 만들어졌다. 422킬로미터에 달하는 제주 올레길이 완성된 것이다. 이제 제주의 길은 사람과 물자를 나르는 대신 사람들의 상처를 치유하기 시작했다.

올레길이 바꾼 제주

올레길이 생긴 후 가장 큰 변화는 제주도의 관광 그 자체다. 전문가들의 호언과 달리 많은 사람들이 그 길을 찾아왔다. 사람들은 렌터카나 관광 버스 대신 두 다리를 선택했다. 잘 포장된 길을 차로 달리는 대신 좁고 때로는 포장도 안 된 길을 걸었다. 제주의 깊은 곳으로 들어와 걷기 시작했다.

그렇게 속으로 들어와 보니 크고 화려한 것 대신 작고 소박한 것들

제주 올레길은 제주도를 걸어서 여행하는 과정에서 평화와 치유를 얻을 수 있도록 만든 길이다. 끊어진 길을 잇고, 잊힌 길을 찾고, 사라진 길을 불러내어 길을 만들었다.[15]

이 눈에 들어오기 시작했다. 인공적인 것 대신 제주의 속살이 보였다. 잊혀가던 것 혹은 개발되어 사라질 것들을 소중하게 여기게 되었다. 사람들은 원래 있던 것, 주민들이 살면서 만들어놓은 주변의 것을 접하며 치유받기 시작했다. 관광은 보여주기 위한 화려한 행사가 아니라 자신을 만나고 마음을 다스리는 행위가 되었다.

올레길이 있기 전 사람들은 비행기를 타고 제주도에 와서 2~3일 머물며 호텔과 맛집, 유명한 관광지 몇 곳을 휙 둘러보고 다시 빠르게 떠났다. 남은 것은 몇 장의 사진과 마일리지였다. 다음 휴가 때는 제주도 대신 더 큰 호텔과 더 뜨거운 날씨, 그리고 해변이 기다리는 동남아로 떠났다.

하지만 올레길은 사진과 마일리지 대신 휴식과 치유를 남겼다. 올레길을 걸은 사람들은 제주를 다시 방문했다. 그리고 이번에는 좀 더 오래 머물며 두 발로 제주의 구석구석을 느끼기 시작했다. 사람들은 느린 속도와 시간 속에서 일상에서 지친 몸과 마음을 치유했다. 치유의 경험은 경이로웠다. 이제 제주는 한 차례 거쳐가는 관광지가 아니었다. 관광객들은 자주, 더 오래 제주에 머물렀고, 올레길은 문화가 되었다.

다른 한편 올레길은 제주의 환경과 자연을 지키는 데도 일조했다. 보통 관광객을 끌어들이기 위한 각종 행위에는 개발이 동반된다. 도로를 넓히고 포장하고 관광객을 위한 휴양 시설을 짓고 케이블카를 놓는다. 정도의 차이는 있지만 자연은 끊임없이 파괴된다. 시설은 노후되어가고 관광객은 서서히 줄어든다. 관광객을 다시 끌어들이기 위해 이번에는 더 크고 화려한 시설을 만든다. 그럴수록 자연은 더욱 파괴된다.

하지만 올레길은 이조차도 바꾸었다. 올레는 사람들을 특정한 지역으로 끌어들이기 위해 잘 포장된 길을 내는 대신 지역 주민이 걷던 좁은 길을 걷게 했다. 올레길은 잘 포장된 넓은 도로와 화려한 호텔과 리조트 대신 꾸미지 않은 제주도를 보여주었지만 그 길을 걷는 사람들은 행복해했다. 사람들을 모으는 데 필요한 것은 제주도의 원래 모습이지 화장한 모습이 아니었던 것이다. 그렇게 올레길은 사람의 마음뿐만 아니라 제주의 자연과 환경도 지키고 있다.

제주의 관광 산업에도 새로운 전기가 마련됐다. 올레길이 유명세를 타기 전인 2001년부터 2007년까지 제주도의 연평균 관광객 증가율은 4.1퍼센트 정도에 그쳤다. 사람들은 외국으로 나갔다. 제주도는 한물간 여행지로 인식되기도 했다. 젊은이들에게 제주도 여행은 더 이상 쿨하지 않은 일이었다. 배낭여행 중에 파리에서 친구를 우연히 만나는 것은 멋진 일이지만 제주도에서 누군가를 만나는 것은 왠지 촌스러운 일처럼 보였다.

하지만 올레길이 유명세를 타기 시작한 2009년 이후 2012년까지 제주도의 연평균 관광객 증가율은 13.6퍼센트에 달했다. 이전의 수치에 비해 3배 이상 올라간 수치다. 2013년에는 제주도 입도 관광객 수가 처음으로 1000만 명을 돌파했다. 하와이나 발리보다 더 많은 관광객이 제주도를 찾는 셈이다. 이제 올레길을 혼자 걷다 새로운 친구를 만나는 일은 드라마의 소재로 쓰일 만큼 멋진 일이 되었다.

이후 전국에 도보 여행자를 위한 수많은 길들이 생겨났다. 지리산 둘레길, 북한산 둘레길, 강릉 바우길, 부안 변산 마실길 등등. 올레길은 수출까지 되어 일본 규슈에서도 올레길을 걸을 수 있다.

걷기 열풍과 함께 치유와 힐링이 우리 사회의 중요한 키워드가 되었다. 힐링이라는 이름을 가진 TV 프로그램이 생기고, 상처받은 사람들을 치유하기 위한 각종 행사와 프로그램이 만들어졌다. 고속성장에서 홀대받던 사람의 마음을 비로소 돌아보기 시작했다.

물론 이 모든 효과를 처음부터 예견한 것은 아니었다. 사람의 치유를 위한 길을 내자는 소박한 바람이 그 시작이었다. 서명숙 이사장의 상상은 생각한 것 이상으로 힘이 셌다. 경제에도 사회에도 큰 영향을 미쳤다.

물론 올레길이 그저 성공과 치유, 아름다운 미담으로 가득한 것만은 아니다. 다루어야 할 많은 이슈를 남겨두고 있다. 관광객이 너무 늘어나면서 환경은 지쳐가고 지역 주민들과의 마찰도 생긴다. 하지만 길이 없던 곳에 길을 냈고, 걷지 않던 사람들이 걷기 시작했다는 데서 어디서도 쉽게 찾을 수 없는 사회적 영향력을 발휘한 것은 분명하다.

길이 없는 곳에 길을 만드는 유일한 방법은 우선 그 길을 상상하는 것이다. 올레길이 만들어지는 과정은 어쩌면 중요한 사회 변화가 일어나는 과정과 크게 다르지 않을지도 모른다.

내일을 바꿀 오늘의 상상

지금 세계는 무엇을 상상하고 있는가

Chapter 6
참여
"모이고, 나누고, 바꾸다"

- 우리는 나보다 똑똑하다
- 왜 가끔 쓰는 망치가 집집마다 있어야 할까
- 특별한 도시가 특별한 기업을 만났을 때
- 직접민주주의로 21세기의 아고라를 만들다

　지금 세계가 상상하는 미래 사회 모습의 첫 번째 키워드를 꼽으라면 단연 '참여'다. 이 장에서는 모두의 참여로 들끓는 사회에 대한 상상을 소개한다. 모두가 모여 자유롭게 의견과 자산과 아이디어를 교환하는 가운데 세상은 한 걸음씩 발전한다는 믿음을 가진 사람들이 내놓는 상상이다.

　들끓으며 발전하는 사회의 상상이 온전히 구현된 사회는 이런 모습이 아닐까. 와글와글 떠드는 개인들이 모여 정보와 지식을 나누며 집단지성을 형성하고, 어떤 엘리트보다도 수준 높은 지식을 생산한다. 그들은 또 자신이 가진 자산을 내놓아 공유하며, 사회에 필요한 가치를 만들어낸다. 그들이 사는 도시에서 기업과 대학은 문을 활짝 열어젖히고 주민들과 아이디어와 문화를 스스럼없이 교환하며 기업과 지역 사회가 함께 발전하도록 한다. 이런 사회에서는 투표일만 주인이 되는 수동적 유권자가 아니라 개별 정책에 대해 직접 목소리를 내고 의사결정에 참여하는 능동적 시민이 운영하는 직접민주주의 정치를 채택한다.

모두가 '참여하는 시민'이 되어 지식과 경제와 도시와 정치를 함께 이끄는 상상, 이것이 이 장에서 소개할 소셜픽션이다.

우리는 나보다 똑똑하다

| 위키피디아가 보여준
| 집단지성의 해법

위키피디아는 부분적으로 무정부주의(anarchy)다. 어느 누구도 내용에 대한 통제권을 갖지 않으며 내용을 정리하는 것은 참여한 사람들의 몫이다. 어떤 의미에서 이것은 능력주의(meritocracy)다. 더 나은 생각이 결국 이겨서 살아남게 되어 있다. 부분적으로는 민주주의다. 어떤 경우에는 투표로 결정된다. 일종의 귀족주의 성격도 가미되어 있다. 위키피디아 커뮤니티에 더 오래 관여하고, 더 좋은 평판을 쌓은 사람들이 더 많은 영향력을 갖게 된다. 여기에는 군주제 성격도 있다. 내가 있으니 말이다. 그러나 나는 내 관여도를 최소한으로 낮추기 위해 노력한다.[16]

위키피디아 설립자 지미 웨일스(Jimmy Wales)의 말이다. 위키피디아는 저자가 정해져 있지 않은 인터넷 백과사전이다. 누구나 일정한 절차를 거쳐 내용을 쓸 수 있고, 고칠 수도 삭제할 수도 있다. 그야말로 집단지성의 바다에 사전을 내맡긴 셈이다.

그런데 시작한 지 10여 년이 지난 지금 세계에서 가장 많은 사람들이 찾는 사전이 되었다.

> **위키피디아**
> **Wikipedia**
> '빠른'을 의미하는 하와이 단어 'wiki'와 백과사전을 뜻하는 'encyclopedia'의 합성어로 모든 사람들이 온라인상에서 직접 수정하는 2001년 등장한 자유 백과사전이다.

일반 대중으로부터 나온 방대한 지식들에 대해 치열한 토론을 거치면서 더 나은 결과물이 도출되도록 한 뒤, 이것을 위키피디아라는 그릇에 담아내겠다는 애초의 꿈이 실현되고 있는 것이다.

무정부주의와 능력주의가 만나 더 나은 지식이 성장하고 살아남도록 하는 시스템이 바로 집단지성이 꿈꾸는 지식 생산 시스템의 미래다.

집단지성에 대한 논의의 바탕에는 구성원들 간의 경쟁 또는 협력을 통해 도출되는 집단의 지적 능력은, 그 집단에서 가장 뛰어난 한 명의 지적 능력을 넘어선다는 믿음이 깔려있다. 소수의 천재들이 주도했던 지금까지의 지식 생산 구조를 집단지성 중심으로 바꾸게 된다면 인류의 지적 능력이 획기적으로 향상될 것이라는 유쾌한 상상을 하는 이유다. 그리고 위키피디아는 그 중요한 첫걸음이다.

위키피디아는 집단지성이 무엇인지 가장 쉽게 그리고 극명하게 보여주는 예다. 위키피디아는 브리태니커 등 기존 백과사전의 인기를 훌쩍 뛰어넘었다. 전 세계적으로 가장 많은 사람들이 찾은 웹사이트 순위에 위키피디아가 11위를 기록하면서 4449위라는 초라한 성적을 낸 브리태니커는 상당히 체면을 구긴 상태다.

사람들은 왜 '권위 있는' 브리태니커를 찾기보다 '아무나 들어와서 내용을 고칠 수 있는' 위키피디아를 더 선호하게 된 것일까. 이제 사람들은 신뢰도(내용) 이전에 함께 만들어가는 과정(참여)과, 그 과정을 통해 끊임없이 질적으로 발전하는 지식과 정보, 즉 집단지성의 광장에 더 매료된 것은 아닐까.

모든 것을 아는 사람은 없지만
누구나 무언가를 안다

냉전의 한복판으로 전 세계가 빨려 들어가던 1957년 10월 4일로 돌아가 보자. 소련은 세계 최초로 인공위성 스푸트니크호 발사에 성공한다. 다음 날인 월요일, 미국의 존스 홉킨스 대학 부속 응용물리학 연구소 소속 학생 몇 명이 테이블에 둘러앉았다. 당대 물리학에 관한 한 자타가 공인하는 너드(nerd, 컴퓨터 등 한 가지 분야에 미친 괴짜)들이 모인 자리였다. 그들의 대화는 일종의 수다 또는 잡담이었다. 스푸트니크호가 지구 궤도를 돌고 있다는 뉴스에 흥분한 그들은 너나할 것 없이 "믿을 수 없어. 어떻게 이런 일이 생길 수 있지!"라며 한바탕 소란을 떨었다.

이중에는 20대 학생 윌리엄 귀에르(William Guier)와 조지 와이펜바흐(George Weiffenbach)도 있었다. 둘 중 한 명이 물었다. "누구 이 인공위성의 신호를 들어본 사람 있어? 너희들 알잖아, 인공위성이 저 우주 공간에서 어떤 신호를 분명히 보내고 있다는 거. 어쩌면 우리도 그 소리를 들을 수 있을지 몰라!" 주변 동료들에게도 물었지만 다들 시큰둥한 반응을 보였다.

귀에르와 와이펜바흐는 그들의 방으로 돌아와 안테나와 커다란 앰프를 설치하고 이것저것 조작해보았다. 두어 시간 뒤 그들은 스푸트니크호가 내보내는 주파수 신호를 잡을 수 있었다. 감격에 겨운 이들은 이 주파수가 내는 소리를 아날로그 테이프에 녹음했다. 그런데 이상한 점을 발견했다. 주파수 신호에서 나는 소리가 조금씩 변했기 때문이다. 내친 김에 이들은 다른 분야 전문가인 동료들에게 도움을 받아 인공위성이 움직이는 속도와 정확한 위치까지 파악할 수 있었다.

몇 주가 흘렀다. 당시 연구소장이던 매클루어(Frank McClure)가 귀에르와 와이펜바흐를 불러 호기심 가득한 표정으로 물었다.

"자네들이 지상의 특정 지점에서 지구 위 궤도를 도는 인공위성의 (알려지지 않은) 위치를 알아냈지 않나. 그걸 거꾸로도 해볼 수 있을까? 그러니까 인공위성의 위치를 알고 있는 상태에서 지상의 어떤 특정 위치도 찾을 수 있느냐는 거지." 연구소장의 갑작스러운 질문에 두 사람은 '생각 좀 해보겠다'고 했고, 얼마 되지 않아 다시 와서 '쉬울 것 같다'고 말했다. 그러자 매클루어는 반색하며 말했다. "오, 잘됐군! 사실은 말야 내가 핵잠수함을 만들고 있거든. 태평양 어디에 그 핵잠수함이 있는지를 알아야 미사일을 모스크바에 딱 떨어지게 할 수 있는데, 나 혼자서는 도저히 알 수가 없더라고."

이렇게 해서 만들어진 것이 바로 GPS다.

30년 뒤 로널드 레이건 미국 대통령은 이 기술을 일반에 개방했고, 지금은 잠수함의 미사일 발사에도 활용되지만 집 근처 커피숍을 찾는 데도 유용하게 이용되고 있다.[17] 이 모든 것의 시작이 구내식당에서의 '잡담'이었다.

비행기에 몸을 싣고 하늘을 나는 일은 이제 너무나도 흔한 일이 되었다. 하지만 자주 경험하고 흔한 일이라고 해서 하늘을 나는 일을 가능하게 한 놀라운 기술이 하찮아지는 것은 아니다. 인공위성도 마찬가지다. 인공위성을 지구 밖으로 보내는 것은 물론 그것이 우주 공간 어디쯤을 떠다니면서 지구 어느 구석에 있는 누군가와 신호를 주고받는 일도 신기하기는 마찬가지다. 거대한 여객선이 수많은 사람들을 싣고 바다 위를 가로지르는 것도, 핵잠수함이 바다 밑을 떠다니는 것도 모자라 특정 지점을 겨냥해 미사일을 발사하는 기술도 그렇다.

그런데 되돌아보면 이 모든 이야기들은 그리 멀지 않은 과거에 '미친' 상상으로 치부되거나 공상과학 영화에서나 나올 법한 소리로 들렸다. 또한 우리처럼 평범한 대다수 사람들에게는 여전히 '비현실적인 현실'임에 틀림없다.

얼마 전까지만 해도 상상하기 힘들었던 이런 일들은 도대체 어디서부터 시작된 것일까. 천재 과학자의 머릿속에서 어느 순간 '불쑥' 튀어나온 것일 수도 있다. 잠을 자다, 길을 걷다, 혹은 실험실에서 '유레카'를 외치는 극적인 장면을 주로 과학자들의 자서전이나 일대기를 그린 영화 등에서 종종 목격한다.

하지만 뜯어보면 이같은 유무형의 놀라운 결과물들은 어느 순간 인류에게 불쑥 선물처럼 던져진 것이 아니다. 보이는 기술이든, 보이지 않는 복잡한 수학 공식이든, 숨이 막힐 정도의 감동을 안겨주는 예술이든 그것들은 대부분 영화처럼 한순간에 이루어지지 않는다. 기존에 축적해오거나 관찰해온 지식과 경험 그리고 그들의 응용과 변형 등을 통해 도출된다. 때로는 의도하지 않은 실수와 착각들이 뜻밖에도 획기적인 결과로 이어진다. 우리는 그것을 혁신이라 부른다. 그 한가운데 자리 잡고 있는 것이 바로 집단지성이다.

앞에 소개한 인공위성 이야기는 경영 저널리스트 스티븐 존슨(Steven Johnson)이 한 강연에서 인용한 에피소드 중 하나다. 〈뉴스위크〉가 선정하는 '인터넷상에서 가장 중요한 인물 50인'에 오르기도 했던 스티븐 존슨은 저서 《탁월한 아이디어는 어디서 오는가(Where Good Ideas Come from)》에서 혁신과 창조의 원천인 아이디어가 어떻게 탄생하는지 분석했다. 지난 700년 동안 나온 200여 개의 혁신적인 아이디어를 분석했더니 그 지식들은 일곱 가지 패턴으로 정리되었다고 한다. 인접 가능성, 유동적 네트워크, 느린 예감, 뜻밖의 발견, 실수, 굴절적응, 플랫폼이 그것이다.

GPS 에피소드는 몇몇 과학자들이 모여 잡담을 하던 와중에 아이디어를 얻고 그것을 실행하면서 마침내 인공위성의 위치까지 파악하는 과정을 담고 있다. 존슨이 여기서 주목한 것은 '머리 좋은' 과학자가 아니라 '잡담'이다. 동료든 친구든 다양한 사람들 사이의 잡담 또는 수다와, 이 장 후반에 설명할 '유동적 네크워크', '느린 직감'이라는 개념은 집단지성으로 가는 길목에서 우리가 반드시 마주치게 되는 것들이다. 쉽게 말하면, 여러 사람들이 모여 와글와글 떠드는 가운데 아이디어가 나오고 그것들이 융합되면서 정반합 같은 과정과 경로를 통해 전혀 예측하지 못했던 혁신적인 결과를 가져오게 된다는 것이다.

인터넷 공간의 집단지성이라는 개념은 1994년 피에르 레비((Pierre Levy)가 그의 저서 《집단지성(Collective Intelligence: Mankind's Emerging World in Cyberspace)》에서 개념화했다. 레비는 생물학이나 사회학에서 쓰이던 집단지성이라는 개념을 차용해 컴퓨터 네트워크를 통해 전 지구의 두뇌들이 정보와 지식을 실시간으로 공유하고 교류하는 현상을 집단지성이라 불렀다. 집단지성을 "어디에나 분포하며, 지속적으로 가치 부여되고, 실시간으로 조정되며, 역량의 실제적 동원에 이르는 지성"이라고 정의한 레비는 "모든 것을 다 아는 사람은 없지만 누구나 어떤 무엇인가를 알고 있기 때문에 완전한 지식은 인류 전체에 퍼져 있다"며 집단지성의 중요성을 강조했다.

널리 퍼져야 할 아이디어, TED의 개방성

피에르 레비의 책이 나온 지 20년이 지난 지금, 그의 예견대로 우리는 집단지성을 일상에서 경험하고 있다. 이 글을 읽는 독자 중 일부도 그 한복판에 서 있을지도 모른다. 바로 인터넷 유튜브 등에서 말이다.

온라인상에서 '꼬마악마'로 알려진 여섯 살짜리 꼬마가 있다. 믿기 어려울 정도로 높은 수준의 춤솜씨를 뽐낸다. '역사상 어떤 여섯 살짜 리도 경험해보지 못했을' 장면들을 멋지게 만들어낸다. 이 꼬마는 어 디서 춤을 배웠을까. 바로 인터넷이다.

TED(Technology, Entertainment, Design)의 기획자인 크리스 앤더슨(Chris Anderson)이 소개한 에피소드다. 다름 아닌 TED 강연에서다.[18]

TED는 미국의 비영리재단으로 기술, 오락, 디자인에 관련된 강연회 를 정기적으로 열고 있다. 20분 미만의 강연 동영상 자료를 웹사이트 에 올려 많은 인기를 끌고 있다. 강연자는 주로 각 분야의 저명인사나 괄목할 만한 업적을 이룬 사람이 초청되는데 이중에는 빌 클린턴, 앨 고어 등 유명인사와 많은 노벨상 수상자들이 있다.

TED의 모토인 '널리 퍼져야 할 아이디어(ideas worth spreading)'에서

알 수 있듯 앤더슨은 가치 있는 아이디어들의 확산 및 피드백, 두뇌들 간의 경쟁 또는 기여 등을 통해 형성되는 집단지성에 주목한다. 이제 혁신을 위해서는 한두 명의 천재보다는 보통 사람들이 함께 만들어가는 집단지성이 더 중요해지고 있기 때문이다. 그가 강조하는 것은 크게 두 가지다. 개방성과 그것을 기반으로 하는 지식의 전파 그리고 기술(특히 동영상)이다.

TED의 정신은 생각의 전파를 위한 '개방성'에서 출발한다. 여섯 살짜리 꼬마가 평생 한 번도 만나기 힘든 세계 곳곳 춤꾼들의 동작을 인터넷을 통해 익혔듯이 대중의 관심을 받지 못해 외롭기만 하던 외발자전거 마니아들은 세계 곳곳에 있는 또 다른 나를 발견하고 기뻐하며, 외발자전거를 좀 더 혁신적으로 타는 기술을 인터넷을 통해 배우고 또 가르친다. 이런 지식의 전파는 비단 오락과 스포츠에만 그치지 않는다. 예술, 문화, IT 분야는 물론 민주주의, 소수자의 인권, 자유와 평등이라는 개념의 확산 속에 사회 변혁을 추동하기도 한다.

TED의 무대에 선 강연자들은 자신이 수개월 혹은 수십 년간 천착해온 지식과 생각, 인사이트와 비전을 18분이라는 한정된 시간 안에 구겨넣기 위해 애를 쓰고, 이제는 전 세계 수십억 인구들이 이 성과물들을 인터넷에서 언제라도 공유할 수 있다(집단지성에서 지적 재산권은 설 자리가 없다). 1980년대 미국에서 시작된 TED 강연은 이제 70개 이상 국어로 번역돼 전파되고 있고 TEDx라는 브랜드를 통해 아프리카, 아시아, 중동 등 세계 곳곳에서 지식의 향연을 펼치고 있다.

이전과 확연히 다른 점이 있다면 TED 같은 강연을 접하는 사람들은

'널리 퍼져야 할 아이디어'를 모토로 하는 TED는 1984년 설립되어 정기적으로 수준 높은 강연을 여는 비영리재단이다. 강연은 자원봉사자들에 의해 각국 언어로 번역되어 온라인에 무료로 공개된다.

더 이상 고전적인 방식으로 경청하고 머릿속에 저장하는 것으로 끝나지 않는다는 점이다. 인터넷을 통해 '참여'의 의미와 가치를 본격적으로 체화하기 시작한 사람들은 공유된 지식과 정보에 대해 토론하고 새로운 아이디어를 주고받으면서 또 다른 TED 강연을 만들어낼 수도 있다. 집단지성이 완성되어가는 과정이다.

아이디어가 전파되는 데 또 하나 중요한 것은 동영상 기술이다. 오프라인이든 온라인이든 문자가 주를 이루던 당시, 생각의 전파는 기대만큼 쉽지도 효율적으로 이뤄지지도 않았다. 특히 현미경과 각종 화학약품 및 부품 등이 필수적인 기술 및 의학 분야에서는 더더욱 그랬을 것이다. 하지만 이제는 실험실에서 펼쳐지던 다양한 시도들이 유튜브 및 각종 기관이 제공하는 동영상을 통해 전파된다. 전 세계 학생, 연구자, 기술자들은 관념적인 '읽기' 대신 대상을 직접 '보고' 이를 기반으로 기술, 지식 등을 발전시킨다. 동영상을 보며 춤을 배우듯 직접 해부학 실험을 하고, 자동차를 만들고, 화학약품을 개발한다.

2010년 시스코는 향후 4~5년 안에 웹데이터의 90퍼센트 이상이 비디오가 될 것이라고 전망했다. 수요는 곧 관심을 의미한다. 인터넷을 통해 유포되는 동영상은 텍스트의 한계를 뛰어넘으며 또 다른 색깔의 영감과 지식을 확산시키고 있는 것이다.

크리스 앤더슨은 인터넷을 통해 퍼지는 다양한 아이디어와 정보, 기술 등을 '집단에 의해 가속화된 혁신(crowd-accelerated innovation)'이라고 표현한다. 이것이 효율적으로 작동하기 위해서는 공통의 관심사를 가진 사람들의 '집단'과 그 집단의 가장 뛰어난 이들이 무엇을 해낼 수 있는지 보여줄 '스포트라이트', 그리고 수백 시간의 연구와 연습이라는 고된 시간을 극복할 '욕망'이 필수적이라고 설명한다.

새로운 지식은 카페와 구내식당에서 탄생한다

앞서 언급한 스티븐 존슨은 지금으로부터 350여 년 전 TED와 같은 집단지성의 맹아가 카페에서 시작됐다고 믿을 것이다. 그는 1650년 영국에서 처음 문을 연 카페가 지난 수백 년 동안 지적 개화에 얼마나 많은 기여를 했는지, 그리고 카페 한가운데 자리 잡은 넓은 커피 테이블의 구조 등이 당시 사람들의 지적 교류에 얼마나 큰 역할을 했는지 설명한다. 물이 안전하지 않아 아침부터 저녁까지 물 대신 술을 마시는 게 일상이었던 당시 술의 자리를 커피가 대신했고, 다양한 배경을 가진 사람들이 맨 정신으로 테이블에 둘러앉아 생각을 '교류'하고 '네트워킹'하던 그 시기는 아마도 향후 인류에 획기적인 발전을 암시하는 순간이었을 거라고, 그는 강조한다.

존슨이 강조하는 핵심 단어 중 하나는 '네트워크(정확히 표현하면 유동적 네트워크liquid network)'다. 예를 들어 지난 세기 역사에 기록된 과학자들에 대한 책에서는 그들이 밥을 먹다가 또는 길을 가다가 갑작스레 섬광처럼 영감을 떠올렸다는 식으로 묘사된다(어쩌면 저자뿐만 아니라 독자도 그런 '극적인' 장면을 은근히 바라는 것일 수도 있다). 하지만 존슨은 인류에 족적을 남긴 성과들이 책에서 나오는 것처럼 '유레카'를 외치며 도출되는 것은 아니라고 말한다.

케빈 던바(Kevin Dunbar)라는 연구자의 말을 들어보자. 그는 전 세계 과학연구실을 일일이 찾아다니며 연구자들의 일상적인 연구 활동에서부터 차를 마시고 밥을 먹고 동료들과 수다를 떠는 사소한 일상들을 기록하고 분석했다. 결론은 분명해 보였다. 중요하고 혁신적인 생각은 연구자들이 혼자 실험실에 있을 때보다는 매주 모여앉아 각자 몰두하고 있는 연구, 경험, 아이디어, 실수, 오차 등에 대해 대화하고 공유할 때 나온다는 것이다. 존슨은 이것을 '유동적 네트워크'라고 표현한다. 귀에르와 와이펜바흐가 인공위성의 위치를 연구하게 된 바로 그 순간처럼 말이다.

존슨의 또 다른 핵심 키워드는 '느린 직감(slow hunch)'이다. 어떤 위대한 발명이나 발견이 기적처럼 어느 한순간에 일어난다기보다는 많은 경우 그 성과를 이끌어냈던 중요한 생각의 근원들이 오랫동안 잠복기를 거치곤 했다. 사실 많은 위대한 생각은 직감 또는 육감이라기보다는 수십 년 동안 사람들의 머릿속을 맴돌다가 발현된 것이다.

《집단지성이란 무엇인가(We-think : mass innovation, not mass production)》

의 저자 찰스 리드비터(Charles Leadebeater)는 세계 최고 경영 석학 중 한 명으로 평가받는 저술가이자 저널리스트다. 그는 협업과 공유문화의 기원과 미래, 집단지성이 비즈니스와 정치 · 경제 · 사회에 어떤 영향을 미치는지를 해박한 지식을 가지고 설명한다. 그의 출발 지점은 "우리는 나보다 똑똑하다"는 명제다. 위키피디아와 구글, 유튜브와 그라민 은행 등 세계 곳곳에서 벌어지는 다양한 현상에 주목하는 이유도 그것들이 이 기본 명제에 가장 가깝기 때문일 것이다.

리드비터는 인터넷이 가진 에너지와 이를 통한 집단지성의 잠재력에 주목한다. 무엇보다 과거에는 상상하기 힘들 만큼 수많은 사람들이 어떻게 참여하며 직접 문화를 창조하는지, 어떻게 생각과 정보를 공유하고 협력하기 시작했는지에 주목한다. 웹과 거기서 파생되고 확산되는 아이디어들이 실제 사람들의 삶을 바꿔놓고 있기 때문이다. 그것은 새로운 사고방식의 형성 혹은 행동 양식의 변화까지도 만들어낼 만큼 강력하다. 이런 의미에서 인터넷은 창조(creativity)와 혁신을 위해 가장 강력한 플랫폼이라고 강조한다.

인터넷은 테러와 폭력 기술을 알려주는 매개체가 되기도 하지만 이런 문제점에도 불구하고 혁신적인 변화를 가능하게 한다는 점을 부인할 수 없다. 불합리한 사회 구조로 인해 고통받는 사람들에게 민주주의 개념을 전파하고 그들에게 발언권을 높이고 스스로 조직화할 수 있는 방법과 능력을 전달하는 통로가 되기도 한다. 또한 많은 사람들에게 지식을 무료로 제공함으로써 부로 인한 지식과 교육의 격차를 해소하는 동시에 창조적인 발상을 유도하기도 한다. 리드비터는 이제 "공유가 곧 소유"라고 강조한다. 소유의 개념이 근본적으로 바뀌고 있는 것이다.

물질적 경제 세계에서 당신은 당신이 무엇을 소유했는지로 평가받습니다. 소유한 땅과 집, 자동차. 하지만 웹이 창조해내는 아이디어의 경제 세계에서 당신은 무엇을 공유하고 있는지로 평가받습니다. 즉 어떤 사람들과 링크돼 있고, 누구와 네트워크를 형성하고 있으며, 어떤 생각과 사진, 동영상, 댓글들을 당신이 공유하는지 등으로 말입니다. 인터넷이 우리에게 가져다준 가장 큰 변화는 전혀 새로운 방식으로, 특히 아이디어를 서로 공유하도록 하고 있다는 것입니다. 이는 매우 중요합니다. 왜냐하면 아이디어를 공유하면 공유할수록 그 아이디어들은 더욱 번창하고 전혀 다른 돌연변이가 되기도 하고 다중적으로 확산되기도 합니다. 그리고 그 과정은 궁극적으로 우리의 창조, 혁신, 웰빙의 궁극적인 밑천이 되기 때문입니다.[19]

1650년경 영국에서 처음 생겨난 카페의 넓은 테이블과 인공위성 위치 추적의 계기가 된 존스 홉킨스 대학 구내식당에서부터, 여섯 살 소년의 믿기지 않는 춤 실력과 18분에 압축된 지성과 지식(TED), 위키피디아의 급성장 등을 관통하는 하나의 단어는 집단지성이다. 차이가 있다면 전반부는 아날로그식 수다가, 후반부는 디지털 수다가 매개체라는 점이다. 함께 모여 떠들고 대화하면서 사람들은 발전하고 진화하고 마침내 혁신이라는 단어를 만나게 된다. 우연과 필연의 교착점, 그 어디쯤에서 말이다.

집단지성에 대한 부정적인 의견도 존재한다. 인터넷은 여전히 산만하다. 다양한 의견은 더 많은 다툼을 만들어낼 뿐 무엇도 모아내지 못하는 것처럼 보이기도 한다. 집단지성의 상상은 정말로 가능한 일일까? 새로운 매체를 통해 쏟아져 나오는 다양한 지식은 과연 진화를 거듭하여 우리 가운데 가장 나은 한 사람보다 더 나은 지식으로 발전할수 있을까?

클레이 셔키(Clay Shirky) 뉴욕대 교수는 이렇게 말한다. "인쇄매체가 처음 나왔을 때 사람들은 지식의 교류를 통해 과학기술이 획기적으로 발전할 것이라며 장밋빛 그림을 이야기했다. 그러나 100년이 넘는 기간 동안 인쇄매체는 다툼과 혼란의 원인이 되었다. 그럼에도 궁극적으로 인쇄매체를 통해 인간은 과학을 발전시켰고 지식을 대중화시켰다."[20] 도색잡지는 최초의 학술 저널보다 150년 전에 탄생했다고 한다. 인쇄기술이 발전하는 과정은 복잡했고 시간도 오래 걸렸다. 그러나 궁극적으로는 처음 상상했던 '지식의 교류를 통한 과학의 발전'이 이루어지고야 말았다. 인류가 인쇄기술을 이용해 과학 저널이라는 방법을 찾아낸 것처럼 인터넷에 표출된 다양한 의견을 종합하는 시스템을 결국 만들어낼 것이라는 기대가 집단지성의 상상 속에 녹아들어 있다.

위키피디아를 2001년 처음 만든 지미 웨일스는 목표가 무엇이냐는 질문에 '정보의 적십자(Red Cross of information)'를 창조하는 것이라고 밝혔다. 전 세계인들이 저마다 갖고 있는 커다란 백과사전에 있는 지식을 담아내는 역할을 하고 싶다는 것이다.

모든 사람은 백과사전이다. 그 모두를 합친 사선은, 그 가운데 가장 좋은 사전보다 더 큰 가치를 가진다. 다른 모든 지식도 마찬가지다. 한데 모여 와글와글 떠드는 가운데 더 나은 대안이 나온다. 거꾸로 말하면 와글와글 떠들어야 세상이 더 나아진다.

왜 가끔 쓰는 망치가
집집마다 있어야 할까

미국 캘리포니아에 사는 프레더릭 라르손은 두 명의 대학생 자녀를 둔 63세의 사진가다. 지역 신문인 〈샌프란시스코 크로니클〉에서 일하다가 2009년에 해고당했다. 지금은 틈틈이 지역 대학에서 강의를 하고 있지만, 과거 회사에서 받던 연봉과 비교하면 수입은 형편없다. 통계청에서는 그를 반실업 상태로 분류한다.

하지만 그에게는 다른 수입원이 있다. 숙박 공유 서비스인 에어비앤비(Airbnb)를 통해 여행객에게 한 달에 12일간 집을 빌려주고 하룻밤에 100달러씩 받는다.

라르손은 또 자신의 차 프리우스를 택시처럼 개조하고는 자동차 공유 업체인 리프트(Lyft)를 통해 하루 100달러씩 번다. 자기 소유의 유휴 자산을 공유해 수입을 벌어들이는 것이다. 계산해보면 이런 공유경제 수입은 한 달에 3000달러가량이 된다. 그는 자신을 공유경제 기업가로 분류한다.

공유경제
뜻밖의 부수입이 되다

우리 집 구석 어딘가에는 망치가 있다. 그런데 마지막으로 그 망치를 사용한 게 언제일까?

한 조사에 따르면 전기드릴이 만들어져서 사용되는 시간은 평균 15

분가량이라고 한다. 나머지 기나긴 시간은 유휴 상태에 있는 자산이다. 그런데 가재도구 대부분이 이처럼 사용하지 않는 시간이 훨씬 길다.

따지고 보면 사람들이 보유한 다른 종류의 자산도 비슷한 운명이다. 어느 한 시점에서 전 세계의 자동차를 떠올려보자. 아마 대부분 주차장이나 차고에서 휴식을 취하고 있을 것이다. 집은 어떤가? 사무실은 어떤가? 비어 있는 시간이 훨씬 길다. 이걸 모두 합치면 엄청난 규모의 유휴 자원, 유휴 가치가 된다.

공유경제의 상상은 여기서 시작된다. 만일 같은 전기드릴을 네 집에서 공유한다면? 자동차 한 대를 혼자 타고 다니는 대신 12명이 돌아가며 사용한다면? 한 채의 집이나 사무실을 공유하여 늘 사람들이 사용하는 상태를 유지할 수 있다면?

소비에 대한 개념, 소유에 대한 생각을 조금만 바꾸면 세상에는 거대한 규모의 새로운 가치가 쏟아져 나올 것이다. 마치 유전이나 금광을 발견해 캐내는 것처럼 말이다. 다만 공유경제는 우리 각자가 소유한 것에서 가치를 캐내려고 한다.

《위제너레이션(What's Mine Is Yours)》의 저자 레이철 보츠먼(Rachel Botsman)은 공유경제를, 사용하지 않는 상태인 자산을 공유하는 경제 모델로 정의한다. 이런 자산에는 공간, 기술, 물건 등이 모두 포함된다.

주택을 공유하는 에어비앤비는 공유경제의 선두 기업이다. 2012년 에어비앤비에서는 최대 연간 1500만박가량의 예약을 받은 것으로 추산된다. 미국 호텔산업 전체가 숙박일 기준으로 연간 10억일가량이 된다. 에어비앤비는 2008년에 출범했는데 2009년 10만 일, 2010년 75만일, 2011년 200만 일로 커졌으니 그야말로 기하급수적 성장세다.

에어비앤비는 유휴자산을 가진 집 주인과 여행객을 연결해준다. 시장, 고객 서비스, 만약에 대비한 보험을 제공해주며, 그 대가로 거래 금액의 3퍼센트를 집주인으로부터, 6~12퍼센트를 여행객으로부터 받는다. 에어비앤비는 급성장하면서 상당한 규모의 투자도 받았다. 2013년 초까지 투자받은 액수는 1억 2000만 달러.

투자사 중 하나인 세콰이어캐피털의 그레그 매카두(Greg Mcadoo)는 "20년 뒤면 협동소비를 통하지 않고 살아가는 것은 상상조차 할 수 없게 될 것"이라며 "엄청난 잠재력을 가지고 있다"고 투자 이유를 설명했다.

에어비앤비는 선두주자일 뿐이다. 뒤따르는 많은 후발주자까지, 공유경제는 지금 세계 경제의 중요한 실험이 되고 있다. 유튜브와 소셜미디어가 텔레비전을 대체해가는 과정을 보라. 스마트폰이 신문을 대체해가는 과정을 보라. 이런 무서운 속도로 공유경제는 기존의 소유 중심 경제의 근간을 뒤흔들기 시작했다. 미국 경제 잡지 〈포브스〉는 공유경제 매출이 2013년 35억 달러를 넘어섰다고 추산한다. 25퍼센트가 넘는 성장률이다.

그런데 왜 지금 공유경제에 대한 상상이 주목을 받고 있을까? 몇 가지 배경이 있다.

우선 2008년에 불어닥친 금융위기가 소유에 대한 태도를 바꿔놓았다. 많은 연구 결과 불황 이후 소비자들은 자신이 소유한 물건을 줄이는 성향을 보이는 것으로 나타났다. 인격을 나타내는 것처럼 인식되던 소유권이 이제는 부담으로 다가오기 시작하면서 '공유의 가벼움'을 추구하는 것으로 보인다. 물질적인 욕망 대신 단순한 삶을 추구하면서 자연스럽게 공유경제에 대해 눈을 뜨게 된 것이다.

둘째, 세계 경제의 위기와 지지부진한 노동시장으로 인해 많은 사람들이 차와 집과 다른 자산들을 유지하기 어렵게 되었다. 금융위기의 한파 속에 자발적이라기보다는 불가피한 선택으로 보인다. 이제 그 자산 중 상당 부분을 공유를 통해 가치를 재발견해야 하는 상황이 된 것이다. 에어비앤비의 집주인(샌프란시스코의 경우)은 평균 연간 58일을 빌려준다. 연 9300달러의 추가 수입을 얻는 것이다. 자동차 소유자들은 자동차 공유 업체인 릴레이라이즈(RelayRides)를 활용해 월평균 250달러를 번다. 일부에게는 한 달 리스 가격이다. 소유권에 집착하기보다는 공유해서 추가 소득을 확보하는 게 자연스럽다.

마지막으로, 기술은 공유 네트워크를 쉽고 확산 가능하게 만들었다. 공유하려는 사람을 연결해주는 것을 넘어서서 다수 커뮤니케이션, 협력, 지불 등이 기술적으로 수월해졌다.

〈벼룩시장〉 같은 신문 한 귀퉁이에 나와 찾는 사람에게만 보이던 광고는, 기술 발전에 힘입어 스마트폰으로 배달되는 맞춤형 쪽지가 되었다. 위치 추적 시스템을 통해 근처에서 공유되는 것을 찾아볼 수도 있다. 중고물품을 사고파는 경매 사이트 이베이에서 도입한 평가 시스템으로 개인의 시장 신뢰도도 측정할 수 있게 되었다. '소유'를 통해서만 조직되던 시장 시스템은 이제 '공유'를 통해서도 쉽게 조직될 수 있게 변화하고 있다.

무너지는
소유권 신화

그래도 새로운 것을 직접 소유하고 싶어하는 게 사람의 본성이라는 주장이 있다. 그래서 공유는 특히 자본주의 사회에서는 인간에게 맞지 않다는 의견이 이런 주장에 따라 나온다. 그렇다면 공유경제는 분명한 한계에 부닥치고 말 것이라는 관측이다.

그런데 미국에서 공유경제가 빠르게 성장하고 있다는 점은 우리에게 시사점을 준다. 한국이야말로 이런 주장에 가장 잘 들어맞을 것 같은 나라이기 때문이다.

미국을 지탱해온 정신은 아메리칸 드림이다. 아메리칸 드림에는 소유권 중심 사고가 들어 있다. 미국인의 삶은 성인이 되면 자기 차를 소유하고, 직장을 가지면 자기 집을 소유하는 것을 전제로 설계되었다. 그래서 자동차와 집의 소유는 꼭 이뤄야 할 꿈으로 포장된다. 이는 1929년 대공황 이후 지속된 긴 흐름이다. 그런데 그 꿈이 지금 흔들리고 있는 것이다.

2008년 세계 금융위기 후 미국 소비자들의 소유에 대한 태도가 바뀌고 있다. 집을 사기 위해 능력 이상으로 돈을 빌리는 것은 잘못된 것이라는 인식이 확산되었다. 서브프라임 모기지론 사태와 리먼브라더스 파산 등의 금융위기를 거치면서 1650만 명의 미국인이 집을 잃었다. 이로 인해 아메리칸 드림의 뿌리이던 소유권이 근본적인 타격을 입었다. 젊은 층은 더 바뀌었다. 집을 소유하지 않고 빌려 쓰고 돌아다니며 사는 라이프스타일을 추구하는 사람이 늘어난 것이다.

자동차의 경우도 비슷하다. 고등학교만 졸업하면 자동차를 사던 문화가 사라지고 있다. 〈포브스〉에 따르면 새 차를 구입하는 고객 가운데 18~34세의 젊은이 비중이 2007년 16퍼센트에서 2012년에는 12퍼센트로 떨어졌다.

한마디로 소유권 신화가 무너지고 있는 것이다. 자본주의의 맨살을 드러낸 현실은 신화를 바꾸고 있다. 소유는 인간의 본성이라는 '신화'에 대해 근본적인 질문을 던질 수밖에 없는 상황이다.

사실 젊은 세대는 이미 빌리고 공유하는 데 익숙하다. 그들은 신문을 사지 않는다. 개별 기사를 트위터나 페이스북으로 공유한다. DVD 플레이어도 사지 않는다. 컴퓨터에서 다운로드를 받아 본다. 그들은 CD도 사지 않는다. 인터넷에서 월 정기권을 구매해 곡별로 다운로드를 받는다.

이런 새로운 세대가 보여주는 행태를 종합하면 '협동소비(collaborative consumption)'로 요약된다. 적게 생산하고 적게 소비하며, 새롭게 자산을 형성하는 대신 유휴자산을 최대한 활용하는 방식으로 가치를 높이며 소비하는 것이다. 그리고 소유하는 대신 접근권 또는 이용권을 획득해 사용한다.

디지털화할 수 있는 재화에서는 이미 협동소비가 광범위하게 일어나고 있는 셈이다. 영화도 음악도 소프트웨어도 이제는 DVD나 CD에 담긴 유형의 형태를 띠지 않는다. DVD, CD 등을 소유하는 대신 중앙서버에 접근해 콘텐츠를 이용한다. P2P(peer to peer, 인터넷에서 개인과 개인이 직접 연결되어 파일을 공유하는 것) 방식의 경우 완전한 협동소비 형태다. 각자의 컴퓨터에 있는 영화나 음악 파일을 서로 다운로드받는 방식이기 때문이다(물론 정당한 저작권료를 지불하지 않는 불법 다운로드는 곤란하다).

고정된 자산을 많이 소유하지 않는 태도는 특정 지역에 얽매이지 않고 자유롭게 전 세계를 부유하며 살아가기를 원하는 삶의 지향과도 맞닿아 있다. 한 직장, 한 거주지에 고정되지 않으면 삶이 안정되지 않았다고 느끼던 과거 세대와는 다르다.

비효율을 제거하는 미래의 소비

궁극적으로 공유경제가 상상하는 사회는 어떤 곳일까? 공유가 일반화된다면, 지금의 소유 중심 경제와는 어떻게 다른 모습이 될까?

렌터카 시장을 살펴보자. 원래 렌터카는 에이비스, 허츠, 버짓 등 다국적 대기업들이 사업을 하는 업종이었다. 이들은 소비자들이 자동차를 단기적으로 공유해 사용할 수 있게 해주었다. 이미 30년이 넘은 사업 모델이다.

렌터카 산업이 싹을 틔우던 당시만 해도 소비자들은 스스로 단기 자동차 공유를 조직할 수 없었다. 1970년대에 한 소비자가 낯선 도시로 출장을 갔다고 생각해보자. 일주일만 자동차를 빌려 쓰려면 렌터카 업체를 이용하는 방법밖에 없었다.

거대한 렌터카 시장이 생기고 다국적 대기업까지 생길 수 있었던 이유는 이 선발주자들이 혼돈이 있는 곳에 질서를 가져다주었기 때문이다. 그런데 그 질서는 기본적으로 소유의 질서였다. 렌터카 업체들은 자동차를 직접 보유하여 소비자들에게 빌려주는 모델을 채택했다.

그런데 지금 소비자들은 최소한 기술적으로는 렌터카 업체를 이용하지 않고도 단기적 자동차 공유 서비스를 스스로 만들어낼 수 있다. 그 지역 주민들이 많이 가는 인터넷 커뮤니티나 페이스북 그룹이 있다면 그곳을 찾아가 일주일 동안 자동차를 빌려줄 사람을 찾아보면 된다. 이런 환경에 맞추어 등장한 게 공유경제라고 보면 된다. 소비자들끼리 신뢰할 수만 있다면 얼마든지 단기 자동차 사용 서비스를 만들 수 있는 것이다. 카셰어링 서비스를 제공하는 공유경제 기업이 설 자리가 생긴 것이다.

이렇게 되면 원래 중간 매개자인 렌터카 회사에 들어가던 수입은 자산을 소유하고 공유하는 이들의 몫이 된다. 소득의 형태로 공유경제 기업가에게 갈 수도 있고 자동차 렌트 비용 절감의 형태로 소비자들에게 갈 수도 있다. 중개자가 취하던 높은 마진과 렌터카 회사 주주들이 취하던 높은 배당금은 공유 네트워크 안에서 정상적인(합리적인 또는 적정한) 중개수수료로 대체된다.

이런 형태의 매개자 소멸 현상은 다른 제품이나 서비스에서도 가능하다. 호텔 체인은 더 이상 단기 여행자들에게 필수적이지 않다. 은행은 단기 대출을 위해 필수적이지 않다. 기존 업체들이 포기한 이익은 자산을 공유하는 생산자나 공유자산을 이용하는 소비자에게 돌아간다. 공유경제 기업이 효율적으로 신뢰할 만한 정보를 찾도록 연결해준다면 말이다. 인터넷 경매 사이트 이베이 등을 통한 판매자 리뷰 시스템이 에어비앤비 등에서 활용되는 것은 바로 이런 신뢰를 만드는 장치다.

공유경제의 상상이 현실로 이루어진다면, 거대 자산을 소유한 매개자는 소멸할 것이다. 적어도 과거와 같은 권력과 부의 집중을 누리지 못하게 될 것이다. 힘은 거대 기업에서 소비자 사이의 네트워크로 옮겨간다. 소비자는 곧 생산자이며 기업가가 된다.

어찌 보면 많은 기업들과 유통업자들에게 공유경제는 위험한 존재다. 더 많이 공유할수록 새로운 제품이 덜 필요해지기 때문이다. 유휴자동차 활용률이 높아지면 자동차 생산을 줄여야 한다. 유휴 주택이더 많이 활용되면 재개발을 덜 하고 집을 덜 지어야 한다. 새로운 생산은 줄어들게 된다.

그럼에도 결과적으로 전체 경제 규모는 비슷할 수 있다. 기존의 대기업이나 유통업체나 중개업자들은 타격을 받을 수도 있다. 하지만 공유의 결과로 생긴 새로운 가치는 사회에 남게 된다. 저렴하게 집을 빌린 소비자와 자동차를 빌려주고 부대 수입을 얻은 공유경제 기업가는 새로 얻은 가치를 어딘가에 사용할 수 있게 된다. 즉 덜 생산하고도 더 많은 가치를 얻을 수 있게 되는 것이다. 생산을 덜 하고도 같은 가치를 얻게 된다면, 그만큼 환경과 자원을 덜 사용해도 된다. 친환경적이고 지속 가능한 경제체제인 것이다.

공유경제는 아직 넘어야 할 산이 많다. 카셰어링은 택시업계의 반발에 부닥쳤고, 셰어하우스는 숙박업자들의 저항을 넘어서야 한다. 다른 사람 소유의 자동차나 주택의 안전성과 신뢰성에 대한 의심도 끊이지 않는다.

그렇지만 공유경제의 상상은 여전히 유효하다. 뒤돌아 과거를 살펴보면 명확해진다. 최초의 P2P 방식 음악 파일 거래 사이트인 냅스터는 벌금과 법정 소송으로 십자포화를 맞았다. 불법 다운로드의 온상으로 여겨지기도 했다. 그 모든 논쟁과 다툼을 지나서, 음악 파일을 공유하되 저작권료를 내고 유료로 사용하는 문화는 이제 선진 사회에 단단하게 자리 잡았다. 필연적인 변화에도 늘 저항은 따르게 마련이고, 그 저항은 시간이 지나면 거대한 흐름 안에 함께 떠내려가게 마련이다.

특별한 도시가
특별한 기업을 만났을 때

> 본사를 옮기면서 나이키 같은 분위기의 사옥을 만들지, 애플 같은 분위기의 사옥을 만들지 고민했습니다. 결론은 전혀 다른 방향으로 갔지요. 아무리 멋진 사옥이라도 지역 공동체와 격리된 공간은 바람직하지 않다는 생각이었습니다.

2013년 7월 아스펜 아이디어 페스티벌 연단에 선 토니 셰이(Tony Hsieh) 자포스 CEO는 이런 이야기로 연설을 시작했다. 2013년 9월 9일, 미국 온라인 신발 쇼핑몰 자포스는 본사를 라스베이거스 중심가에 있는 시청사 건물에 입주했다. 토니 셰이는 개인 자금 3억 5000만 달러를 내놓아 라스베이거스를 아이디어가 넘치는 새로운 장소로 만들겠다는 '다운타운 프로젝트'의 포부를 밝혔다. 그리고 애플이나 구글처럼 지역과 완전히 분리된 '성'이 되지 않도록 하겠다고 말했다. 뉴욕대처럼 도시 군데군데 건물과 강의실이 있어 도시와 뒤섞여 지식과 아이디어를 발전시키는 존재가 되도록 기업과 도시의 관계를 설계하겠다는 게 그의 꿈이다.

알고 보면 너무나 평범한 도시
라스베이거스

전통적으로 도시는 종교와 정치 혹은 경제와 관련한 기능을 수행해왔다. 고대 도시는 일반적으로 종교 또는 정치적 역할을 수행하던 곳이었다. 종교 지도자나 왕 같은 통치자가 도시의 중앙에 성과 같은 거대한 건축물을 짓고 거주하면 그 주변으로 관리들과, 통치자의 보호를 받는 시민들이 모여 사는 식이었다. 그런가 하면 비록 통치자는 거주하지 않았지만 경제적인 기능을 중심으로 발달한 도시도 있었다. 이런 도시들은 교통이 편리해 주변 지역의 사람과 생산물이 모여들었다. 이런 생산물들을 거래하기 위해 시장이 만들어지고, 이 시장을 중심으로 도시가 발달하기도 했다. 도시는 길을 만들고, 길은 다시 도시를 만들며, 인간은 삶의 영역을 점점 늘려갔다.

인류는 도시에 모여 살며 어깨를 부딪치는 가운데 지식을 공유, 축적, 전승할 수 있었다. 도시는 거대한 규모의 사람들 간 교류를 통해 과학기술을 향상시키고 문화를 꽃피우면서 인류 문명을 발전시키는 공간으로 진화해왔다.

그런데 미국 네바다 주 라스베이거스는 특별했다. 이 도시는 종교나 정치 혹은 경제와 큰 관련이 없는 도시다. 이 도시는 사막 한가운데서 도박을 중심으로 화려한 쇼와 쇼핑 공간 등 사람들에게 쾌락을 제공하는 도시다. 카지노와 호텔이 먼저 지어지고, 사람들이 찾아오기 시작한 도시다. 인위적으로 만든 공간이다.

원래 라스베이거스는 서부 금광으로 가는 마차가 잠시 쉬어가던 마을이었다. 그러던 마을에 철도가 지나며 더 많은 사람들이 모여 살기 시작했다. 이런 작은 마을이 도박의 도시로 탈바꿈하게 된 것은 대공황의 공이 크다. 당시 미국 대통령이던 허버트 후버(Herbert Clark

Hoover)는 1929년에 시작된 대공황을 극복하기 위해 대규모 토목사업을 진행했다. 라스베이거스 인근 콜로라도 강의 협곡에 거대한 후버 댐(당시에는 볼더 댐으로 불렸다)을 만드는 것도 그중 하나였다. 댐을 만들기 위해 많은 노동자들이 모였고, 이들에게는 고된 노동의 스트레스를 풀 곳이 필요했다. 라스베이거스 사람들은 이들의 주머니를 노리고 도박을 합법화했고, 카지노를 만들었다. 2차 세계대전으로 잠시 북적이긴 했지만, 공사가 끝나자 라스베이거스는 다시 적막한 사막 도시가 되었다.

모든 상상이 건강한 상상은 아니다. 바다 건너 유럽에서 히틀러의 망상이 만든 전쟁이 한창이던 1940년대 초반 황량한 네바다의 사막을 지나던 전설적인 마피아 벅시 시걸(Benjamin Bugsy Siegel)은 또 다른 꿈을 꾸었다. 그의 꿈은 이곳에 카지노와 화려한 방을 가진 거대한 호텔을 세우고, 도박꾼들이 돈을 펑펑 쓰는 것이었다. 그는 마피아 동료들의 돈으로 황량한 사막 한가운데 있는 작은 도시에 화려하고 거대한 플라밍고 호텔을 지었다. 라스베이거스는 마피아와 도박의 다른 이름이 되었다.

라스베이거스가 또 한 번 번성하게 된 것은 하워드 휴즈와 커크 커코리안 같은 양지에 있는 부자들 덕이었다. 이들은 벅시가 만들어놓은 마피아와 어두운 도박장의 이미지 대신 라스베이거스를 좀 더 세련된 부자들이 찾아오는 도시로 만들고 싶었다. 이들은 플라밍고 호텔과는 비교가 안 되는 거대한 호텔과 리조트를 개발하고 라스베이거스를 가족이 머물 수 있는 장소로 탈바꿈시켰다.

물론 지금도 라스베이거스는 세계에서 가장 거대한 도박 도시다. 매년 4000만 명에 가까운 사람들이 이 도시를 방문해 리조트 호텔에서 묵으며 도박을 즐기고 쇼를 관람한다. 실제로 세계 10대 호텔 가운데 여섯 개가 이 도시에 위치해 있고, 그 여섯 개 호텔의 방만 해도 3만 개에 육박한다. 이 도시는 웬만한 도시의 인구보다 많은 슬롯머신을 가지고 있고 화려한 쇼와 공연이 끊이지 않는다.

얼핏 보면 라스베이거스에는 일확천금을 꿈꾸는 도박꾼들과 쇼와 유흥을 즐기려고 찾은 관광객들 그리고 이들에게 수많은 불법적인 것들, 예컨대 마약이나 매춘 등을 제공하는 마피아들로 가득한 도시처럼 보인다. 실제로 영화나 드라마 속 라스베이거스의 모습이 그렇다. 총각파티를 하기 위해 라스베이거스로 여행을 간 사내들의 이야기를 그린 영화 〈행오버〉가 그렇고, 삶의 마지막 여행을 떠난 알코올 중독 남자의 이야기를 그린 니컬러스 케이지 주연의 〈라스베가스를 떠나며〉, 화려한 쇼걸들의 이야기를 그린 폴 버호벤의 〈쇼걸〉, 그리고 라스베이거스를 만든 마피아의 이야기를 그린 〈벅시〉와 유명한 TV드라마 〈CSI 라스베가스〉에 이르기까지 라스베이거스는 앞서 말한 이미지들로 그려진다.

그런데, 정말로 라스베이거스는 마피아와 도박, 마약과 매춘 같은 것으로 가득 찬 도시일까?

잠깐만 생각해보면 라스베이거스 역시 다른 여타의 도시와 같이 평범한 시민들이 거주하는 도시라는 것을 알 수 있다. 라스베이거스의 도시권 안에는 무려 200만 명에 가까운 인구가 살고 있으며, 이 숫자는 라스베이거스의 호텔이 꽉 찼을 때 그들 관광객의 수보다 몇 배는 많은 것이다. 물론 이들은 대부분 범죄와는 전혀 관련이 없는 선량한 시민들이다.

거기다 라스베이거스에는 호텔과 카지노, 공연장만 있는 것이 아니다. 라스베이거스 역시 많은 기업들이 있고, 자영업자들이 있고, 학교와 아이들이 있고, 평범하게 사는 사람들로 북적대는 도시다. 그리고 이 도시에 어느 날 미국에서 가장 특별한 기업 가운데 하나가 이사를 왔다.

우리가 파는 것은 신발이 아닌 서비스

자포스는 인터넷을 통해 신발, 의류, 핸드백, 각종 액세서리를 판매하는 회사다. 물론 인터넷을 통해 이런 것들을 판매하는 기업은 이미 셀 수도 없이 많다. 하지만 자포스는 조금 다르다. 토니 셰이가 이끄는 이 회사는 1999년 'shoesite.com'이란 이름으로 비즈니스를 시작한 이후 해마다 놀라운 성장을 거듭했다. 창업 후 빠르게 성장하던 자포스는 2004년 2억 달러에 조금 못 미치는 매출을 올렸다.

자포스는 샌프란시스코를 떠나 네바다 주의 헨더슨으로 본사를 이전했다. 전 세계를 상대하는 IT 기업이 실리콘밸리를 떠나 인구 30만 명이 채 안 되는 사막 한가운데 도시로 이사한 것이다.

주변의 우려에도 불구하고 자포스는 이전 후에도 성장을 거듭했다. 2008년에는 연 매출 10억 달러를 돌파했다. 이듬해인 2009년 7월 "아마존을 넘어설 유일한 회사"라는 평가를 받던 자포스는 놀랍게도 비교와 극복의 대상으로 인식되던 아마존에 인수된다. 인수 금액은 12억 달러, 우리 돈으로 1조 원이 한참 넘는 금액이다. 자포스는 아마존에 인수된 후에도 꾸준히 성장해 2013년 20억 달러가 넘는 매출을 자랑하는 큰 기업이 되었다.

자포스는 고객 감동 서비스로 유명하다. 2007년, 자포스가 유명해지기 전의 일이다. 어느 여성이 자포스에서 어머니에게 선물할 신발을 주문했다. 하지만 당시 몸이 불편했던 어머니는 병세가 빠르게 악화돼 신발이 도착했을 무렵에는 이미 고인이 되었다. 장례식 이후 슬픔에 잠겨 있던 여성에게 자포스에서 메일 한 통이 도착했다. 제품 만족도를 묻는 내용이었다. 그 여성은 메일에 대한 답장으로 자신이 병든 어머니에게 드릴 선물로 신발을 구매했지만 어머니는 그 신발을 신어보지도 못하고 돌아가셨으며, 시간이 조금 지났지만 신발을 반품하고 싶다고 썼다.

사실 이렇게 반품 기한을 넘겼을 경우 반품조차도 쉽지 않은 것이 다반사다. 하지만 자포스 직원은 고객의 메일에 바로 응답했다. 먼저 고객의 슬픔에 유감을 표하고 반품 택배를 바로 예약해주겠다는 내용이었다. 당시 자포스의 고객 응대 정책에 따르면 이런 경우 반품을 위한 택배는 고객이 알아서 불러야 했다. 하지만 이 메일에 응대한 직원은 회사 방침을 어기고 택배 기사를 직접 고객의 집으로 보내 신발을 반품받았다. 그의 친절은 여기서 그치지 않았다. 다음 날 고객의 집으로 꽃과 카드를 보내 그녀를 위로했다. 슬픔에 빠진 그녀를 위로하기 위한 자포스의 배려였던 것이다.

자포스 직원들은 고객에게 최고의 서비스를 제공하기 위해서는 무엇이든 다 하는 것으로 유명하다. 이들은 고객 한 명의 만족을 위해 하루 종일 그 고객과 전화 상담을 한다거나 고객이 원하는 물건이 없는 경우 경쟁사 사이트에서 구매하도록 권하는 일까지 주저하지 않는다. 자포스의 24시간 고객 콜센터는 고객을 위한 노력을 상징한다.

회사도 나이가 든다면

그런데 어떻게 하면 자포스 직원들은 '한가하게' 고객에게 경쟁사 사이트를 소개해주고, 상심한 고객에게 꽃다발을 보낼 수 있었을까? 이는 상상에서 시작되었다. 토니 셰이와 창업자들이 자신들의 회사를 위해 함께 쓴 첫 번째 소셜픽션이 그 출발점이었다.

자포스를 설립하고 얼마 되지 않았을 때, 토니 셰이와 창립 멤버들이 모였다. 이 자리에서 20대 후반의 토니 셰이는 "우리가 어른이 되면 이 회사는 어떻게 될까?"라는 아주 간단한 질문을 던졌다. 대부분의 기업들이 그렇지만 초창기 기업의 목표는 누가 봐도 자명한 목표가 대부분이다. 당시까지만 해도 자포스 역시 세계 최대의 온라인 신발 판매 업체가 된다는, 지극히 당연하고 상식적인 목표를 가졌다.

하지만 이 회의는 자포스의 미래를 결정적으로 바꾸는 결론으로 끝이 났다. 자포스는 세계 최고의 온라인 신발 판매 업체가 되겠다는 목표 대신 "세계 최고의 서비스를 제공하는 회사"가 되겠다는 것으로 목표를 바꾸었다. 토니 셰이는 막 탄생한 기업에 다음 분기의 매출 목표

대신 20년 혹은 30년 후라는 더 큰 미래의 목표를 정했다. 그 자리에 있던 모든 멤버들이 새로운 비전에 동의했다. 이제 자포스의 첫 번째 목표는 고객 만족이 되었다. 매출이나 수익이 아니었다.

그들은 그 목표를 위해 회사의 많은 것을 바꾸었다. 고객에게 최상의 상품을 배송하기 위해 모든 물건을 자사의 물류센터에서 배송하기 시작했고, 고객 콜센터를 24시간 운영했다. 우리의 서비스가 좋다고 광고하는 비용을 아껴 실제로 서비스를 향상시켰다.

한편 자포스는 일하기 좋은 기업으로 유명하다. 〈포춘〉은 해마다 일하기 좋은 100대 기업을 선정하는데, 자포스는 2009년에 처음 선정된 이후 꾸준히 이름을 올렸고, 2013년에도 31위에 선정되었다. 자포스는 그 100대 기업 가운데 규모가 가장 작은 기업에 속한다.

자포스가 일하기 좋은 직장이 된 이유 역시 토니 셰이의 소셜픽션과 관련이 있다. 토니 셰이와 창업자들은 자포스가 세계 최고의 고객 서비스를 제공하기 위해서는 자발적이고 능동적인 서비스 마인드를 가진 세계 최고의 직원들이 필요하다는 사실을 깨달았다. 이들은 함께 일하는 직원들에게도 많은 것을 제공한다. 공짜 점심은 물론이고 무료로 이용할 수 있는 자판기와, 즐겁고 창조적인 사무실 공간 등이 그것이다.

직원들의 마음을 사로잡은 중요한 요소는 자포스의 개방성과 혁신성이다. 자포스의 사무실 입구에서는 신나는 클럽 음악이 흘러나온다. CEO는 직원들과 똑같은 파티션에 앉아 있어 누구든 찾아가 이야기할 수 있다. 해마다 전 직원들로부터 피드백을 받아《자포스 컬처 북

(Zappos Culture Book)》이라는 책을 내어 직원들이 자신의 목소리가 반영된다는 느낌을 갖게 한다. 하루 근무 시간을 채운다면 출퇴근 시간도 자유롭다. 자리도 마음대로 꾸밀 수 있어 각자 가져다놓은 소품들로 사무실 전체가 창의적 놀이공간처럼 보인다.

특히 직원들 사이에 '우연한 교류'가 빈번하게 일어나고 혁신을 이끄는 곳으로 변화시키겠다는 게 토니 셰이의 생각이었다. 예를 들면 자포스는 사옥 출입문이 여러 개 있는데도 정문만 열어둔다고 한다. 조금 멀리 돌아오더라도, 우연히 다른 부서 사람을 만나 인사를 나누고 짧은 대화를 나눌 기회를 마련하기 위해서다.

2010년 자포스는 라스베이거스로 이전하기로 계획했다. 이전 대상지는 라스베이거스의 다운타운에 위치한 옛 시청사 건물이었다. 이곳은 라스베이거스의 가장 중요한 관광지인 라스베이거스 스트립에서는 조금 떨어져 있지만 화려한 전구쇼로 유명한 프리몬트 거리에서는 멀지 않다.

본사 이전을 위해 토니 셰이는 많은 고민을 했다. 그는 많은 거대 기업들의 본사를 연구했고, 자포스가 어떤 장소에 있어야 꿈꾸던 기업 문화를 만들고 유지하고 확산할지 생각했다.

결론은 융합이었다. 자포스를 도시 안으로, 또는 도시 안에 자포스를 과감하게 집어넣기로 한 것이다. 담장 높고 아름다운 정원을 자랑하지만 정문 바깥으로 한 걸음만 나가면 유흥가이고 교통지옥인 대학 캠퍼스 같은 회사를 만들고 싶은 생각은 없었다. 오히려 기업의 개방적인 문화가 도시 안으로 섞여 들어오고, 거꾸로 도시에 흐르는 혁신의 기운이 기업으로 다시 스며드는 선순환을 만드는 꿈을 꾸었다. 그는 지역 주민과 공존하고 함께 성장하는 프로젝트를 기획하게 되었다. 바로 다운타운 프로젝트다.

우연한 만남을 설계한 자포스의 다운타운 프로젝트

앞에서 잠시 언급했지만, 도시가 위대한 이유는 그곳에서 사람들이 서로 만나는 과정에서 수많은 발견이 이루어지고 아이디어가 만들어지고 축적되고 전달되기 때문이다. 원래 도시는 서로를 열어둔 사람들이 개방적으로 만나는 곳이다. 기업이 들어오고 대학이 세워지고 광장과 축제가 있고 문화와 예술이 넘친다. 많은 생각이 교환되는 가운데 협력이 일어난다. 서로 다른 생각이 융합되면서 새로운 혁신으로 이어진다. 개방에서 시작해 협력을 거쳐 융합이 일어나며 혁신이라는 성과를 내는 장소가 바로 도시의 원형이다.

하지만 오래된 도시는 개방과 협력과 융합의 기운을 유지하지 못하는 경우가 많다. 도시에 입주한 오래된 기업과 대학은 문을 굳게 닫고 자신들만의 성채를 쌓아올린다. 도시 거주민은 대기업에 속한 사람과 그렇지 않은 사람들로 나뉘고 구도심과 신도심으로 구획된다. 경제력뿐만 아니라 문화도 이질적으로 양극화된다. 조직들은 단단히 굳어 각자 자신의 이익만 챙겨간다. 개방과 협력의 기운은 사라지고, 융합이 아니라 단절이 횡행한다. 혁신이 사라진 도시는 서서히 몰락해간다. 파산한 디트로이트가 그랬다.

토니 셰이는 개방과 협력이 넘치는 기업을 만들었다. 그리고 혁신이라는 성과를 냈다. 누가 시키거나 매뉴얼을 들이대지 않아도, 자포스의 콜센터 직원은 불만이 있는 고객의 전화를 10시간 넘게 받아주며 유머와 기지를 발휘한다. 그렇게 해서 가장 일하기 좋은 기업이 되었다. 서로 다른 직원들이 개방과 협력의 문화 속에 융합한 결과다.

그 융합의 경계를 이제 기업 밖으로, 또는 도시 속으로 넓히는 상상을 한다. 토니 셰이가 그리는 미래의 라스베이거스는 자포스와 도심의 경계마저 사라진 장소다.

회사에서는 물류센터와 콜센터가 경계 없이 어울리며 잡담하는 가운데 새로운 고객 응대 방법이 만들어진다. 마찬가지로 도시 안에서도 더 많은 만남과 커뮤니케이션이 이루어지면 도시는 더 빛나는 아이디어로 가득할 것이다. 세탁소 주인과 카페 주인이 우연히 만나 잡담하는 가운데 주민들의 삶을 바꿀 혁신적인 아이디어가 나올 수 있다. 동네 옷가게에서 옷을 고르며 대화하다, 또는 음식점에서 우연히 마주친 사람과 이야기하다 기발한 혁신이 나오지 말란 법이 있는가.

좀 더 나아가 개방적인 기업과 혁신적인 지역이 섞여 협력하고 융합하는 시스템을 만들 수 있다면? 기업의 개방적 기운을 수혈받은 도시는 혁신의 메카로 성장할 수 있으리라. 도시의 혁신적 기운은 기업의 열린 문 안으로 스며들어 혁신적 기업 문화의 자양분이 될 수 있으리라.

이런 원대한 꿈이 바로 토니 셰이가 자기 주식을 아마존에 매각한 대금 가운데 총 3억 5000만 달러를 내놓아 다운타운 프로젝트를 시작하게 된 배경이다. 2억 달러는 현지의 부동산을 매입해 개방과 협력의 공간을 구축하는 데 투자한다. 5000만 달러는 소규모 자영업자들에게 투자한다. 기술창업자를 위한 베이거스 테크 펀드(Vegas Tech Fund)에는 5000만 달러를 투자했다. 그리고 교육과 문화예술에 5000만 달러를 배정했다.

토니 셰이는 '우연한 만남의 시간(collisionable hours)'을 강조한다. 카페에서 이야기를 나누든 옷가게에서 옷을 고르든, 다른 사람들을 우연히 만나 짧은 대화라도 나눌 수 있는 시간이 모두 우연한 만남의 시간이다. 그 시간에 새로운 아이디어와 혁신이 시작된다. 엄청난 영감과 아이디어를 가져다주는 행운의 시간이다.

그래서 그의 투자 원칙 가운데 하나는 그런 '우연한 만남의 시간'을 늘릴 수 있는 사업 모델에 우선적으로 투자하는 것이다. 행운을 더 많이 불러오기 위해 지역 사람들이 더 많은 물리적 접촉을 가지기를 바랐다.

따라서 지역 자영업에 투자하면서, 그가 중요하게 여긴 것은 사람들이 모이고 커뮤니티를 만들 수 있는 공간인가 하는 점이었다. 열정과 스토리, 커뮤니티의 교류를 증진시킬 수 있는 아이디어를 가진 사람이라면 누구든지 사업을 제안할 수 있도록 했다. 그 결과 작은 규모지만 사람들이 친밀하게 교류할 수 있는 식당이나 카페테리아, 편히 쉬며 쇼핑할 수 있는 재미있는 상점들에 투자하기로 결정했다. 동네 카페라도 얼마든지 혁신적일 수 있다는 게 그의 생각이다.

투자 조건은 까다롭지만 명확했다. 우선 주인이 직영해야 한다. 기업가다운 발상이다. 두 번째, 커뮤니티를 살리는 데 기여해야 한다. 세 번째, 지속성이 확보되어야 한다. 마지막으로 독특하거나, 처음이거나, 최고로 잘하는 사업 아이템이면 가장 좋다.

아이디어가 넘치는 지역의 벤처기업으로서는 새로운 자금줄이 생긴 셈이다. 하지만 베이거스 테크 펀드에는 바꿀 수 없는 투자 조건이 있다. 사무실을 라스베이거스로 옮겨오는 것이다. 라스베이거스 지역에 있는 유망한 기술 기업에 투자함으로써 지역을 혁신적으로 재구성하기 위한 것이다. 혁신적 벤처기업을 수혈해 지역에 개방과 협력의 기운을 높이겠다는 의도다.

또한 지역에 위치한 기술 기반 기업의 직원들이 공부하고 서로 교류할 수 있도록 기술 전문 도서관을 개장했다. 지역의 예술가는 물론 관련 기업과 행사에 투자를 했고, 아이디어가 넘치는 사람들을 초빙해 다양한 강좌를 개최했다. 창업자들에게 필요한 공간을 신속하게 제공하기 위해 건물을 신축하거나 임대하는 대신 컨테이너를 개조한 공간을 제공하기 시작했다.

자포스 역시 프로젝트의 일부가 되었다. 자포스 직원들은 시민들에게도 개방된 통로를 통해 출퇴근하며 지역 주민들과 마주치도록 했으며, 심지어 직원 업무 공간을 줄여 사무실 내에서도 직원들이 더 자주 마주치도록 했다.

그의 투자 목표는 명료했다. 기업이 들어선 도시를 사람들이 편하게 거주하고 일하고 놀 수 있는 지역으로 만들기를 원했다. 그는 협업이 일어날 장소와 사람에게 투자함으로써 그곳에 새롭고 열린 생각을 가진 사람들이 모여들기를 바랐다. 그래서 라스베이거스 다운타운의 삶을 즐기는 사람들이 양질의 커뮤니티를 이루고, 이 커뮤니티 안에서 사람들이 부딪히며 자연스럽게 많은 협업이 일어날 수 있게 되기를 바란 것이다. 그러면 더 많은 우연한 발견과 발상이 일어나 생산성 증가와 함께 혁신이 이루어지리라고 생각했다.

토니 셰이는 자신의 투자 기준은 전통적인 기업의 투자지표인 ROI(Return on Investment, 투자수익률)가 아니라고 한다. 돈을 많이 벌어들이는 게 투자 목표는 아니라는 이야기다. 대신 ROC(Return on Community)와 ROL(Return on Luck)을 추구한다. 커뮤니티를 구축하고 확산하는 데 얼마나 기여하느냐, 그리고 다른 이들에게 얼마나 많은 행운을 가져다주느냐로 측정한다는 것이다.

ROC는 투자 결과 커뮤니티로부터 돌아오는 이익을 말한다. 그의 투자가 다운타운을 살기 좋고 즐거운 공간으로 만들면 그곳에서 거주하고 일할 자포스와 지역 주민들은 훨씬 더 즐겁게 일할 수 있을 것이다. 자발적으로 열심히 일하는 직원이 늘어나고, 이들이 다른 지역으로 떠나지 않는다면 그것은 당연히 회사에게도 이익이 될 것이다. 그는 이렇게 즐거운 지역 커뮤니티가 그 지역에 위치한 회사와 그곳에서 일할 직원들에게 무엇을 줄 수 있는지를 생각했다.

ROL은 더 재미있는 척도다. 이는 우연한 행운이 가져다주는 이익을 말한다. 가볍게 생각해보자. 당신은 내일 당장 먹을거리에 대한 기사를 써야 하는 기자인데, 요 며칠 일이 바빴던 탓에 제대로 취재할 수 없었다. 그런데 자주 가는 식당에서 식사를 하다 우연히 언젠가 인사를 나눴던 사람들을 만나 음식에 대한 재미있는 이야기를 들었고, 이를 소재로 기사를 쓸 수 있었다. 맛있는 음식을 파는 식당에서 이루어진 작은 만남이 그곳 주민의 일에도 긍정적인 역할을 한 것이다. 이런 것은 분명히 계량화할 수는 없지만 지역에 위치한 기업에게 훌륭한 이익이 된 것도 사실이다.

행운은 이렇게 다시 '우연한 만남의 시간'과 연결된다.

"주민 한 명이 창출하는 우연한 만남의 시간은 얼마나 될까요? 1년에 1000시간가량은 될 겁니다. 이게 바로 그 주민이 이 도시에 주는 가치입니다. 만일 이 거리가 벤처기업가와 시인과 교육 개혁가와 지식인들로 채워진다면, 그들이 이 도시의 카페와 음식점과 옷가게에서 배회할 수 있는 기반이 생긴다면, 이 도시에는 이런 사람들과 우연히 만날 기회가 수천 시간 수만 시간 생기는 것입니다. 그게 바로 도시 혁신의 기반이 됩니다." 토니 셰이가 아스펜 아이디어 페스티벌에서 한 말이다.

ROC와 ROL은 엄밀한 측정지표는 아니지만, 토니 셰이가 지향하는 바를 분명하게 보여준다. 기본적으로 그의 투자는 단기적인 이익이 아닌 사람과 사람 사이의 관계를 향하고 있다.

한국인의 90퍼센트 이상은 도시에 산다. 국토부의 '2012년도 도시계획 현황 통계'에 따르면 2012년 기준으로 대한민국 인구의 91.04퍼센트가 도시에 거주하고 있다. 인구 5000만 명 가운데 4500만 명이 도시에 살고 있다는 의미다. 1960년에는 도시에 사는 사람이 40퍼센트도 되지 않았다. 인구 2500만 명 가운데 1000만 명만 도시 거주자였다. 불과 50년 만에 대한민국의 도시 인구는 무려 3500만 명이 더 늘었다.

하지만 한국의 도시를 너그럽게 평가하기는 어렵다. 한국에서 '우연

내일을 바꿀
오늘의 상상

한 만남의 기회'는 얼마나 활용되고 있을까. 이미 개방과 협력과 융합의 공간이 아니라 경쟁과 생존과 낙오의 공간으로 굳어버린 것은 아닐까. 보안장치 안에 꼭꼭 숨어버린 마천루 안의 대기업과 금융회사들이 도시에 주는 ROC나 ROL은 얼마나 될까. 질문이 끊이지 않는다. 토니 셰이의 소셜픽션이 남 일 같지 않게 느껴진다.

도시의 공기는 자유를 준다. 아니, 자유의 공기를 줄 때만 그것은 도시다.

직접민주주의로
21세기의 아고라를 만들다

지식에서의 집단지성의 꿈, 경제에서의 공유경제의 꿈은 필연적으로 정치에서의 직접민주주의의 꿈과 맞닿는다. 더 많은 사람들에게 권력을 넘겨줌으로써 더 많은 지식을 구하고 더 큰 자원을 구하고 더 높은 정당성을 구한다는 점에서 그렇다.

CEO의 연봉을
국민투표로 제한하는 나라

스위스는 2013년 3월 국민투표를 통해 최고경영자 연봉 제한법을 도입했다. 투표자의 3분의 2가 찬성했다. 기업 경영자의 상여금을 주주들의 직접 투표를 통해 정하도록 하는 내용이 연봉 제한법의 뼈대를 이룬다. 하늘 높은 줄 모르고 치솟는 경영자 보수에 대해 국민들이 직접 개입해 견제한 것이다.

같은 해 11월에는 기업 최고경영자의 최고 임금을 직원 최저 임금의 열두 배를 넘지 못하도록 하는 제안이 국민투표에 부쳐졌다. 그런데 이 제안은 투표자의 3분의 2가 반대하여 부결되었다. 스위스 국민들은 기업 경영자 보수는 토론에 부쳐 견제해야 하지만 그 견제의 주체는 주주라는 점을 명확히 한 것이다.

스위스 정치의 또 다른 장면을 보자.

2008년 5월 31일. 스위스의 국민가수, 어린이 합창단, 음악 교사, 국회의원 등이 따사로운 봄날 한데 모였다. 참석한 사람들은 "음악 교육에 국가가 관심을 가져야 한다"고 주장했다.[21] 음악 교육을 헌법 조항에 넣기 위한 시민 발의 캠페인이 벌어지고 있는 스위스의 소도시 레인펠덴의 풍경이다. 이런 행사가 스위스 전역 500군데에서 동시다발적으로 열린다.

지역 자치구인 26개의 칸톤(주)과 2715개의 게마인데(기초자치단체)로 구성된 스위스에서는 '헌법 조항에 음악 교육을 넣기 위한 캠페인'과 같은 입법 활동이 일상적으로 이루어진다.

스위스는 직접민주주의를 꿈꾸는 나라다. 대의제에서 한 걸음 더 나아간 민주주의를 상상하며 제도적 실험을 하고 있는 것이다.

경영자 보수와 관련된 두 가지 법안은 모두 국민 발의를 통해 제기되었다. 스위스에서는 18개월 안에 10만 명 이상이 서명할 경우 국민이 직접 헌법 개정을 위한 법안 발의를 할 수 있다. 발의된 법안에 대해 의회는 대체입법안을 마련할 수 있지만 일단 절차를 거쳐 발의된 법안에 대해선 2년 안에 국민투표를 실시해야 한다. 의회에서 통과된 법안에 대해서도 이의가 있으면 5만 명의 서명을 받아 국민투표에 부칠 수 있다.

스위스에서는 무려 석 달에 걸쳐 투표를 진행한다. 우편투표도 가능하다. 단 하루, 그것도 아침 6시부터 저녁 6시까지 지나치게 제한된 시간 안에 투표하는 데 익숙한 우리에게는 충격일 수밖에 없다.

대의민주주의를 운영하면서도 직접민주주의 요소를 상당 부분 채택하고 있는 스위스 정치를 상징적으로 보여주는 제도다. 개별 국민도 여럿이 모이기만 하면 선출된 의회 못지않은 입법 발의권을 가질 수 있는 것이다. 즉 스위스에서 직접민주주의는 대의민주주의의 보완재 역할을 한다.

민주주의(democracy)라는 단어는 국민이라는 뜻의 'demo'와 통치라는 뜻의 'cracy'가 합쳐진 것이다. 국민(民)이 주인(主)이라는 한자 뜻도 같은 의미다. 즉 정부나 입법기관이 아닌 국민이 중심에 있는 사상이자 정치제도다. 이를 정확히 인식하고 제도에 반영한 것이 바로 스위스의 직접민주주의 장치들이다.

어찌 보면 고대 그리스의 아고라에서 구현되었던 종류의 원형 그대로 민주주의를 복원하는 것이 스위스의 직접민주주의 제도가 궁극적으로 상상하는 정치의 모습이다. 아고라는 '모이다'는 뜻으로, 고대 그리스 도시국가(폴리스)의 중심에 있던 광장을 말한다. 회의를 위해, 재판을 위해, 사교를 위해 고대 그리스인들이 모이던 광장이다. 신전과 주요 관공서가 있던 아크로폴리스가 정치와 종교의 중심지였다면, 아고라는 시민 생활의 중심지로서 경제 활동의 중심지이며 학문과 사상을 토론하고 여론이 형성되던 의사소통의 중심지였다.

아고라에서는 시민들이 정치 토론을 하기 위해 민회를 열기도 했다. 독재자가 될 가능성이 있는 인물에 대해 토론하고 추방을 결정하던 장소도 아고라였다. 도자기 조각(도편陶片)에 독재 가능성이 있는 사람의 이름을 써서 투표한 뒤 결과에 따라 그 사람을 추방하는 '도편추방' 집회도 여기서 열렸다. 아고라는 그리스와 헬레니즘 시대의 도시국가에서 특징적으로 나타난다. 나중에 로마에서는 포룸(forum)이라는 명칭으로 계승되었다.

그렇다면 21세기 선진국인 스위스가 왜 3000여 년을 거슬러 올라가 고대 그리스의 정치제도를 도입하고 있는 것일까? 이 나라는 어떤 정치적 상상을 하고 있는 것일까?

고개 돌린 84퍼센트

우익 정당 8퍼센트, 중도 정당 8퍼센트, 좌익 정당 1퍼센트, 기권 없음, 무효표 없음, 백지투표 83퍼센트. 총리는 말을 끊고 옆에 있던 잔으로 물을 한 모금 마시더니 말을 이어갔다. (……) 정부는 대통령 각하와 논의한 끝에 현 정부의 정통성에 문제가 제기된 것은 아니라고 판단했습니다. 그들은 그 비애국적인 손으로 백지를 투표함에 넣었습니다.

— 《눈뜬 자들의 도시》, 주제 사라마구

"제가 거짓말을 했습니다. 죄송합니다. 하지만 선생님, 어떻게 여덟 살짜리 어린 아들에게 아버지의 직업이 정치인이라고 말할 수 있겠어요?" (……) 정치인으로서 제가 어느 누구를 만나든지 결국 제 직업을 말하는 순간 사람들은 마치 뱀, 원숭이, 이구아나처럼 저를 쳐다봅니다. (……) 의심스러운 통계임에도 불구하고 영국 국민의 84퍼센트는 '정치가 실패했다'고 생각하는 것으로 조사됐습니다.

— 민주주의가 왜 중요한가, 로리 스튜어드, TED[22] 2012

하나는 소설이고, 다른 하나는 현실이다.

가장 오래된 민주주의 전통을 이어가고 있다는 영국에서 실시된 여론조사 결과는 실망스럽거나 절망적이다. 민주주의라는 단어와 함께 자연스럽게 연상되는 프랑스 등 다른 유럽 국가들에서도 유사한 현상이 목격된다. 민주주의와 자유의 상징으로 인식되어온 미국은 물론 민주주의를 표방하는 일부 아시아 국가들에서도 정도의 차이만 있을 뿐이다. 미국에서도 갤럽 조사 결과 1974년 이래 미국 국민이 의회를 지지한다는 응답은 최저 수준이다. 2013년에는 15퍼센트만 의회를 신뢰한다고 응답했다.[23]

한국에서도 크게 다르지 않다. 2013년 대통령 직속 사회통합위원회 조사 결과 국민의 5.6퍼센트만 국회를 신뢰한다고 답했고, 15.8퍼센트만 정부를 신뢰한다고 답했다.

흥미롭게도 민주주의 전통이 오래된 국가일수록, 또한 선진국일수록 투표율이 낮은 경향을 보인다. 이것이 민주주의의 현실이다. 민주주의를 표방하는 나라에서 민주주의는 더 이상 작동하지 않고 국민은 정부를 신뢰하지 않는다. 지금의 민주주의는 마치 초를 다투며 인공호흡을 기다리는 응급환자나 다름없는 모습이다.

소설에서 나온 투표 결과는 영국인을 대상으로 했던 여론조사 결과와 유사하다. 84퍼센트의 불신과 83퍼센트의 백지투표. 다만 차이가 있다면 이제 현실에서는 백지투표를 하는 성의조차 찾아보기 어렵다는 것이다. 80퍼센트에 육박하는 투표율을 기대할 수 있는 선진국은 거의 없다.

소설 속 대통령과 각료들의 반응은 무척 흥미롭다. 그들은 먼저 '정부의 정통성'에 문제가 없다는 결론부터 서둘러 내린 후 비애국적인 국민을 단죄하기 위해 신속히 계엄령을 선포한다. 그런데 별 반응이 없자 대통령과 장관들은 정부를 '무시'한 시민들에게 협박조의 성명서를 발표하고 황급히 도시를 떠난다. 정부의 보호 없는 사회가 얼마나 혼란해지는지 당해봐야 한다는 것이다. 하지만 도시는 고요하기만 했고, 이에 '화를 참지 못한' 정부는 방화라는 자작극까지 벌이게 된다.

사회 불안을 조장하거나 사회 안정을 이유로 다양한 수사와 수단을 동원하는 모습. 소설과 현실은 얼마나 다른가. 단지 방법과 정도의 차이만 있을 뿐이다.

소설에서 흥미로운 점은 83퍼센트나 되는 시민들이 백지투표를 위해 굳이 투표장으로 향했다는 사실이다. 권력(정부)에 대한 불신과 항의를 적극적인 방식으로 표현한 것이다. 반대로 현실에서는 투표장에 가지 않는 방식으로 항의 또는 무관심을 드러낸다. 투표를 한다고 해도 탐탁지 않은 표정으로 아무나 찍거나 '그나마 덜 나쁜 놈'을 찍는다.

우리는 왜 원하지 않는 정책, 정당, 정치인에게 투표를 하는 걸까. 민주주의의 꽃이라는 선거를 통해 민의가 제대로 전달되고 반영된다고 믿기 때문일까. 대부분은 고개를 저을 것이다. 그럼에도 불구하고 우리는 꾸역꾸역 투표장으로 향한다. 그것 말고는 그나마 의사를 표현하고 영향을 미칠 다른 방법이 거의 없기 때문이다. 주기적으로 찾아오는 선거 때마다 사람들은 자신의 권리를 '어쩔 수 없이' 양도하기 위해 무거운 발걸음을 무의식적으로 옮긴다. 이것이 대의민주주의라는 제도에 갇힌 우리들의 자화상이다 .

현대 프랑스 철학자 자크 랑시에르(Jacques Rancière)는 대의민주주의가 사실은 이름뿐인 민주주의라고 말한다. 애초부터 진정한 민주주의는 직접민주주의 방식 외에는 실현되기 어렵기 때문이다. 서방 선진국들이 근대 정치체제의 만병통치약처럼 신봉하고 선전해온 대의민주주의는 현실적으로 실행하기 어려운 직접민주주의의 차선책이었을지언정 실제로는 민주주의 요소를 거세한 정치, 다른 말로 표현하면 '치안'에 가까운 것이라고 설명한다.

사회학자 지그문트 바우만(Zygmunt Bauman)은 요즘 대부분의 국가들이 '흉내' 내고 있는 (대의)민주주의가 역설적으로 민주주의를 가로막고 있다고 비판한다. "시민들이 공개적으로 반대 의사를 드러낼 수단을 제공하고, 그 체제의 영역에서 벗어날 권리를 주는 것, 그것이 한 체제가 민주주의 자격을 갖기 위한 필수조건"이라는 것이다. 하지만 현실은 어떤가.

대의민주주의에 내재된 허구적 민주주의의 모습은 현실 정치에서 고스란히 드러난다. 민주주의를 표방하는 국가에서 떠들썩하게 치러지는 선거도 어느 순간부터는 '선거 기술자'들의 손에 의해 흠집나기 시작했고 소수에 의해 독점되어왔다. 법을 통해 진입 장벽을 높이면서 정치는 점차 화석화되고, 민주주의 국가의 주체가 되어야 하는 국민들은 오히려 소외당하고 있다. 그나마 평등권을 보장받는 선거라지만 조직 선거, 금권 선거, 독점적 지위를 활용한 미디어 선거 등이 다수의 여론(민의)을 조작하거나 왜곡하는 것이 지금의 현실이다.

이뿐만이 아니다. 투표용지에 이름을 올리는 후보자들도 우리가 원하지 않는 사람들 일색이다. 정도의 차이는 있겠지만 각국의 국민들은 이런 후보들 중에 한 사람을 고를 것을, 때로는 차선이라기보다 차악을 뽑을 것을 강요당한다. 민주주의의 이름으로 말이다.

그들만의 후보로 시작해서 그들만의 정치로 막을 내리는 체제에서 국민은 '투표'라는 행위를 통해 의식할 틈도 없이 간접적인 조력자가 되곤 한다.

미국의 경제학자 맨커 올슨(Macur Olson)은 이 같은 대의민주주의의 폐해를 정확히 지적한 바 있다. 그의 이론을 간단히 요약하면, 조직화된 소수가 비조직화된 다수를 손쉽게 움직인다는 것이다. 특정한 이익 또는 가치를 위해 소수의 인원이 모여 조직적으로 만든 정치 조직체가 정당이라면, 이런 소수의 집단(정당)이 비조직화된 다수(국민)를 손쉽게 조종하게 된다는 것이다. 조직하는 데는 어느 정도 시간과 비용, 에너지가 필요하지만 일단 소수의 사람들이 특정 집단 형태로 완성되면 그 집단의 이익을 위해 질주하게 된다. 이 과정에서 처음 목표로 했던 특정 이익 혹은 가치가 사라진다고 해도 집단은 와해되지 않고 자체 원심력과 구심력으로 세력을 확대하고 공고히 하면서 살아남는다. 대의민주주의가 목표로 한 민주주의는 애초부터 불가능한 것이었는지도 모른다.

21세기 초반을 지나는 지금, 민주주의는 감당하기 힘들 정도로 많은 질문을 받고 있다. 이제는 스스로 존재 이유를 설명해야 하는 상황에 이른 것이다. 높아진 문화 수준과 교육 수준, 무엇보다 정보기술의 발달 등이 이런 현상을 촉진하고 있다. 고대 그리스 아고라에서만 가능할 것 같았던 역사 속 '진짜' 민주주의가 지금 다시 회자되는 이유다.

사람이 아니라
정책에 투표한다면

흔히 정책 선거를 이상적인 대의민주주의 선거 문화로 꼽는다. 예를 들어 영화인이라면 자국 대통령이 영화산업에 얼마나 관심이 있는지를 중요하게 고려할 것이다. 후보들의 공약을 살펴본 뒤, 영화산업에 대한 투자를 가장 구체적이고 적극적으로 제시하는 사람에게 투표하면 그야말로 정책 투표가 된다.

하지만 현실은 그리 단순하지 않다. 그 영화인은 동시에 남북관계에 대해서는 화해가 기본 틀이 되어야 한다고 믿는 사람일 수 있다. 그런데 만일 한 후보가 영화산업에 대한 적극적 투자는 약속하고 있지만, 남북관계에서는 화해보다는 북한을 압박하는 정책을 선호한다면? 반대로 경쟁 후보는 영화산업에 대한 언급은 없지만 화해 기조의 남북관계를 약속하고 있다면? 정책 선거는 미궁에 빠진다.

사회가 발전하고 복잡해질수록 이 미궁을 빠져나오기는 더더욱 어려워진다. 선거에서 중요한 정책 이슈는 한둘이 아니다. 인권 문제, 민주주의에 대한 인식, 대학 등록금 인하 약속, 사형제 폐지 여부, 에너지 정책, 한미 동맹 등 수많은 공약을 비교하기조차 어렵다. 하물며 후보자 가운데 누가 어떤 이슈에 대해 어떤 입장인지를 다각적으로 비교해 종합적으로 판단하기는 거의 불가능하다. 어쩌면 대의제에서의 선거제도는 유권자에게 내리는 선택의 형벌인지도 모른다.

만일 정책이 정말 중요하다면 방법을 조금 바꿔보는 것은 어떨까? 사람을 놓고 투표하는 대신 정책에 대해 개별적으로 투표하는 것이다. 대의제에서 한 걸음 더 나아간 직접민주주의의 또 다른 상상이다.

지난 2010년 영국 총선 직전, 자원봉사자들로 구성된 한 사회적 기업이 'Vote for Policies'라는 웹사이트를 개설했다. 이들은 사이트 첫 화면에 '사람이 아닌 정책에 투표하라'며 분명한 목적의식을 밝혔다. 이들은 이름 있는 정당 또는 후보들에게 현혹되기 전에 일체의 선입견을 배제한 채 각 당의 정책을 직접 평가해서 '당신이 진정 원하는 정당'을 알려주겠다는 취지로 이 활동을 시작했다. 사람들의 삶을 직접적으로 변화시키는 것은 바로 정책이라는 지극히 현실적인 문제의식에서 출발한 것이었다.

이들은 노동당, 보수당, 녹색당 등 여섯 개 정당을 대상으로 각 당의 환경, 교육, 건강, 이민, 범죄 등의 정책을 소개하고 유권자들에게 점수를 매기게 했다. 이렇게 누적된 점수 중 가장 높은 점수를 받은 정당이 해당 유권자에게 최선의 선택이라는 것이다. 블라인드 테스트처럼 평가 과정에서 선입견을 없애기 위해 어떤 정책이 어느 정당의 것인지 알려주지 않았다. 일부 참여자들은 "의외의 결과에 놀랐다"는 반응을 보였고, 당시 〈파이낸셜 타임스〉 등 영국의 유력 언론들도 "충분히 시도해볼 만한 가치가 있다"며 주목했다.[24]

2012년 대선을 앞두고 미국에서는 '대선 후보 만들기' 움직임이 있었다. 민주당과 공화당으로 양분된 정당 구조에 문제를 제기하며, 각 정당이 선출한 후보가 아니라 국민이 직접 후보를 만들어 대선에 내

보내자는 발상이었다. 풀뿌리 민주주의의 전형을 보여주는 움직임이다. 이 '오디션'에 참여한 후보들은 교육, 교통, 세금, 환경, 에너지 등 분야별로 정책을 내놓고 정책 세일즈맨이 돼서 "왜 이 정책이 좋은지(또는 필요한지)" 등을 온라인 유권자들에게 설명했고, 유권자들은 온라인상에서 점수를 매겼다. 종합 점수가 가장 높은 사람을 '국민 후보'로 선발한다는 목표였다.

정책에 대한 직접투표 방식은 단지 선거 기간뿐만 아니라 행정부가 정책을 정할 때도 적용할 수 있다. 재정적으로 혹은 사회적으로 첨예한 갈등을 불러일으키는 정책에 대해서는 특히 그렇다. 몇 년째 해결되지 않고 있는 제주 해군기지와 관련해서 당시 일부 전문가들은 주민투표를 주장했다. 해군기지 문제가 찬반으로 첨예하게 갈렸던 2011년 당시 열린 포럼에서 참석자들은 "해군기지 건설 사업은 국가 정책이지만 그 과정에서 지방자치단체 차원의 행정처분을 받아야 하기 때문에 이런 처분에 대해 주민투표를 실시하는 방안을 생각해볼 필요가 있다"(하승수 변호사, 투명사회를 위한 정보공개센터 소장)고 제안했다.

예를 들어 원자력발전소 건설 여부에서부터 무상급식 문제, 공무원의 월급 상한선 등에 대해 국민투표나 주민투표를 통해 직접 선택하게할 수 있다. 물론 정부는 무상급식으로 발생하는 재정적인 문제부터 아이들의 건강 문제와 인간 존엄성 등의 장단점 또는 필요성을 충분히 설명할 의무가 있다. 원전의 경우, 2011년 일본 후쿠시마 사고가 보여준 원전의 치명적인 위험성과 급속히 고갈되는 석유의 대체에너지라는 장점 등 기술적이고 전문적인 내용을 '숨김없이' 전달해야 한다. 그리고 원전을 세운다면 어느 지역에 설립하는 것이 안전성과 효율성 등을 고려할 때 최선인지 선택지를 줄 수 있을 것이다(정책 내용에 따라 두 개 이상의 선택지가 없을 수도 있다). 원전 정책에 대해서는 국민 전체가, 입지 문제는 해당 지역 주민들이 투표를 한다면 정부의 일방적인 밀어붙이기식 정책으로 인한 사회적 비용을 크게 줄일 수 있다.

스마트 시대, 진화하는 직접민주주의

대의제가 공고하게 자리 잡은 지금, 직접민주주의 정신을 온전히 구현하는 데는 오랜 시간이 걸릴 것이다. 스위스가 직접민주주의 제도를 도입하게 된 역사만 살펴보아도 그 긴 세월을 짐작할 수 있다. 하지만 이런 지난한 역사는 지금처럼 다양성이 커진 현대 사회에서 직접민주주의의 상상이 절실하게 필요한 이유를 역설적으로 설명해준다.

> 이제 사람들은 더 이상 위로부터 통치당하려고 들지 않는다. 그들은 법을 만들고 권력을 행사하는 데 있어서 그들의 몫을 요구한다. 그들은 말 그대로의 자치정부를 요구한다.

스위스 베른의 일간지 〈데어 분트〉지 편집자인 플로리언 겐겔 디터가 1862년 8월에 쓴 글이다.

1848년 스위스 연방국가는 심각한 갈등과 내전이라는 혼란 속에서 태어났다. 하지만 1848년 연방헌법은 처음부터 큰 저항에 부딪혔다.

지금과 같은 직접민주주의 성격이 아닌, 못한 소수 엘리트들에 의한 대의제였기 때문이다.

혼란을 거듭하던 스위스 연방은 1860년대 취리히 주에서 직접민주주의를 제도화하면서 점차 통합의 길로 접어들 수 있는 계기를 마련했다. 취리히 주의 신헌법은 시민 발의와 국민투표를 도입하여 모든 시민들이 '직접' 참여할 수 있도록 제도화했다. 취리히를 시작으로 다른 주정부와 연방정부는 시민들의 요구와 압력으로 인해 이 같은 직접민주주의 제도를 받아들이지 않을 수 없었다. 더 나아가 국제조약에 대한 국민투표제가 1921년에 도입되어 일반 시민들은 이제 외교정책에 대해서도 목소리를 낼 수 있게 되었다. 물론 지금과 같은 직접민주주의는 1971년이 되어서야 가능했다. 스위스 연방 차원에서 여성이 참정권을 얻게 된 것은 불과 40여 년 전인 1971년이기 때문이다.

스위스의 공식 언어는 독일어, 프랑스어, 이탈리아어, 로만시어 네 종류다. 다양한 역사적 · 민족적 · 언어적 · 종교적 · 문화적 배경을 가진 사람들이 모여 하나의 국가(연방)를 구성했음을 단적으로 알 수 있다. 다양한 언어와 민족이 모이다 보니 다양한 의견이 나올 수밖에 없다. 의견의 다양성을 인정하면서도 흡수하고, 반대자들까지도 최종 의사결정을 수긍할 수 있게 하려면 방법은 하나뿐이다. 의사결정 과정에 가급적 많은 사람들을 참여시키는 것이다. 이것이 스위스 직접민주주의 제도의 정신이자 발전의 핵심이다.

이런 직접민주주의 방식에 부작용이나 부정적인 요소가 없는 것은 아니다. 유권자들이 어떤 정책에 대해 일일이 알지 못하거나 무관심한 경우도 많다. 이런 경우 투표율이 현저히 떨어지거나 잘못된 정보로 인해 엉뚱한 결과가 나올 수도 있다. 스위스도 투표율이 매우 낮아 특정 정책에 민의가 제대로 반영됐다고 말하기 어려운 경우가 있다.

그럼에도 이런 제도가 중요한 이유는 민주주의의 본래 의미에 맞게 시민들이 직접 참여하는 데 의미를 두고 진행 중인 실험이라는 데 있다. 이 과정에서 수반되는 토론과 논쟁은 각 정책의 장단점을 더 구체적으로 드러내기도 하고, '무엇이 문제인지'를 알리는 계기가 되기도 한다. 많은 경우 정치에서 근본적인 문제는 사람들이 무엇이 문제인지를 인식하고 공감하는 데서부터 어려움을 겪는다는 사실이다. 직접민주주의 제도는 이런 문제를 해소하는 좋은 도구이기도 하다.

물론 이런 민주적인 방식일수록 더 큰 비용이 따르게 된다. 문제 제기를 통해 대중의 관심을 모으는 데는 물리적 시간은 물론 다양한 지식과 인내가 필요하다. 도덕과 윤리에도 비용이 따르듯 민주주의라는 가치를 실현하기 위해서 치르는 비용은 불가피한 측면이 있다. '권위 있는 전문가들로 구성된' 무슨무슨 위원회의 권위를 국민들이 더 이상 인정하지 않을 때 이를 통해 결정된 정책에 대한 불신과 반발로 더 많은 사회적 비용이 들어간다는 점도 감안해야 한다. 민주주의의 실현을 비용의 문제로 접근해서도 안 될 일이지만 동시에 자유와 선택에는 늘 대가가 따르게 마련이다.

스위스 사람들의 제도와 일상이 우리에겐 동화 속 이야기로 들릴지도 모른다. 하지만 미래학자들은 2030년경이면 이른바 '스마트 시대'가 일반화된다고 본다. 집단지성의 시대, 인터넷과 스마트폰으로 무

장한 똑똑한 군중을 바탕으로 대의민주주의는 쇠퇴하고 새로운 직접
민주주의가 등장할 것이라는 전망이다. 기존의 정부 역할이 대폭 축
소되고 권력 또한 아래로 분산되면서 국가 리더와의 직접 소통이 빈
번해지는 등 시민의 발언권이 대폭 늘어날 것이라는 전망은 더 이상
새로운 뉴스도 아니다. 사회 다양성은 커지지만 그것을 모아내야 할
정치는 인기도 없고 작동하지도 않는 시대, 직접민주주의는 여전히
매력적인 사회적 상상이다.

Chapter 7

자립
"우리는 고용하기 위해 빵을 판다"

- 가난한 사람들이 모여 서로를 자립시키다
- 여성주의로부터 공동체 경제를 상상하다
- 낙후 지역 몬드라곤이 협동조합 도시가 되기까지
- 인생에서 은퇴하지 않는 법

지금 세계는 가장 어려운 사람들조차 가장 당당하게 자립하는 사회를 꿈꾸고 있다. 재정난과 비효율의 늪에서 헤어나지 못하고 있는 선진국 복지제도가 놓친 가치다.

빈곤층이 자립하려면 적절한 금융을 가져야 한다. 전혀 다른 금융에 대한 상상은 이런 필요에서 나왔다. 가장 소외받는 여성이 자립하는 가장 좋은 길은 가장 좋은 공동체를 만드는 것이다. 자본도 인재도 찾을 수 없던 소외된 지역 몬드라곤은 자립하기 위해 협동조합이라는 좋은 방법을 찾았다. 가장 자존감 높은 노인은 스스로 자립해 남을 도울 수 있는 노인이다. 남들에게 도움을 줄 수 있는 노년을 만드는 게 노인 복지의 출발이자 완성이다.

참여의 전제 조건 역시 자립이다. 한 사람으로 온전히 일어서야 다른 이들 사이에 설 수 있게 된다. 들끓는 사회의 상상이 실현되려면 자립의 기회가 더 많아져야 한다. 노벨경제학상 수상자인 아마르티야 센 하버드 대학 교수가 "복지의 크기는 소득이나 재화가 아니라 '가능성' (capability)으로 측정해야 한다"고 밝혔던 것과 같은 맥락에서다.

가난한 사람들이 모여
서로를 자립시키다

2008년 세계 금융위기 이후 '금융'은 칭찬받는 단어가 아니다. 부자의 돈을 불려주고 일하는 사람들의 부를 빼앗아간 원흉으로 지목받고 있다. 영리기업과 부자들에게 대출해주고 가난한 사람들은 문전박대하는 이들로 여겨지곤 한다.

그런데 이 '금융'이라는 도구를 가난한 사람들이 자립하도록 지원하는 데 사용하겠다는 꿈을 꾸는 사람이 있다. 어큐먼 펀드 설립자인 재클린 노보그라츠다.

2013년 4월 옥스퍼드에서 열린 스콜월드포럼의 연단 위에 선 재클린 노보그라츠는 담담한 표정으로 말했다. "우리가 돈을 위해서 일할게 아니라, 돈이 우리를 위해 일하게 합시다." 그녀는 인간의 얼굴을 가진 금융을 설계하는 거대한 꿈을 이렇게 한마디로 요약했다.

그리고 2013년 7월, 미국 콜로라도 주 아스펜에서 열린 '아스펜 아이디어 페스티벌'에서 재클린 노보그라츠는 이런 사회적 상상을 펼치게 된 근본적인 이유를 털어놓았다.

"빈곤의 정의가 무엇이라고 생각하나요?"
"저는 지난 30년 동안 여러 가지 방법으로 이 질문에 대답하려고 노력해왔어요. 결국 이런 결론에 다다랐죠. 경제학자들처럼 빈곤을 소득으로만, 예를 들어 하루 1달러 25센트 이하는 절대 빈곤층이라는 방식으로만 생각하는 것은 잘못된 일입니다. 가난은 소득의 결핍이 아닙니다. 가난이란, 선택과 기회가 결핍된 상태입니다.

인간은 빵만으로 살지 않지요. 빵과 존엄과 자유를 동시에 갈구하며 삽니다. 제가 우리 고객들을 볼 때마다 떠올리는 생각이지요. 우리가 빈곤 문제에 대한 해법을 생각할 때, 단지 소득을 조금 높이는 방법을 넘어서야 합니다. 사람들의 선택의 자유와 기회를 넓히는 방법을 찾으려 노력한다면 훨씬 진정한 빈곤 문제 해결에 가까이 갈 것입니다."

진행자 크리스 앤더슨(TED의 큐레이터)의 질문에 대한 재클린 노보그라츠의 대답이었다. 그녀에게 가난의 해결책은 돈이 아니었다. 자립의 기회였다.

금융과 자선사업. 이 두 단어는 얼핏 보면 어울리지 않는 조합이다. 전자는 돈 버는 일을 지상과제로 삼는 세계이고, 자선사업은 말 그대로 없는 사람들에게 연민을 가지고 자선을 베푸는 행위다.

그런데 이 두 개의 단어를 조합해 세상을 더 나은 곳으로 바꾸려는 곳이 바로 그녀가 2001년에 설립한 어큐먼 펀드다. 벤처캐피털에 투자하듯, 사회적으로 의미 있는 일을 하는 기업과 저소득층의 자립 노력에 투자하는 펀드다.

르완다에서 마주친
파란 스웨터

1987년 어느 날, 스물다섯 살의 재클린 노보그라츠는 아프리카 르완다의 수도인 키갈리의 거리를 걷고 있었다. 한 르완다 소년이 입고 있는 파란 스웨터가 눈에 들어왔다. 눈에 익은 스웨터였다.

불현듯 재클린의 머리를 스치는 생각이 있었다. 재클린은 소년에게 달려갔다. 겁에 질린 소년의 양 어깨를 붙잡고 스웨터를 살펴봤다. 놀라운 사실을 발견했다. 스웨터 안 상표에 재클린의 이름이 쓰여 있었다. 재클린의 기억은 미국 버지니아 주에 살던 어린 시절로 거슬러 올라갔다.

그 스웨터는 어린 재클린이 친척 아저씨로부터 받은 선물이었다. 재클린은 그 스웨터를 너무나 좋아했다. 중학생 시절 내내, 그리고 고등학생 때도 입고 다녔다. 그런데 어느 날 재클린은 그 스웨터 때문에 화가 잔뜩 나서 집에 돌아온다. 스웨터가 너무 작아져서, 가슴이 도드라져 보인다고 짓궂은 남학생들이 놀려댔던 것이다.

집에 돌아온 재클린은 어머니에게 그 스웨터를 당장 갖다 버리라고 소리쳤고, 어머니는 딸과 함께 지역의 굿윌스토어로 갔다. 헌옷을 싼값에 사들여 팔거나 기부하는 재활용 가게였다.

르완다 소년의 스웨터를 보는 순간, 재클린의 머릿속에는 그 스웨터가 지나왔을 여정이 그려졌다. 그 파란 스웨터는 소독을 거친 뒤 다른 헌옷가지와 함께 대서양을 건너 케냐를 거쳐 르완다까지 왔을 것이다. 그때 마침 재클린은 가난한 여성들을 위한 금융기관을 설립하기 위해 르완다에 와 있던 참이었다. 이미 그런 종류의 재활용품이 어떻게 미국 버지니아에서부터 르완다의 키갈리까지 왔는지를 잘 알고 있었다. 그렇게 10년 넘게 수천 킬로미터를 여행한 스웨터를 한 소년이 입고 지금 그녀의 눈앞에 서 있었다.

불현듯 재클린은 깨달았다. 세계는 연결되어 있다는 사실을. 르완다 키갈리에 사는 남자아이도, 지구 반대편인 미국 버지니아에 사는 여자아이와 마찬가지로 스웨터가 필요하고 존엄이 필요하고 성장의 기회가 필요하다는 사실을.

물론 재클린이 깨닫기 한참 전부터 세계는 연결되어 있었다. 아랍의 호텔에서 삼성전자 텔레비전을 발견하는 것도 낯설지 않고, 아프리카의 어느 도시에서 아이폰을 목격하는 것도 당연한 일이 되었다. 우리는 서울에 앉아서 인터넷을 통해 런던과 뉴욕에 있는 금융사들과 거래할 수 있고, 우리가 월급을 쪼개어 넣는 펀드는 그 돈을 전 세계로 흩뿌려 글로벌 기업들에 투자한다.

그런데 문제는 연결되지 않는 곳에 있다. 자본은 국경을 넘어 손쉽게 연결되고 상품은 자유롭게 거래된다. 영리를 추구하는 활동은 이렇게 쉽사리 글로벌 무대와 맞닿는데, 사회적 가치를 실현하기 위한 선의의 활동은 오히려 그게 쉽지 않다.

특히 사회 문제 해결을 위해 비즈니스를 벌일 경우 불이익이 크다. 금융은 그 불이익의 절정이다. 금융은 원래 사회의 필요와 잉여를 이어주는 역할을 하는 것이다. 하지만 지금 금융은 더 필요할수록 외면하고, 잉여가 넘칠수록 더 많은 자본을 제공하려 하는 정반대의 속성을 지니고 있다. 탐욕과 이윤 극대화를 추구하는 기업일수록 더 많은 투자와 대출을 받을 수 있고, 적정 이윤과 사회적 가치를 추구하는 기업은 금융시장에서 아웃사이더가 되고 만다.

자선과 기부, 비즈니스를 하나로 묶어냈다는 평가를 듣는 어큐먼 펀드의 설립자 재 클린 노보그라츠는 제3세계의 빈곤 여성이 스스로 자립해 가난에서 벗어나는 상상을 실현했다.

가난을 극복하기 위해 용기 있게 창업하는 사람들도 금융의 혜택을 받지 못한다. 글로벌 투자은행은 휴대전화를 만드는 다국적 기업에 투자하는 데는 관심이 있지만, 물레로 옷을 짓는 아프리카 빈곤 여성에게 투자하는 데는 관심이 없다. 이윤 극대화를 노리는 탐욕에는 투자하지만, 세상을 바꾸려는 선의에는 투자하지 않는다.

금융은 전 세계로 뻗어나가 사회에 햇볕을 쪼이지만, 그 햇볕은 또한 사회에 그늘을 만든다. 금융의 손이 뻗친 영리기업과 부자들은 무한 확장의 기회를 얻는다. 그러나 그 손이 닿지 않는 사회적 기업과 빈곤층에는 그늘이 생긴다. 시장은 출발부터 불공정한 경기장이 된다.

여기서 재클린 노보그라츠의 사회적 상상이 등장한다. 누구나 평등한 기회를 부여받을 권리가 있다면, 가난한 사람은 부유한 사람과 동등한 기회를 가질 수 있어야 한다. 빈곤과 격차 문제를 해결하기 위해 경영되는 사회적 기업들도 이윤 극대화를 목표로 한 영리기업과 같은 기회를 가질 수 있어야 한다.

재클린 노보그라츠가 목격한 것은, 기회의 격차는 금융에서 시작된다는 사실이다. 그래서 빈곤층에게 기회를 제공하는 금융은 중요하다. 재클린의 상상이 부유한 사람의 재산을 불려주는 금융이 아니라 가난한 사람이 자립하도록 돕는 금융, 즉 영리기업이 아니라 사회적 기업에 투자하는 금융에 가 닿게 된 이유다.

재클린의 금융에 대한 꿈은 국제 원조를 보는 그녀의 태도와도 연결되어 있다. 가난을 구제하겠다며 제공하는 일방적인 지원이 오히려 사람들을 더 의존적으로 만들 수 있다는 사실을 목격했기 때문이다.

매체를 통해 한 번 걸러내 우리에게 비춰주는 구호의 현장은 터무니없이 미화되거나 과장되는 경우가 많다. 예를 들어 비행기가 굶주린 사람들이 사는 지역의 공중에서 식료품을 떨어뜨리는 장면을 보여주며 구호의 손길이 닿기 시작했다고 보도하는 경우가 대표적이다. 실제 구호 활동은 그런 장면과는 크게 다르다. 굶주린 사람에게 무턱대고 먹을 것을 주면 오히려 생명을 앗아갈 수도 있다.

기아 상태에 있는 사람에 대한 구호는 전문 의료지식을 바탕으로 면밀하게 이루어진다. 굶주림에 시달린 몸은 쇠약해져 있어서, 의료진의 처방에 따라 기력을 차츰차츰 회복시켜야 한다. 이 모든 일은 정확한 진단과 신중한 처방에 따라야 하고, 보통 3~4주가 걸린다.

영양실조에 걸린 아이들에게는 분유를 주기도 하는데, 여기에는 설탕, 비타민, 미네랄이 들어 있다. 그런데 쇠약해진 몸에는 설탕이 오히려 부담을 줄 수 있다. 우유는 물에 들어 있는 박테리아를 더 번식시킬 수도 있다. 그래서 잘못된 진단과 약해진 몸에 맞지 않는 무분별한 영양 공급은 아주 위험하다.

국제 원조 대부분이 기아 어린이를 구호하는 일과 유사하게 이루어지곤 한다. 그 사회가 스스로 움직일 수 있는지를 면밀히 살펴보며 체계를 갖고 원조하는 것이 아니라, 생색내기처럼 구호금을 뿌리는 것이다. 원조기구, 국제자선단체, 박애주의자들이 의존과 간섭이라는 나쁜 연결고리만 만들어낸다는 비판이 끊이지 않는 이유다. 원조와 지원이라는 임무 자체보다 자신의 일을 위해 자기만족적으로 일한다는 분석도 있다.

자선가들은 빈곤국의 현지 정부들에 원조자금을 제공한다. 그 돈으로 빈곤 탈출 프로그램을 추진하도록 한다. 하지만 현지 정부 관료들은 금융과 기업 방면의 전문성이 없는 경우가 많다. 책임감이 낮은 경우도 많고, 때로는 부패 관행까지 겹친다. 가난한 사람들의 현실을 외면한 탁상행정으로 원조 기금을 고스란히 날려 그들을 더 가난하게 만들기까지 한다. 가장 근본적인 문제는, 그런 돈이 빈곤층을 오히려 더 의존적으로 만들고 자립 의지를 앗아간다는 것이다.

재클린은 그런 상황을 타개하기 위해 르완다에 아프리카 최초의 빈민은행을 설립했다. 그녀는 극빈층 여성들을 상대로 한 소액 대출 은행 두테림베레를 설립하는 일을 돕고 있으며, 그 은행은 성공을 거두고 있다.

4리터 우유가 만들어낸 기적

키갈리에서 견실한 레스토랑을 경영하는 샬로트도 초창기 채무자 중 한 사람이었다. 샬로트의 기적은 4리터의 우유에서 시작되었다.

르완다는 후투족과 투치족의 분쟁으로 대학살이 일어났던 나라다. 한번 종족전쟁이 일어나면, 수십만 명이 서로 죽고 죽이며 아귀다툼을 벌였다. 샬로트가 목격했던 대학살도 그랬다.

"대학살 사태 뒤 나는 등에 짊어진 옷 보퉁이 말고는 가진 게 하나도 없었어요. 너무 굶어서 거의 죽기 일보 직전이었죠. 한데 키갈리에 사는 친구 하나가 내 비참한 처지를 전해 듣고는 우유 4리터를 줬어요. 나는 그 우유 한 컵을 딸애한테 마시라고 준 뒤 나머지는 그 동네에서 새로 개업 한 카바레에다 팔았어요. 그리고 뭘 하면 좋을지 알아보기 시작했죠."

— 재클린 노보그라츠, 《블루 스웨터》

샬로트는 4리터의 우유를 팔아서 번 돈 3달러로 더 많은 양의 우유 를 사왔다. 그 우유를 되판 돈으로 자기와 딸이 먹을 식량을 샀고, 그러 고도 다음 날 우유를 살 만한 돈이 남았다. 그러던 중 두테림베레에서 일하는 여직원을 만났다. 빈곤 여성의 창업을 대출지원하는 제도를 그 때 처음 알게 되었다. 50달러를 대출받은 그녀는 네 명의 여성과 동업 하여 몇 개의 잔과 탁자를 샀고, 우유를 파는 노점을 열었다. 사업가가 된 것이다. 꾸준히 돈을 벌어 대출금을 상환한 그녀는 다시 돈을 빌려 작은 카페를 운영하게 된다. 샬로트는 두테림베레가 관계 맺은 수많은 르완다의 빈곤 여성들 중 가장 앞서 성공한 사람 중 하나가 되었다.

원리는 단순하다. 예를 들면 '팜므쉘(미혼모)'로 알려진 여성 집단의 '베이킹 프로젝트'의 사례를 보자. 이 여성 집단은 자립을 위해 빵집 사업을 하고 있었지만, 경영 개념이 아직 도입되어 있지 않았다. 두테 림베레는 그들에게 원가를 낮추고 판매량을 늘림으로써 이익을 창출 하는 사업이 되도록 조언했다.

또한 사업이 순탄하게 굴러가려면 적절한 동기부여가 필요했는데, 이익이 나면 모두가 골고루 나눠 가지고, 손해가 나면 급료가 그만큼 줄어드는 부기 시스템을 만들었다.

돈은 자유와 자신감과 선택의 기회를 제공해준다. 그리고 선택은 긍지를 뜻한다. 그 빵집 사람들은 단결함으로써 강한 소속감을 느꼈고, 그런 느낌은 그들을 한층 더 단단하게 결속했다. 사람들은 삶을 변화시킬 수 있다는 기분에 힘이 절로 났다. 세상은 이 작은 집단의 여성들을 무가치한 존재로 여겨왔지만 그녀들은 중요한 어떤 일을 할 기회를 발견했다. 빵집은 재클린이 그 나라를 떠난 뒤에도, 대학살 사태가 그 나라의 아름다웠던 많은 것을 파괴할 때까지 오랫동안 순탄하게 굴러갔다.

변화에 투자하다, 어큐먼 펀드

1999년 말, 재클린은 록펠러 재단의 신임 총재 고든 콘웨이 경과 함께 맨해튼은 굽어보이는 22층 사무실에 앉아 있었다. 그 자리에서 재클린은 전통적인 자선사업에 대한 불만을 토로했으며 미국에서 가장 큰 자선재단 가운데 하나인 록펠러가 혁신적 금융에 관심을 갖도록 하는 데 성공했다. 이는 모두 르완다에서 얻은 경험들 덕이었다.

20세기의 마지막 몇 년 동안 닷컴붐이 절정에 달하면서 하룻밤 자고 나면 20대 초반의 백만장자가 탄생하곤 했고, 자선사업에 대한 관심도 높아져가던 시기였다.

재클린은 자선사업들이 분명한 평가 기준이나 책임의식 없이, 변화를 일으키는 일보다는 기부자들의 기분만 좋게 해주는 데 초점을 맞추는 행태를 비판했다. 그녀는 상업적인 접근 방식과 개념들을 활용하는 새로운 기관이 필요하다고 말했다.

기존 자선사업이나 원조에 대한 그녀의 비판은 과거와는 다른 종류의 '펀드'에 대한 상상으로 이어졌다. 새로운 금융을 꿈꾸면서 재클린은 흥분을 감추지 못했다. 그 펀드는 자선 기금을 모으고 비영리단체나 영리단체 양쪽에 보조금이나 투자의 형태로 자금을 제공하고, 가난한 사람들에게 필요한 서비스를 제공해주는 기업들에 큰돈을 투자하고 빈곤 문제를 해결할 실질적인 주체가 되게 해줄 펀드였다. 모든 면에서 투명성과 책임의식을 높이고, 가난한 사람들을 자선단체로부터 돈만 받는 수동적인 수령인이 아니라 제 목소리를 지닌 고객으로 대우하자는 것이었다. 이러한 논리에 설득된 록펠러 재단은 결국 새로운 사회적 금융에 대한 연구와 설립을 적극적으로 지원하게 된다.

어큐먼 펀드는 2001년 록펠러 재단, 시스코 재단 및 개인 기부자들로부터 초기 자금을 투자받아 설립되었다. 빌&멀린다 게이츠 재단, 구글 재단, 스콜 재단 등이 주요 투자자로 참여하고 있다. 이렇게 조성된 펀드를 기반으로 인도, 파키스탄, 동아프리카 지역의 저소득 빈곤층을 대상으로 사업을 펼치는 지역 기업가를 발굴해 투자하고 있다. 2010년까지 총투자 규모는 5030만 달러다. 어큐먼 펀드로부터 투자받은 30여 개의 회사는 주로 주거, 의료, 수자원, 에너지, 농업과 관계된 사업을 하고 있다. 이들 사업의 수혜 인구는 4000만 명을 넘어섰고, 창출된 일자리도 3만 5000개나 되며, 펀드의 연평균 성장률은 7퍼센트를 웃돈다.[25]

어큐먼 펀드의 해결책은 시장 모델과 전통적인 자선사업 모델의 중간쯤에 위치해 있다. 투자 기금과 자선 기금을 모은 뒤, 저소득 사회에 안전한 물, 건강 관리, 주택, 대체에너지 자원 등의 서비스를 제공해주는 비전 있는 사업가들이 이끄는 회사나 단체에 대출을 해주거나 보조금을 지원하거나 주식 지분을 인수한다.

기본적인 사업 계획을 세우는 일에서 경영자를 고용하는 일, 시장을 연결해주는 것을 돕는 일에 이르기까지 다양한 지원을 하고, 투자금의 상환 결과뿐만 아니라 사회에 미친 영향을 고려해 투자 결과를 평가한다. 정부나 자선단체들이 단독으로 나섰다가 결국은 가난한 사람들을 돕는 데 실패한 지역들에서 기업 모델들을 활용해서 효율적이고 지속 가능한 시스템을 창조하는 것, 이것이 어큐먼 펀드의 새로운 상상이며, 펀드 이름을 어큐먼(Acumen, 예민함, 총명함, 예리한 통찰력)이라고 정한 이유다.

어큐먼 펀드는 사용하는 어휘부터 다르다. 전통적인 자선사업은 '기부자'와 '수혜자'라는 용어를 사용한다. 이런 수동적인 언어는 일방적으로 주는 쪽과 받는 쪽을 양분한다. 하지만 어큐먼 펀드는 기부하는 이들을 투자자라 부르고, 그들이 변화에 '투자하는' 것으로 생각해주기를 바랐다. 펀드는 보조금을 제공하는 데 그치지 않고 시장 지향적인 아이디어와 접근 방식을 갖고서 해당 지역의 문제들을 해결할 수 있는 비전과 능력을 지닌 사업가들에게 투자했다.

상당수의 월가 사람들은 영리사업과 자선사업을 결합한다는 아이디어가 현실에서 제대로 먹힐 리 없으며 그 발상 자체부터가 잘못된 것이라고 비난을 퍼부었다. 그러나 어큐먼 펀드의 투자 자본은 '인내 자본

(patient capital)'이라 불린다. 인내 자본은 수익이 시장 수익률 이하로 떨어질 수 있다는 것을 인정하고 장기적인 투자를 지향하며, 영리 자본과 달리 회수 기간을 20년에서 30년 뒤로 정한다. 사회적 가치가 사회에서 구현되려면 매우 오랜 시간이 걸리기 때문에, '기다려주는 자본'이라는 뜻에서 인내 자본이라고 부르는 것이다.

인내 자본은 자신들의 지역 사회를 알고 건강 관리, 식수, 주택, 대체 에너지 등에 대한 해법을 제시하며, 사람들을 수동적인 수혜자가 아닌 개인 고객이나 소비자 혹은 의뢰인 등 스스로 결정을 내릴 수 있는 대상으로 생각하는 기업가들에게 투자된다. 혹여 시장의 평균적인 수익에 미치지는 못할지라도, 이를 통한 사회적인 파급 효과를 기대한다.

인내 자본이 추구하는 것은 수혜자에게 귀를 기울이지 않는 원조와 투자 행태의 변화다. 현재 원조는 일방적이고, 투자는 이윤만 추구하는 영리기업에 집중되어 있다. 인내 자본은 이러한 원조와 투자로부터 소외된 사람들에게 영향을 미치는 멋진 혁신을 일으키고자 하는 사업가들과 시민 사회 지도자에게 투자한다. 투자도, 자선도 전혀 새로운 원리로 움직이도록 변화시키는 것이다.

만일 금융이 처음부터 영리뿐만 아니라 사회 문제 해결에 관심을 기울였다면 세계는 지금 어떻게 되었을까? 금융이 처음부터 부자와 다국적 기업의 성공이 아니라 빈곤층과 사회적 기업의 성공을 자신의 성과 지표로 삼았다면 세계는 지금 어떻게 되었을까?

재클린 노보그라츠와 어큐먼 펀드는 바로 그런 세계를 꿈꾼다. 돈이 사람을 끌고 가는 세계가 아니라, 사람이 돈을 끌고 가는 세계다. 인위적으로 구분된 돈과 가치 사이의 벽이 허물어진 세계다. 정교한 금융 기법과 따뜻한 자선사업이 융합된 세계다.

기회를 통해 스스로 일어선 사람들은 자신이 주인이라는 자존감을 가진다. 그래서 정치적으로도 사회적으로도 힘을 갖고 목소리를 낸다. 원조를 기다리는 힘없는 수혜자와는 사뭇 다른 모습이다. 금융이 바로 그런 세상을 만들도록 기여하는 게 재클린 노보그라츠의 상상이다.

머리와 가슴 모두를 다른 사람들의 입장에 서서 생각해보기 위해 깊이 있는 상상력을 가져야 한다. 그것은 중도에 굴러떨어져도 되돌아 올라가고, 다시 앞으로 나아가려 시도할 만한 용기를 가져야 한다는 걸 뜻한다.

— 재클린 노보그라츠, 《블루 스웨터》

여성주의로부터
공동체 경제를 상상하다

지하철 택배와 노령 연금 9만 원으로 단칸방에서 혼자 사는 70대 중반의 할머니가 텔레비전 화면에 등장한다. 그녀는 한때 잘나가는 사업가였다. 그런데 사업 실패로 자녀들에게까지 경제적 부담을 준 결과 현재는 자식과 왕래도 할 수 없는 처지가 되었다. 오롯이 혼자 먹을거리와 잠자리를 책임져야 한다. '혼자 사는 사람들'을 다룬 다큐멘터리의 한 장면이다.[26]

혼자 살면 자유롭다. 경제적 능력이 있으면 더 좋다. 가족을 부양해야 하는 부담이 없으니 말이다. 문제는 일이 잘못되었을 때다. 사업에 실패해 경제적 능력을 잃거나 병들어 거동이 불편해지면 의지할 사람이 없다. 혼자 사는 노인의 자살은 그럴 때 일어난다. 의지할 사람도 없고 어디에도 소속되지 않았다고 느낄 때 비극적 선택을 하고 마는 것이다.

결혼하지 않는 삶을 선택하는 사람이 늘고 있다. 그런데 혼자 살기로 선택한 사람들에게 가장 큰 걱정거리는 병들고 아플 때 누가 돌봐줄 것인가 하는 문제다. 이 문제를 어떻게 해결할 수 있을까?

쉽게 떠올리는 해결책은 경제적 성공이다. 나이 들어서도 스스로 모든 것을 해결할 수 있도록 충분히 벌어두는 것이다. 하지만 조금 다른 해법도 있다. 서로를 보살펴줄 수 있는 공동체를 구축하는 것이다. 실패하고 위험에 빠지고 병에 걸린 사람도 공동체 안에서 보살핌을 받는 시스템을 만들어놓는 것이다.

문화인류학자 조한혜정 전 연세대 교수는 이를 '아줌마스러움'이라고 표현한다. 지역 공동체 경제의 핵심은 아줌마처럼 푸짐하게 퍼주는 밥상 공동체 문화라는 이야기다. 계산 없이 넉넉하게 베풀면서 궁극적으로는 서로에게 안전판이 되도록 하는 '아줌마 정신'을 기초로 지역 공동체를 만들어간다면 이게 바로 새로운 해법이 될 수 있다는 이야기다. 여기서 여성주의(페미니즘)와 마을 공동체가 만난다.[27]

혼자 살면
누가 날 돌볼까

2006년 의료생활협동조합(의료생협)을 꿈꾸던 예비의사 '무영'과 비혼 여성을 위한 마을 공동체를 꿈꾸던 '어라'가 함께 꾼 꿈이 바로 그 언저리에 있다.[28]

두 사람은 '언니네트워크'에서 만났다. 언니네트워크는 여성주의 관점을 가진 비혼 여성들이 서로 소통하는 자유로운 모임이다. 그곳에서 그들은 미래에 대한 꿈을 이야기했다.

당시 의대생이던 무영은 지역에 뿌리를 두고 의사와 환자가 함께 소통할 수 있는 여성주의 관점의 의료생협을 꿈꾸고 있었다. 그런 그의 꿈은 대학 시절로 거슬러 올라간다. 무영에게 의사의 꿈은 조금 늦게 찾아왔다. 대학 시절 성폭력 상담 NGO에서 자원봉사를 하면서 성폭력 피해자들의 2차 피해 문제를 깊이 느끼게 됐던 것이다. 그 문제를 해결하기 위해서는 여성주의 관점을 가진 의사가 절실히 필요했다. 그리고 학교를 그만두고 다시 의과대학에 진학해 의사의 길을 걷게 된다.

어라는 지역에 뿌리를 둔 비혼 여성의 삶에 관심을 가졌다. 우리는 자의든 타의든 결혼을 선택하지 않은 여성들이 점점 많아지는 세상에 살고 있다. 그러나 결혼하지 않은 여성을 보는 사회의 시선은 곱지 않다. 혼자인 여성은 그래서 소수자다. 어라는 이런 어려움을 극복하기 위해 여성들이 함께 사는 마을을 꿈꾼 것이다.

두 사람의 꿈은 사뭇 달라 보이면서도 같은 방향을 향한 듯했다.

그들의 상상이 향하는 곳은 결혼하지 않은 여성들이 자연스럽게 어울려 살 수 있는 사회였다. 그리고 그 사회가 혼자 사는 사람이 고독하고 비참한 노후를 맞지 않았으면 좋겠다는 생각이다. 그러려면 혼자 사는 이가 마을에 뿌리를 두고 지역 주민과 소통하며 공동체의 일원으로 당당하게 살 수 있어야 한다. 이런 상상을 실현하기 위해 풀어야 할 문제가 있다면 하나씩 해결하자는 게 실천의 출발점이었다.

오랜 대화 끝에 두 개의 다른 꿈은 먼저 여성주의 의료생협을 만드는 데로 모아졌다. 뜻을 같이하는 사람들이 돈을 모으고 시간을 내어 협동조합을 만들고, 그 조합에서 병원을 운영하며 조합원들의 건강을 지키겠다는 이야기였다. 또 의료생협은 공통의 철학에 바탕을 두고 스스로 건강을 지키는 자조적 조직이므로, '여성주의' 철학을 구현하기도 용이했다. 의료생협 '살림'은 그렇게 구상되었다. 그들을 만나게 해준 비혼 여성들의 모임 언니네트워크는 이 구상이 현실로 첫발을 내딛는 데 든든한 힘이 되어주었다.

이들의 첫걸음인 살림의료생협은 단순한 병원이 아니다. 마을에 보살핌의 관계망을 만드는 것을 최종 목표로 삼고, 그리로 가기 위한 첫

걸음이다. 여성주의에 기초해서 의료생협을 운영한다는 것은 어떤 의미일까?

주민들이 스스로 만들어가는 동네 병원이라는 의료생협 본래의 정신을 구현한다는 게 그들의 계획이다. '3분 진료'는 없다. 환자들은 의사와 수다 떨듯 질문하고 자세한 설명을 듣는다. 자연스럽게 개인별 '맞춤 진료'가 가능하다. 기존 병원에서 쉽게 털어놓을 수 없는 건강상 비밀이나 염려도 이곳에서는 자연스럽게 오간다. 말 그대로 '마을 주치의'를 실천하겠다는 구상이다.

밤에는 성폭력 · 가정폭력 위기지원센터를 운영하거나 다른 1차 의료기관이 하기 힘든 가정방문 진료도 하겠다는 구상을 갖고 있다. 여성 노인을 위한 데이케어센터를 열거나 여성 노인 요양시설을 세우는 방안도 진지하게 고려한다. 여성주의라고 해서 여성만 진료하는 의료를 꿈꾸는 것은 아니다. 여성주의 가치와 염원을 담아 아낌없이 퍼주는 '아줌마 정신'을 발휘하며, 지역 주민의 건강한 삶을 함께 돌보고 소통하는 협동조합을 만들겠다는 것이 그들의 꿈이다.

2009년 1월 '여성주의 의료생협 준비 모임'으로 구체적인 토론을 시작한 그들은, 먼저 자신들의 가치를 사람들에게 전달하고 공유하는 데서 출발했다. 다양한 포럼에 참석해 그들의 가치를 알렸다. 다양한 소수자 여성의 건강 관련 프로젝트에도 참여했다.

1년을 준비한 끝에 2010년 3월에 공간을 마련했다. 비혼 인구가 많고 다양한 취약 계층이 모여 사는 서울 은평구에 그들의 공간을 마련했다. 그리고 지역에 뿌리를 내리는 작업에 들어갔다. 지역 주민을 위한 건강 강좌를 열기도 했다. 지역 주민들과 건강 소모임을 통해 건강 지식도 전했다. 지역 주민을 위한 주치의 상담 사업도 시작했다. 2012년 2월 마침내 의료생협을 설립했고, 같은 해 8월 살림의원을 열었다.[29]

살림은 보폭을 넓혀갔다. 2013년 7월에는 우리 마을 건강 활력소 다짐(다-gym)을 개원했다. 다짐은 일반적인 헬스클럽과는 다르다. 수강료를 내고 운동도 하고 댄스도 즐기는 것은 여느 헬스클럽과 비슷해 보일 수도 있다. 그런데 다짐의 벽에는 외모지상주의와 차별을 반대하는 글이 적혀 있다. 철학이 있는 헬스클럽을 연 것이다.

살림의 꿈은 끊임없이 진화하고 확장하고 있는 현재 진행형이다.

여성주의 의료생협 살림이 꿈꾸는 사회는 어떤 모습일까? 앞서 언급한 다큐멘터리의 다른 장면에서 힌트를 찾아보자.

화면은 스웨덴의 독신자용 공동주택의 모습을 보여준다. 이 공동주택에는 30년째 혼자인 70대 여성이 살고 있다. 앞집에는 80대 할머니, 아래층에는 막 은퇴한 65세 여성이 살고 있다. 50대 중반으로 보이는 남성도 눈에 띈다.

그들의 생활 공간은 분리되어 있지만 1층에 공동 공간인 식당이 있다. 공동주택에 사는 사람들은 각자 개인적인 생활을 하면서 식사는 돌아가면서 준비한다. 혼자 식사를 준비해서 먹어도 되지만, 식사 당번에는 꼭 참여해야 이곳에 거주할 수 있다. 공동주택 주변의 정원도 각자 나누어 가꾼다. 생활을 유지하기 위해서 필요한 노동은 함께 분담해서 수행하는 것이다.

말하자면 혼자 사는 사람들끼리 서로 돌보는 시스템을 마련한 것이다. 하지만 공동주택을 제공하고 관리하는 것은 지방정부, 즉 국가의 몫이다. 최소한의 삶을 영위할 수 있는 인프라는 국가가 제공하되, 그 인프라 위에는 서로가 서로를 돌보는 자립적 돌봄 시스템이 있는 셈이다.

《경제를 반환하라: 공동체들의 변화를 위한 윤리적 가이드(Take back the Economy-An Ethical Guide for Transforming Our Communities)》를 집필한 페미니스트 경제지리학자 캐서린 깁슨(Katherine Gibson)은 현재의 경제 틀 안에 갇혀 있는 한 사람들은 더 많은 임금을, 더 많은 이윤을, 더 싼 물건을 기계적으로 갈구하며 종속적인 삶을 살 수밖에 없다고 지적한다. 깁슨은 세계를 보는 새로운 눈이 필요하며, '새판 짜기(reframing)'가 필요하다고 말한다. 새판 짜기를 통해 타인과 지구를 고려한 공동체 경제를 만들어낼 수 있다는 것이다. 그리고 그 공동체 경제의 핵심 가치는 바로 여성주의라고 주장한다. 페미니즘이 세계를 다른 방식으로 인식했듯, 돌봄, 생명, 상호성에 기반한 새로운 경제가 필요하다는 것이다.[30]

이들이 꿈꾸는 돌봄은 능동적, 자발적, 생산적 돌봄이다. 어려운 사람일수록 공동체 안에서 인정받고 자립하도록 돕는 것이 가장 좋은 돌봄이라는 철학이다. 물론 그 자립이 자립하지 못한 이들을 무한한 위험 속으로 내던지는 반쪽짜리 자립이어서는 곤란하다. 그 자립은 분명 공동체 안의 자립이어야 한다. 이런 자립을 떠받치는 경제가 바로 공동체 경제다. 그게 바로 여성주의 의료생협 살림이 살고 싶은 사회다.

낙후 지역 몬드라곤이
협동조합 도시가 되기까지

2013년 11월, 유럽 5위 가전업체인 스페인의 파고르(Fagor) 전자가 파산보호를 신청했다.

이 뉴스는 사실 그리 놀라운 일이 아니었다. 유럽 경제위기와 함께 당연히 예고된 일이었는지도 모른다. 유럽의 경제위기는 사람들의 소비를 위축시켰다. 4대 위기국 PIGS(포르투갈, 이탈리아, 그리스, 스페인) 명단에 이름을 올린 스페인은 더 심각한 타격을 입었다. 실업률 25퍼센트, 청년실업률이 50퍼센트를 넘어서는 일이 벌어졌다. 3만 개에 이르는 기업들이 파산보호를 신청했다. 유수 기업들이 줄줄이 쓰러졌다.

그러니 가전시장도 예외일 수 없었다. 게다가 한국과 미국, 일본의 백색 가전업체들은 고급 시장을 장악했고, 중국 회사들은 낮은 가격을 무기로 저가 시장을 공략했다. 파고르 전자가 수익성을 잃고 위기를 맞은 것은 어쩌면 당연한 결과였다.

그럼에도 파고르 전자의 파산보호 신청이 충격을 준 다른 이유가 있다. 이 기업은 주식회사가 아니라 협동조합이라는 점이었다. 그것도 세계에서 가장 성공한 협동조합인 스페인 몬드라곤 협동조합 그룹에서 가장 먼저 만들어진 부문이었다. 2008년 세계 금융위기로 유수의 투자은행과 주식회사 형태의 대기업들이 도산하는 상황에서도 몬드라곤 협동조합 그룹은 꿋꿋이 버티고 있었다. 무너져가는 자본주의의 대안이라는 칭송을 받기까지 했다. 그러던 몬드라곤의 주요 협동조합인 파고르 전자가 넘어지고 만 것이다.

몬드라곤은 과거 폐허에서 꽃핀 놀라운 상상의 산물이었다. 정부나 대기업에 의지하지 않고 지역 주민들이 협동해 경제를 일으키고 사회를 변화시키겠다는 과감한 사회적 상상의 결과로 만들어졌다. 그리고 현재의 희망이기도 했다. 세계 금융위기 이후 투자은행과 글로벌 대기업들이 튼튼하지도 않고 사람들을 행복하게 해주지도 못한다는 사실을 깨달은 사람들이, 한 가닥 희망을 걸었던 새로운 기업 모델이었다.

호세 마리아 아리스멘디아리에타(José María Arizmendiarrieta) 신부가 스페인 몬드라곤 지역에 부임한 것은 1941년이었다. 몬드라곤은 가난에 찌든 작은 마을이었다. 한때 그 지역에 많은 철광석을 녹여 무기 등을 제조하며 번영을 누렸지만 내전이 끝난 1941년, 마을에 남은 것은 가난과 프랑코의 탄압뿐이었다.

신부가 처음 한 일은 기술학교를 세우는 것이었다. 기술학교 졸업생들이 진로를 물어왔을 때, 아리스멘디아리에타 신부는 당시에는 생소한 '협동조합'을 만들라는 조언을 했다. 생소하지만 유일한 선택지였다. 외부로부터의 지원도, 투자할 자본도 없는 지역에서 경제를 일으키는 유일한 길이었기에 모두가 함께 힘을 모으는 방법밖에는 없었다.

아리스멘디아리에타 신부는 협동조합으로 촘촘하게 짜인 몬드라곤 경제, 외부의 투자나 지원 없이 직원과 주민들의 힘으로만 끌고 가는 거대한 몬드라곤 협동경제라는 거대한 자립의 꿈을 꾸었던 것이다.

꿈과 상상의 결과는 거대했다. 2013년 현재 몬드라곤 협동조합은 스페인의 10대 기업에 속한다. 8만 3000개의 일자리를 만들었고, 9000명의 학생들이 몬드라곤의 정신을 배우고 있다. 2012년 기준으로 몬드라곤은 300개에 가까운 협동조합과 자회사를 거느린 그룹이다. 자회사 가운데 100여 개는 스페인이 아닌 해외에 있다.

주인이 조합원인
FC 바르셀로나와 몬드라곤

투우, 플라멩코, 넓은 국토와 풍부한 농산물, 가우디의 성가족성당 그리고 레알 마드리드와 FC 바르셀로나가 대표하는 축구까지, 스페인 하면 생각나는 것들이다. 이 가운데서도 축구 클럽 레알 마드리드와 FC 바르셀로나는 축구를 모르는 사람이라도 한번쯤 들어봤을 만큼 유명한 구단이다. 그런데 이 가운데 "클럽 그 이상의 클럽"을 모토로 하는 FC 바르셀로나가 협동조합이라는 사실을 아는 사람은 많지 않다. 스페인은 전통적으로 노동자 연대가 강한 나라였고, 이런 전통은 지역의 대표 축구팀도 협동조합 형태로 만들었다.

FC 바르셀로나의 주인은 조합원이다. 실제로 FC 바르셀로나의 역사를 기록한 박물관의 2층에 올라가면 "바르샤의 주인은 조합원"이라는 글귀가 쓰여 있다고 한다. 이들은 6년에 한 번씩 모여 클럽 회장을 직접 선출하는 방법으로 경영에 참여한다. 바르셀로나에서 경기가 열리는 날이면 이들은 거리 곳곳에 FC 바르셀로나를 상징하는 물건들을 걸어놓아 축제 분위기를 돋운다. 팬이자 조합원인 FC 바르셀로나의 구성원들의 열정과 참여는 FC 바르셀로나가 세계 최고의 축구 클럽으로 발돋움할 수 있었던 중요한 원동력이다.

그런데 스페인에서 FC 바르셀로나만큼이나 유명한 협동조합이 바로 몬드라곤 협동조합이다. 약 8만 3000명이 넘는 직원들과 함께 전자, 제조, 건설, 유통, 금융, 교육에 이르는 다양한 분야에서 두각을 나타내고 있다. 2013년 공시에 따르면 삼성전자의 직원 수는 9만 3322명, 현대자동차는 그보다 적은 6만 1212명이다. 일자리 기준으로 보아도 몬드라곤은 세계적인 대기업 수준이다. 그런데 이 기업은 특이한 점이 많다.

먼저 주주가 아니라 직원이 주인 노릇을 한다. 몬드라곤의 제조업 분야에서는 조합원 노동자 비율이 85퍼센트나 된다. 직원협동조합 형태를 띠고 있는 것이다. 유통, 금융 등 나머지 기업에서는 소비자가 주인이다.

협동조합에서는 조합원이 최고 의사결정권을 가진다. 주주들이 주주총회에서 이사진을 선임하듯, 조합원 총회가 최고 의사결정 기구다. 주주들이 소유한 주식의 수만큼 권한을 갖는 구조가 아니라, 직원과 소비자들이 1인당 1표를 행사하며 동등한 권한을 가진다. 조합원이 대표이사도 뽑고, 주요 전략 방향도 정하는 셈이다.

그러다 보니 몬드라곤의 고용 과정은 다른 기업들과 달리 단순히 직원을 채용하는 것이 아닌 기업을 함께 소유할 사람을 찾는 것이다. 이들은 기업의 사정이 어려워지거나 사업부서가 없어져도 가능한 한 직원을 해고하지 않는다. 대신 기존 임금의 80퍼센트를 지급하는 무급휴가를 준다. 이 기간 동안 직원에게 다양한 교육의 기회를 제공하고 기업 내 다른 일자리가 생기면 우선 일할 수 있게 해준다. 직원은 기업의 주인이기에 스스로 임원처럼 생각하며 기업 운영에 참여하고 미래를 정한다.

이 기업의 공장은 대부분 친환경적이다. 직원들은 기업의 주인인 동시에 지역 주민이다. 이들은 그 지역에 살지 않는 기업의 실제 주인과 투자자의 이익을 위해 환경 파괴를 강요받지 않는다. 그들은 기업의 이익이 조금 줄어들더라도 자신과 후손들이 살아갈 지역 환경을 보존해야 한다는 것을 잘 알고 있고 실천한다.

몬드라곤이 소중히 여기는 것은 기업과 주주의 이익이 아니라 사람이다. 그들은 자신들의 철학을 이해하고 실천할 인재를 스스로 길러야 한다는 것을 잘 알고 있다. 그래서 지역과 기업의 미래를 위해 육아와 교육 시설에 투자를 하며 인재를 키워내고 있다.

이렇게 몬드라곤은 어쩌면 비용 절감과 투자 효율성과는 거리가 먼 일들을 하고 있지만 50년 넘게 생존하며 지역 사회의 든든한 버팀목이 되어왔다. 우직한 투자를 계속해온 덕에 다른 회사들이 어려움을 겪던 경제위기 시절에도 꾸준히 성장해왔다. 지금 이 오래된 기업은 우리에게 어쩌면 앞으로 주류가 될 착한 기업의 모습을 보여주고 있는지도 모른다.

그런데 어떻게 이 특별한 형태의 기업이 스페인에서 성공할 수 있었을까? 몬드라곤을 이해하기 위해서는 스페인 내전과 바스크 지역 그리고 호세 마리아 아리스멘디아리에타라는 가톨릭 신부가 가졌던 상상과 꿈을 이해하는 것이 필요하다.

스페인 내전의 폐허 속에서

모든 전쟁이 할퀴고 간 상처는 크다. 어제까지도 얼굴을 마주하고 살던 사람들과 싸워야 하는 내전의 상처는 더욱 크다. 거기에 더해 불의에 저항하다 패배한 쪽의 피해는 말할 수 없이 참혹하다. 1936년부터 1939년까지 스페인 전역에서 벌어졌던 스페인 내전은 100만 명이 넘는 군인이 참전해 50만 명 이상의 사망자를 냈다. 전투는 스페인 전역에서 벌어졌고, 국토는 파괴되었다. 내전의 최후 승자는 파시스트였고, 그 결과는 현대 유럽에 다시없는 독재로 이어졌다.

스페인 내전은 단순한 이념이나 지역 간의 싸움이 아니었다. 정치는 물론 이념과 지역, 계급과 종교, 재산 문제 등 불꽃만 기다리던 갈등 요소들이 한데 뒤엉켜 일어난 전쟁이었다. 그렇게 온갖 갈등이 뒤섞인 내전은 더 치열했고 더 많은 피해와 고통을 남겼다.

몬드라곤 협동조합은 1956년 기술학교 졸업생들에 의해 설립되었으며 2012년 기준, 금융, 산업, 소매, 지식의 네 가지 사업 부문, 289개 기업에서 8만 321명이 일하고 있다.

1930년대 스페인에는 과거 역사가 만든 혼란과 갈등이 쌓여 있었다. 가톨릭 세력은 옛 영화를 되찾기 위해 혈안이 되었고, 지주와 자본가들은 성장하는 노동자와 농민들의 세력을 두려워했다. 군부는 파시즘에 물들어가고 있었다. 다른 한편 노동자와 농민들은 무정부주의를 추종하며 힘을 모았고, 공산주의 역시 광산노동자를 중심으로 세를 불리고 있었다. 거기에 바스크를 비롯한 스페인 일부 지방의 민족주의자들은 지속적으로 분리 독립을 주장하며 중앙정부와 대립했다.

갈등이 극에 달한 1936년 2월에 치러진 총선에서 대부분이 노동자로 구성된 무정부주의자와 공화주의자, 공산당이 연합한 인민전선이 승리해 공화국이 성립되었다. 군부를 비롯한 보수 세력의 지지를 받던 우파 세력은 정권을 빼앗겼다. 인민전선은 승리의 여세를 몰아 토지개혁을 비롯한 일련의 개혁을 시도했다. 하지만 기존의 부와 권력을 장악하고 있던 보수 세력은 개혁을 거부했다. 이들은 후일 독재자가 되는 프란시스코 프랑코를 필두로 한 군부와 결탁해 쿠데타를 일으킨다.

프랑코와 군부 그리고 반란에 협조했던 세력은 단숨에 스페인을 점령할 수 있다고 생각했다. 반란에 직면한 인민전선은 상황이 결코 좋지 않았다. 비록 합법적인 선거를 통해 정권을 장악했지만, 대부분의 군대가 반란군에 의해 장악된 상태였고, 인민전선은 변변한 군대조차 없었다. 반란군은 다양한 이해관계를 가진 여러 세력의 집합인 인민전선이 한 방의 총성이면 뿔뿔이 흩어지리라 생각했다.

하지만 반란군이 상황을 잘못 짚었다는 것을 깨닫는 데는 그리 많은 시간이 걸리지 않았다. 반란 소식이 전해지자 인민전선을 지지하던 시민과 노동자들은 정부에 무기 지급을 요청했다. 비록 정권을 잡고 있던 정치인들은 아무것도 하지 못했지만 시민들은 그렇지 않았다. 공화국 정부는 마비됐지만 시민들은 즉시 스페인의 주요 도시를 점령하고 반란군과 다가올 전쟁을 기다렸다.

이는 쿠데타의 성공 소식을 기다리던 군부 세력에게는 큰 충격이었다. 그들은 본격적으로 시민들과 싸우기 시작했고, 스페인 전역은 불길에 휩싸였다. 전쟁의 규모는 급격히 커져갔다.

대다수 스페인 국민에게 전쟁은 고통이었다. 하지만 전쟁을 기회로 여긴 사람들도 있었다. 스페인 이웃의 파시스트 정권에게 스페인의 내전은 새로운 무기를 테스트하고 실전 경험을 쌓을 수 있는 좋은 기회였다.

독일은 나치 자원병으로 구성된 1만 9000여 명의 콘도르 사단을 파병했다. 이들은 게르니카를 폭격해 수많은 민간인을 학살했다. 이탈리아의 무솔리니 역시 5만 명 이상의 군대를 투입해 프랑코의 반란군을 도왔다. 이 밖에도 이웃의 독재자인 포르투갈의 살라자르가 프랑코의 파시스트 반란군을 지원했다.

공화국을 지원하는 세력도 가만있지는 않았다. 비록 국가 차원의 지원은 아니었지만 이들은 국제여단이라 불리는 깃발 아래 모였다. 프랑스와 미국은 물론 심지어 나치 독일과 이탈리아를 포함한 50개국에서 모인 3만 2000명의 다양한 사람들이 민주주의 수호와 파시즘에 대한 저항이라는 명분 아래 모여 공화국을 지원했다. 이들 가운데는 그 유명한 헤밍웨이와 조지 오웰, 앙드레 말로, 파블로 네루다, 티토도 포함되어 있었다.

이런 지원에도 불구하고 공화국은 열세를 면치 못했고, 3년을 버틴 끝에 반란군에게 패배했다. 파시스트 프랑코가 정권을 차지했으며, 프랑코는 저항했던 자들을 결코 잊지 않았다.

바스크는 피레네 산맥 서부 프랑스 접경 지역에 위치한 지방이다.

800여 년 전 바스크의 마지막 왕이 죽은 이후 바스크는 항상 다른 민족들의 지배를 받았지만 바스크 사람들은 자신들의 언어와 문화를 고수했다. 그들은 항상 독립을 꿈꿔왔고, 지금도 그렇지만 자신들은 스페인과 다르다고 주장했다.

그들에게 부족한 것이 바스크의 독립만은 아니었다. 바스크 땅은 풍요로움과는 거리가 멀었다. 척박한 땅, 나쁜 기후, 부족한 천연자원 등 바스크인 모두를 먹여살리기에는 부족한 것이 너무도 많았다. 거기다 대서양에 면한 바다는 지중해에 비해 거칠고 험했다. 바스크 인구가 조금만 늘어나도 굶주림이 찾아왔고, 사람들은 살기 위해 바스크를 떠나야만 했다.

하지만 바스크인들은 가난과 스페인의 지배에 굴하지 않고 자신들의 언어와 문화를 지켜왔다. 자식들에게 바스크어를 가르쳤고, 스페인이 아닌 바스크 문화를 전수하며 독립의 꿈을 키웠다.

이런 노력 끝에 1933년 바스크는 스페인 제2공화국 정부로부터 자치권을 얻어냈다. 그런데 1936년에 일어난 스페인 내전은 바스크인들에게 선택을 강요했다. 그들 역시 다른 스페인 사람들이 그랬던 것처럼 공화국과 반란군 둘 가운데 하나를 선택해야 했다. 바스크인들은 비록 우파에 가까웠지만 독립에 더 우호적인 공화국을 선택했다. 파시스트들이 바스크의 독립을 허용하지 않을 것이라고 생각했기 때문이다. 결국 바스크는 프랑코를 향해 총을 들었다.

바스크의 사제들도 마찬가지였다. 스페인의 가톨릭이 프랑코에게 협력한 반면 이들은 바스크를 위해 기도하기를 택했다. 하지만 바스크인들에게 기회는 없었다. 잘 훈련된 파시스트의 군대는 바스크의 저항을 차근차근 분쇄했다. 내전 기간 동안 바스크의 도시들은 파괴되었고, 주민과 사제들은 살해되었다.

내전이 끝나고도 프랑코의 혹독한 탄압은 그치지 않았다. 공공장소에서 바스크어 사용을 금지했고, 바스크어를 가르치지 못하게 했다. 또한 프랑코에게 저항했던 자들을 체포하고 감금했다. 경제 발전을 위한 투자는 마드리드 인근에 집중되어 바스크는 말 그대로 희망이 없는 버려진 땅이 되었다.

몬드라곤의 아버지
아리스멘디 신부

호세 마리아 아리스멘디아리에타는 1915년 4월 몬드라곤 인근의 작은 시골 마을에서 태어났다. 보통 아리스멘디라고 불리는 그는 바스크 지역 내의 각급 신학교에 다니다 21세가 되던 해 신부가 되기로 결심했다.

그해 스페인 내전이 발발했지만, 어린 시절 한쪽 눈의 시력을 잃어버린 탓에 군인이 될 수 없었다. 그는 대신 자신이 할 수 있는 일을 하며 프랑코에 저항하기로 했다. 그래서 바스크 정부의 입장을 대변하던 〈에구나〉라는 바스크어 신문사에서 일했다. 프랑코가 바스크를 점령하면서 그는 포로가 되어 동료들과 함께 군사법정에 서게 됐다. 가까스로 사형을 면한 그는 내전이 끝날 때까지 프랑코의 보병대에 배치되었다.

1939년 전쟁이 끝나자 그는 빅토리아의 신학대학으로 돌아가 사제 수업을 받았다. 이곳에서 바스크의 언어와 문화는 물론 경제학과 사회학 등을 폭넓게 공부했다. 1941년에 사제 수업을 마치고 신부가 된 아리스멘디는 벨기에로 건너가 사회학을 더 공부하고 싶었지만 2차 세계대전이 일어나는 바람에 유학의 꿈을 접어야 했다. 대신 그는 폐허만 남은 바스크의 작은 마을 몬드라곤, 바스크인들은 아라사테라고 부르는 곳에 부임했다.

1941년 아리스멘디 신부가 부임한 몬드라곤은 가난한 작은 마을이었다. 내전은 몬드라곤에 상처만 남겼고, 그의 전임 신부도 프랑코에 의해 살해된 후였다. 교육과 일자리 사정은 더욱 좋지 않았다. 마을에는 세라제라라는 철공소가 하나 있었고 이 철공소가 일자리의 대부분을 공급했다. 세라제라는 여전히 중세의 분위기가 지배하던 곳이었다. 노동자를 가부장적으로 다루었고 공장 한 켠에 도제학교를 운영했다. 도제학교는 마을의 유일한 고등교육 기관이었지만 학교는 1년에 단지 12명의 학생만을 선발했고, 이마저도 공장 노동자의 자녀들만 입학할 수 있었다. 아리스멘디 신부는 처음 부임한 후 이 학교에서 학생을 가르쳤다.

폐허 위에서도 누구나 꿈을 꿀 수 있고 상상할 수 있다. 따뜻한 집과 음식이 가득한 식탁, 뜨거운 물이 가득 담긴 욕조……. 보통 사람들이 상상할 수 있는 것들이다. 하지만 아리스멘디 신부는 몬드라곤에서 다른 것을 상상했다. 신부는 자신을 위한 상상이 아니라 자신이 속한 공동체에 대한 상상을 했다. 비참한 현실을 바꿔보겠다는 상상.

아리스멘디 신부가 했던 상상은 어떤 것이었을까? 그는 몬드라곤의 사람들이 고향에 뿌리내리고 살면서 추위와 굶주림을 겪지 않기를 꿈꾸었을 것이다. 나아가 그들이 자신의 언어와 문화, 뿌리를 지키고 살 수 있기를 바랐을 것이다. 그러나 밖에는 서슬 퍼런 프랑코 정권이 있다. 누구도 이 버려진 지역에 투자하거나 도우러 오지 않을 것이다.

그렇다면 돈도 사람도 기업도 복지도 지역에서 스스로 만들어내는 수밖에 없다. 자연스럽게 지역 자립의 꿈이 그려졌다.

하지만 이런 꿈을 꾸는 것은 당장의 끼니조차도 때우기 힘든 몬드라곤 사람들에게 쉽지 않은 일이었다. 그는 우선 마을 젊은이들에게 사라진 활기와 자신감을 되찾아주고 싶었다. 그래서 떠올린 것이 스페인 젊은이들이 가장 열광하는 축구였다. 그는 바로 축구장을 만들고 몬드라곤에 축구 리그를 재건했다.

마을에 활기가 돌기 시작하자 그는 자신이 꾼 꿈을 몬드라곤의 주민들과 함께 나누려 했다. 자신의 상상이 현실이 되기 위해서는 자신이 보는 미래를 주민들도 그릴 수 있어야 한다고 생각했다. 그래서 당장의 끼니를 해결하기 위한 자선 활동이나 소수에게나 돌아갈 일자리를 만드는 사업 대신 지역의 젊은이들을 가르치기 시작했다.

1943년 아리스멘디 신부는 지역에 기술학교를 설립했다. 그리고 가난한 마을 청년들을 가르치기 시작했다. 뜻을 같이하는 주민들도 그를 돕기 위해 최선을 다했다. 600여 명의 주민들이 돈을 모아 학교의 운영을 도왔다.

그가 세운 학교는 현장 관리자나 기술자, 숙련된 노동자를 양성하는 기술학교였다. 단순히 기술을 가르치는 것에 그치지 않고 '협업'이라

내일을 바꿀
오늘의 **상상**

는 교육 원칙을 강조했다. 그는 이 학교에서 후일 몬드라곤을 바꿀 젊은 청년들을 기르고 싶었을 것이다. 기술학교는 몬드라곤과 함께 엄청난 성장을 했다. 지금도 몬드라곤의 학교는 지식과 기능만을 가르치는 것이 아니라 서로 힘을 모아 함께 사는 공동체 의식을 우선 가르치고 있다.

다른 한편, 아리스멘디 신부는 연대와 참여, 그리고 가톨릭 사회 교리에 기반을 둔 휴머니즘을 전파하기 위해 끊임없이 노력했다. 당시 가톨릭 사회 교리는 자유방임적 자본주의 시장경제도, 공산주의의 국가 집단주의도 부정했다. 대신 개인의 인권과 존엄, 자유와 정치적 · 법적 · 사회적 · 경제적 권리를 인정하면서 지구의 자원을 보호하고 공정하게 나눠야 한다고 가르쳤다. 이런 가톨릭의 가르침 역시 지금의 몬드라곤이 되는 데 중요한 역할을 했다.

프랑코 정부로부터 반란을 꾸미고 있다는 의심을 사서 위기를 맞기도 했지만 그는 학교를 지킬 수 있었다. 1947년에는 11명의 젊은 학생을 사라고사로 유학을 보냈다. 하지만 여전히 일자리의 대부분은 세라제라 철공소가 독점했고, 기술학교를 졸업한 학생들은 그 철공소에서 일할 수밖에 없었다.

하지만 아리스멘디 신부의 영향을 받은 학생들은 이전의 직원들과 달랐다. 그들은 노동자의 경영 참여를 주장했다. 철공소는 당연히 이들의 요구를 받아들이지 않았다. 1956년, 신부의 제자 가운데 다섯 명이 철공소를 나와 공장을 설립했다. 100여 명의 마을 사람들이 자본을 제공했다. 공장 이름은 다섯 명의 이름을 한 자씩 따서 울고르(ULGOR)라고 지었다. 아리스멘디 신부가 기술학교를 설립한 후 맺은 첫 번째 결실이었다. 그들은 작은 2층짜리 건물을 짓고, 26명의 마을 사람들과 함께 파라핀 히터를 제작하기 시작했다.

이듬해 울고르는 전자 부문의 사업을 시작한다. 이후 울고르의 전자 부문이 독립해 설립된 것이 파고르 전자였다.

기술학교, 자립의 씨앗이 되다

1957년 아리스멘디 신부는 본격적인 직업학교를 만들어 울고르와 지역을 위한 인재를 양성했다. 학교는 노동부와 지역의 각급 관청, 지자체와 지역의 회사들, 학부모와 지역 관계자들의 기부로 운영되었다. 1943년 21명의 학생으로 시작한 교육은 꾸준히 몬드라곤의 중요한 사업으로 남았다. 그들은 인재 부족을 스스로 해결했다.

사업은 스페인의 경기 회복과 맞물려 번창했다. 그러나 문제도 많았다. 울고르의 노동자들은 스페인 국내법상 피고용인으로 인정받지 못했다. 따라서 이들은 피고용인을 위한 사회보장제도의 혜택을 받을 수 없었다.

아리스멘디 신부는 안정적인 복지가 없으면 안정적인 일자리도 없음을 알았다. 그는 조합원들의 복지를 보장해줄 사회보장 협동조합을 만들었다. 울고르 설립 2년 후인 1958년 사회보장 협동조합인 라군아로(Lagun Aro)가 설립되었다. 라군아로는 꾸준히 발전해 지금은 의료, 고용, 산재보험 등의 기능을 수행하는 한편 노동자들의 은퇴 후 생활도 책임지고 있다. 제도의 미비로 국가가 제공하지 못하는 복지를 기업이 직접 나서서 맡은 것이다.

1959년, 사업은 빠르게 성장했고, 울고르는 추가로 공장을 네 개 더 설립했다. 빠른 성장은 더 많은 자본을 필요로 했다. 그러나 협동조합은 주식 공모를 통한 대규모 자본 조달이 불가능했다. 극복할 방법이 필요했다.

아리스멘디 신부는 스페인 법률에 따르면 노동은행은 일반 은행보다 50퍼센트 높은 이자를 지급할 수 있다는 것을 알고, 협동조합 은행인 노동인민금고(Caja Laboral)를 설립했다. 은행은 시중의 다른 은행보다 높은 이자를 지급했다.

바스크 주민들의 돈은 노동인민금고로 들어갔다. 이렇게 모인 돈은 새로운 협동조합에 투자되었고, 더 많은 이자와 일자리가 만들어져 주민들에게 돌아갔다. 자본과 일자리가 선순환했다.

1969년 몬드라곤은 유통업을 시작했다. 코메르코(Comerco)는 지역에 있던 다섯 개의 지역 소비자 협동조합을 합병한 것으로 노동자 조합원과 소비자 조합원이 공존하는 조합이 되었다. 코메르코는 이름을 에로스키(Eroski)로 바꾸고 빠르게 성장했다. 또한 에로스키를 기반으로 몬드라곤은 농업 및 식품 분야 협동조합의 발전을 이끌었고, 급식이나 패스트푸드 같은 새로운 협동조합을 만들었다. 현재 에로스키는 바스크는 물론 스페인 전역에서 1000여 개의 매장을 운영하며, 4만 개가 넘는 일자리를 공급하고 있다.

1973년 몬드라곤은 조합을 위한 기술개발 협동조합을 만들었다. 몬드라곤의 협동조합은 대부분 규모가 크지 않았다. 이들은 자체적으로 기술을 개발할 여력이 부족했다. 따라서 외부의 기술력을 빌려 사용했고, 이는 제조업 중심의 조합에게는 큰 문젯거리였다. 이 문제 역시 협동을 통해 해결했다. 이들은 공업기술 협동조합인 이켈란(Ikerlan)을 만들었다. 작은 협동조합의 자본들이 이켈란으로 모여 큰 자본을 형성했다. 이켈란은 새로운 기술을 개발했고, 이 기술은 몬드라곤 기업들의 경쟁력이 되었다.

1976년 11월 29일 몬드라곤의 아버지 아리스멘디 신부가 선종했다. 그는 마지막으로 "과거를 되돌아보는 것은 신에 대한 모욕이다. 앞을 바라보라"는 유언을 남겼다고 한다. 1941년 사제 서품을 받고 몬드라곤에 부임한 후 그는 평생을 몬드라곤에서 신부로서 그리고 몬드라곤의 정신적 지주로서 헌신했다. 그는 살아 있는 동안 몬드라곤의 어떤 공식적인 직책도 가지지 않았다. 하지만 그는 조합의 정신이었다.

그의 선종 후에도 몬드라곤은 꾸준히 성장했다. 1978년에는 이리사르(Irizar)와 알레코프(Alecop)가 해외로 진출했다. 두 협동조합은 베네수엘라에 트럭을 개조해 만든 이동식 교실과 작업장을 수출했는데, 이리사르가 차체를 만들고 알레코프가 교육 기자재를 제공했다. 이후 몬드라곤은 수출은 물론 해외 지사의 설립과 직접 진출, 외국 회사의 인수·합병 등을 통해 꾸준히 해외 진출을 추진한다.

1980년대를 성공적으로 보낸 몬드라곤에게 1990년대는 새로운 기회였다. 1992년에 열린 바르셀로나 올림픽과 세비야 박람회는 중요한 기회였다. 몬드라곤 산하의 건설 관련 협동조합들은 올림픽과 박람회를 위한 많은 건물들을 공급할 수 있었다. 1997년 몬드라곤의 모체와도 같은 파고르의 매출은 60억 유로를 넘어섰다. 1998년 몬드라곤은 바스크 지역 고용의 3.1퍼센트, 생산의 4.5퍼센트, 수출의 9.3퍼센트를 차지했다. 같은 해 몬드라곤 대학이 신설되었고, 협동조합 대학연구소가 만들어졌다.

2004년 파고르는 프랑스의 브란트(Brandt) 사를 인수했다. 당시 브란트는 파고르와 비슷한 규모를 가진 기업이었다. 협동조합이니 인수·합병은 조합원이 동의해야 이뤄진다. 80퍼센트가 넘는 파고르 직원 조합원들이 찬성한 가운데 인수가 진행되었다. 사람들은 브란트의 인수가 파고르의 성장에 더욱 힘을 보태줄 것이라고 기대했다. 실제로 2006년 파고르 브란트가 포함된 몬드라곤의 백색가전 및 소비재 판매 금액은 20억 유로에 육박했다.

몬드라곤의 꿈은 명확했다. 누구의 도움도 없이 지역 내부의 힘만으로 경제를 일으키고 자립해야 했다. 대자본도 인재도 없는 상황에서 학교를 세우고 인재를 직접 길렀다. 십시일반 돈을 모아 자본을 조성했다. 복지가 필요하면 복지 협동조합을 세우고, 기술이 필요하면 기술개발 협동조합을 만들었다. 모두 함께 주인이 되고자 했기에, 협동조합이 가장 좋은 조직 형태였다. 외부에서 수혈할 수 있는 자본도 사람도 없는 상황이었기에 오히려 지역 전체를 협동의 원리로 일으키는 꿈이 가능했다.

사람과 자본으로 위기를 넘어
계속되는 꿈

2008년의 금융위기는 몬드라곤에도 힘든 시간이었다. 특히 유럽 남부 국가들은 더욱 가혹한 상황을 겪어야 했다. 2008년 1월 8.6퍼센트이던 스페인의 실업률은 2012년 1월에는 22.8퍼센트로, 2013년 9월에는 26.6 퍼센트를 기록했다. 25세 이하 청년실업률은 56.6퍼센트에 달했고, 3만 여 개의 회사가 파산보호 신청을 했다. 그런 가운데서도 몬드라곤의 사업은 작게나마 꾸준히 성장했고 더 많은 일자리를 창출했다.

그러나 몬드라곤이 계속 예외일 수만은 없었다. 파고르 전자 부문은 점점 어려워졌고, 결국 파산보호 신청을 했다. 브란트를 인수한 것은 악재가 되었다. 브란트 역시 경영난을 극복하는 데 실패하면서 파고르의 적자폭을 키웠다. 유럽의 경제위기 이후 5년간 적자를 기록하던 파고르는 조합원들이 스스로 임금을 삭감하며 비용 절감을 위한 노력에 동참했지만 거기까지가 한계였다. 협동조합 간 연대 원칙에 따라 파고르에 지속적인 자금 지원을 하던 에로스키와 다른 조합들도 더 이상 부담을 키울 수 없었다. 아리스멘디 신부에게 교육받은 다섯 명의 창업자들이 세운 울고르에서 시작한, 몬드라곤의 상징과도 같은 조합 가운데 하나가 무너진 것이다.

하지만 이 파산으로 아리스멘디 신부가 처음 떠올렸던 '지역의 자립'이라는 상상마저 파산했다고 보기는 어렵다. 먼저 협동조합이라고 해서 파산하지 않는다는 생각은 오해다. 자립을 위해 협동의 원리로 만든 기업이라도 얼마든지 시장 상황에 따라 어려워질 수 있다. 파고르는 가전제품을 생산해 스페인을 중심으로 유럽에 판매해왔다. 하지만 유럽의 재정위기는 파고르의 시장을 송두리째 흔들어놓았다. 유로존 전체의 소비가 줄었고 저렴한 중국산 제품을 구매하는 경우가 늘어났다. 이에 따라 파고르뿐만 아니라 다수의 전자제품 회사들이 파산해 역사 속으로 사라졌다.

오히려 조금 길게 볼 필요가 있다. 1943년 아리스멘디 신부가 만든 작은 기술학교는 1956년 협동조합 울고르를 낳았고, 울고르는 성장을 거듭해 오늘날의 몬드라곤이 되었다. 몬드라곤은 프랑코의 독재, 스페인의 민주화, 석유 위기, 신자유주의의 득세, 유럽 통합과 금융위기 등의 수많은 역경을 딛고 자립과 협동을 통해 오늘날까지 살아남았다.

여전히 몬드라곤은 제조업 중심의 협동조합 가운데 가장 큰 규모를 자랑하고 있다. 특별히 성공한 협동조합이다. 그 성공에는 '협동'과 '자립'이라는 처음의 구상이 촘촘히 녹아들어 있다.

몬드라곤은 단순히 일자리만 제공해준 것이 아니라 그 지역의 사람들이 그토록 소중하게 여기는 바스크의 전통문화를 지킬 수 있도록 도왔다. 조합이 만든 육아 시설은 아이들에게 바스크 문화를 전수했고, 그 결과 조합은 몬드라곤 주민은 물론 바스크 사람들의 지지를 받을 수 있었다.

몬드라곤은 협동을 원리로 운영하면서도 경쟁을 두려워하지 않았고 때로는 경쟁에서 살아남기 위해 끊임없이 새로운 영역에 도전했다. 그 결과 조합은 제조업과 금융, 유통에 이르는 다양한 분야의 강자가 되었고, 이는 다시 몬드라곤의 경쟁력으로 작용했다.

몬드라곤은 사람을 중요하게 생각했다. 그렇기에 교육은 조합의 역사를 통틀어 가장 중요한 사업이었다. 현재 조합은 대학을 포함한 각급 교육기관에서 9000여 명의 학생들을 가르치고 있다. 이 학생들은 졸업 후 조합원이 되어 조합 성장의 밑거름이 되거나 새로운 협동조합의 씨앗을 뿌리고 있다.

2008년 금융위기 이후 협동조합은 중요한 대안으로 여전히 거론되었다. 어려움 속에서도 가치 있는 자립을 추구할 만한 매력을 지니고 있기 때문이다. 사람과 자본을 '협동'이라는 이름으로 모아 사업을 일으킬 수 있다는 게 그 매력의 핵심이다.

사회적 경제, 기업의 지배구조를 바꾸다

협동조합이 주식회사와 확연히 다른 점은 기업의 지배 구조다. 주식회사 주주는 1주당 1표의 의결권을 가지는 데 비해 협동조합의 조합원은 1인이 1표의 의결권을 가진다. 주식회사는 50퍼센트에서 1주만 더 소유해도 회사를 마음대로 운영할 수 있다. 나머지 주주가 몇 명이건, 회사의 노동자가 몇 명이건 이들의 의사는 경영에 반영되기 어렵다. 하지만 협동조합에서는 투자 금액에 상관없이 조합원은 모두 동일한 의결권을 가진다.

또한 조합원이 협동조합의 직원인 경우 이들의 일자리는 지극히 안정적이다. 몬드라곤의 경우 조합원이 속한 조합이 해당 분야의 사업에서 철수해 구조조정이 필요한 경우 조합에서 실업수당을 지급하며 직원을 재교육해 다른 부문의 사업장에 재배치한다. 조합원 본인의 의지만 있다면 협동조합의 모든 사업이 완전히 실패하기 전에는 직장을 잃는 일은 없다.

개인에게 예측 가능한 미래와 직업 안정성은 매우 중요하다. 한국에서도 사기업의 불안정한 일자리 대신 적은 급여라도 평생 동안 안정적인 일자리를 보장하는 공무원을 지망하는 젊은이가 급격히 늘고 있다. 비록 적은 수입이라도 일정하고 안정적일 때 미래를 계획할 수 있고 안정적으로 소비하고 저축할 수 있기 때문이다. 마찬가지로 소비자의 소비에 기대는 기업들 역시 더 안정적인 시장 예측을 통해 투자를 진행할 수 있게 된다.

협동조합은 우리에게 익숙하거나 완벽한 형태의 기업은 아니다. 하지만 주식회사에 비해 조합원에게 더 높은 소속감과 안정성을 제공하는, 또는 그런 꿈을 꿀 수 있게 해주는 기업 형태임은 분명해 보인다. 그리고 그런 장점들이 있기에 협동조합이 대안으로 떠오르는 것이다.

이 같은 협동조합 형태의 경제활동은 좀 더 넓게는 사회적 경제(social economy)에 속한다. 사회적 경제는 복지를 국가가 전적으로 책임지거나 또는 시장에 온전히 맡기는 이분법을 거부한다. 이윤 극대화만 추구하거나 또는 영리활동을 금기시하는 이분법도 거부한다. 국가의 책임을 바탕에 두지만, 수혜자 스스로가 자립하고 서로를 도우며 자존감을 키울 수 있는 복지를 지향한다. 시장에서 제품과 서비스를 팔아 수익을 내지만, 일자리나 환경 같은 사회적 가치를 주된 목적으로 삼는 기업을 꿈꾼다. 기존에는 없던 새로운 길이다. 경제와 복지의 선순환 구조를 꿈꾸는 새로운 경제다.

사회적 경제는 자본주의의 최고 가치인 이윤 창출보다는 사회적 가치의 실현을 우위에 두는 개념이다. 공동체의 보편적 이익 실현, 민주적 의사결정, 노동 중심의 수익 배분 등을 원리로 삼는다. 기존의 시혜적 성격의 복지나 기부가 아니라, 자립적 경제 행위를 통한 사회적 가치의 실현이라는 실험이고 대안이다.

사회적 경제를 현장에서 실현하는 사회적 기업이나 협동조합도 물건을 만들고 파는 매출 활동을 하지만, 취약 계층을 우선 고용하거나 이익의 일부를 취약계층에게 배분하는 등 사회적 가치에 우선순위를 둔 의사결정을 한다. "우리는 빵을 팔기 위해 고용하는 게 아니라 고용하기 위해 빵을 판다"는 말에 사회적 경제의 성격이 명확하게 드러난다.

2008년 세계 금융위기 뒤 사회적 경제는 더 주목받고 있다. 이윤극대화를 추구하는 기존 영리 기업들의 경제가 파산하면서 사람들이 대안을 찾아 나섰기 때문이다. 어쩌면 몬드라곤과 아리스멘디 신부가 지역을 살리기 위해 오래전 꾸었던 꿈이 인류의 꿈으로 되돌아온 셈이다.

몬드라곤은 자신들의 씨앗이 작은 기술학교였음을 잊지 않았다. 협동과 공존, 상생을 아이들과 청소년들에게 가르치는 것이야말로 60년에 가까운 세월 동안 몬드라곤이 끊임없이 성장하고 변화하면서도 최초의 정신을 잃지 않은 근본적인 힘이다. 몬드라곤은 한 신부의 상상과 그 상상을 현실로 이루기 위한 조건 없는 헌신과, 신부의 뜻을 이해했던 다섯 명의 젊은 울고르의 창업자들이 있었기에 가능했다.

내전이 휩쓸고 간 스페인 산골, 유럽의 가장 가난했던 땅에서 어느 젊은 신부가 했던 상상은 60년이 지난 오늘까지도 미완의 소셜픽션으로 남아 있다.

인생에서 은퇴하지 않는 법

2013년 6월 29일 아침 8시, 150여 명을 수용할 수 있는 콜로라도 주 아스펜의 조찬 강연장에 사람이 가득 들어찼다. 대부분 머리가 희끗희끗한 노년층 청중이었다. 높은 관심 속에 연단 위로 올라간 사람은 미국은퇴자협회(AARP)의 베리 랜드(Barry Rand) 회장이었다. 아스펜 아이디어 페스티벌의 한 세션으로 진행된 인터뷰 형식의 이 강연 제목은 '가능성의 세대(Age of Possibility)'였다.[31]

"고령화가 진행되고 있습니다. 은퇴의 개념이 바뀌고 있습니다. 은퇴자들은 이제 휴식이 아니라 새로운 기회를 찾고 있습니다. 새롭고 다른 것을 하려는 은퇴자들이 늘고 있습니다. 우리가 할 일은 이들이 두려움을 떨치고 도전할 수 있는 사회를 만들고 새로운 도전을 할 수 있도록 실질적인 도움을 주는 것입니다." 이날 베리 랜드의 강연은 은퇴한 노년 세대에 대한 새로운 정의를 내리는 것이었다.

노인을 어떻게,
얼마나 돌볼 것인가

"요람에서 무덤까지 어떻게 돌볼 것인가?" 이는 오늘날 꼭 풀어야 할 전 지구적인 숙제가 되었다. 노인, 아동, 장애인 등 세대와 계층과 처지에 따라 매우 세부적인 기획이 필요하다. 한 사회가 이 숙제에 어떤 답을 내놓느냐에 따라 사람들의 삶의 질은 완전히 달라진다.

이 숙제를 풀어나가는 방법은 사회마다 다르지만, 대략 두 가지로 나눌 수 있다. 하나는 국가가 '요람에서 무덤까지' 돌보는 방식이다. 유럽의 복지국가들이 대체로 20세기 후반부에 채택했던 길이다. 다른 하나는 개인의 능력에 많은 책임을 지우는 방식이다. 스스로 노년을 준비하고 자신의 힘으로 자녀들을 돌봐야 한다는 것이다. 국가의 지원을 최소화하고 개인이 획득한 부의 소유권을 강력하게 지켜주는 방법이다. 대체로 미국과 영국이, 특히 1980년대 이후 채택하고 있는 길이다.

국가가 주도하는 방식이 상정하는 이상적인 노인의 삶은 이럴 것이다. 젊을 때 열심히 일해 세금을 많이 낸다. 많이 버는 사람도 있고 적게 버는 사람도 있지만 세금 탓에 차이가 덜 도드라진다. 세금 낸 나머지는 상당 부분 쓴다. 노년을 위해 개인이 모아두어야 할 자산은 크지 않으므로 열심히 소비한다. 소비하는 만큼 기업이 돈을 벌고 일자리도 만들어진다. 그리고 노인이 되면 국가가 마련해준 복지 시스템 안에서 안전하게 살아간다.

반면 개인이 책임지는 방식이 상정하는 노인의 삶은 이럴 것이다. 젊을 때 아주 열심히 일한다. 세금을 적게 내기 때문에 많이 저축할 수 있다. 버는 대로 자기 주머니에 들어가므로 근로 의욕이 높고, 경쟁해서 더 많이 벌려고 노력하다 보니 생산성이 높아진다. 결과적으로 국가의 부가 늘어난다. 그리고 노인이 되면 젊을 때 벌어둔 돈으로 안전하게 지낸다.

두 가지 다 그럴듯하게 들린다. 문제는 두 가지 모두 작동하지 않는 시스템이 되어버렸다는 데 있다. 재정 부담을 지나치게 짊어진 국가

주도 복지와, 개인을 지나친 위험에 몰아넣은 시장만능주의 모두 원래의 이상적인 노인의 삶을 만들어내지 못하고 있다. 한쪽은 수동적인 노인을, 다른 한쪽은 절망하는 노인을 만들었다는 비판을 받는다. 2008년 세계 금융위기 이후 상황은 더 나빠지고 있다.

사람들이 꿈꾸는 노년의 삶은 단순하다. 누군가에게 의존하지 않고 나의 일상을 스스로 챙기면 좋겠다. 작더라도 스스로 소득을 벌어들일 수 있으면 좋겠다. 동네 사람들과 소통하며 그들이 뭔가 필요로 한다면 도와줄 여력이 있으면 좋겠다. 그런 미래가 되기 위해서는 당연히 정신적, 육체적으로 건강해야 하며, 또한 기본 생활을 영위할 수 있는 경제적인 힘과 지원이 있어야 한다. 물론 이런 미래가 가능해지려면, 안정적인 의식주 생활을 위해 돌봄의 일부는 국가가 보편적 복지(즉 모든 노인들이 최저 생계를 보장받을 수 있는 돌봄)를 제공하는 방식으로 책임져야 한다.

하지만 그것만으로는 부족하다. 노인들이 스스로 자립하고 서로를 도우며 자존감을 지킬 수 있는 시스템을 꿈꾸는 건 어떤가. 지극히 상식적인 길이지만, 기존에는 없던 새로운 길이다. 미국은퇴자협회와 영국 에이지 UK는 그런 꿈을 꾸는 기관들이다.[32]

스스로 돕는다, 미국은퇴자협회

미국은퇴자협회(American Association of Retired Persons)는 1958년에 퇴직 여교사인 에셀 퍼시 앤드러스(Ethel Percy Andrus)에 의해 설립되었다. 회원이 약 4000만 명에 달하는 비영리기관이다. 이들의 주요 관심사는 여행, 건강, 그리고 워싱턴, 즉 노인 정책이다. 정치와 사회 문제, 선거에 대한 발언권이 세며, 투표 참여율이 상당히 높다.

앤드러스는 은퇴 후 병든 어머니를 돌보기 위해서 퇴직해야 하는 자기 삶에 무언가 새로운 기운을 불어넣고 싶다는 동기에서 이 조직을 설립했다. 이 협회의 모태는 1944년 퇴직한 교사들이 결성한 퇴직교사협회였다. 퇴직하면 더 이상 건강보험 혜택을 받을 수 없는 당시 시스템을 개선하기 위해 만든 조직이었다. 건강보험 문제가 해결되자, 이 문제가 퇴직자 모두의 문제임을 깨닫고 회원 자격을 확대해 발족하게 된 것이 미국은퇴자협회다.

은퇴자협회의 목적은 세 가지로 요약할 수 있다. 첫째, 나이 든 사람들의 자립과 존엄성과 삶의 목적을 찾는다. 둘째, 나이 든 사람들의 삶의 질을 높인다. 셋째, "도움을 받지 않고 봉사하기 위해(to serve, not to be served)"라는 명제를 나이 든 사람들에게 독려한다. 가장 눈에 띄는 것은 역시 세 번째 목적이다.

은퇴자협회는 워싱턴 정가에서 막강한 영향력을 행사한다. 의회가 이들 협회에 영향을 미치는 연금제도 혹은 건강 관련 법을 제정 혹은 개정하려고 할 때는 반드시 이 협회의 의견을 듣는다. 은퇴자협회에 찍히면 정치 생명이 끝난다는 말이 나돌 정도로 정치적 영향력이 크다. 이처럼 은퇴자협회가 정치적·사회적·영향력을 발휘할 수 있는 뒷심은 비영리 회원제 조직으로 자발성과 자율성에 기초해 운영된다는 점에 있다.

그런데 어떻게 은퇴한 사람들의 조직이 지속 가능할 수 있을까? 가장 큰 이유 중 하나는 젊은 계층으로부터 "도움을 받지 않고(not to be served)", 사회적으로 "봉사하기 위해(to serve)"라는 협회의 원칙이자 목표를 실현하기 위해 50세 이상 시니어들이 지역 사회에서 왕성하게 활동하기 때문이다. 이런 활동을 돕는 프로그램과 지원 서비스도 이루어지고 있다.

또한 회원들이 지불하는 연간 16달러라는 회비도 큰 역할을 한다. 이를 기반으로 협회는 시니어 회원들을 대상으로 홍보 마케팅 활동을 펼치며, 스스로 수입을 만들어낸다. 또 일정 회비를 지불하면 매달 4000만 부(미국 최대 발행 부수)를 발행하는 매거진 등을 보내준다. 50대 이상 독자들에게 적합한 매체다. 연회비는 16달러인데, 이를 넘는 혜택을 주니 은퇴자들이 가입하지 않을 이유가 없다.

은퇴자협회는 비영리기관이지만 사업을 벌여 재정을 충당하는 일을 두려워하지 않는다. 노인들의 보험, 의약품 할인, 소비자 상품, 여행 상품 등을 다양하게 제공한다.

이렇게 확보한 재정으로 지역 사회에 대한 지속 가능한 소통과 돌봄에 나선다. 은퇴자협회 재단에서는 기아, 소득, 주거, 소외 등의 문제로 어려움을 겪는 여성, 소수민족 등 사회적 약자들의 어려움을 극복하도록 돕는 소통과 기부를 적극적으로 수행하고 있다. 저소득층 노인 일자리와 재취업을 위한 직업훈련과 그들이 일자리에 복귀할 수 있도록 일자리 알선 프로그램도 제공한다. 해마다 50대 이상 고령 노동자에게 좋은 일자리를 제공하는 고령 친화기업을 선정해 사회적으로 노인 채용을 독려하기도 한다.

이들의 장기적 목표는 명확하다. 맹수 같은 시장이 사정없이 약자를 할퀴는 사회에서 노인들이 상처받으며 죽어가지 않기를 바란다. 또한 더 이상 국가 보조금에 의존하며 자립심과 자존감을 잃은 채 살지 않기를 원한다. 청년기 삶의 본론을 마치고 '여생'을 사는 노인이 아니라, 또 하나의 중요한 삶을 살아가는 노년을 꿈꾼다.

미국의 3대 로비 단체 중 하나로 꼽히는 은퇴자협회의 회원은 3800만 명으로 미국 유권자의 20퍼센트다. 이들은 '은퇴자만을 대상'으로 하기보다는 50세 이상으로 회원 자격을 확대하고 '실질적인 가능성을 위한 동반자'라는 슬로건을 내걸고 활동하고 있다.

베리 랜드 회장은 그래서 노인들에게 더 많은 기회와 가능성을 주는 사회를 만들겠다는 포부를 밝힌 것이다. 노인 스스로 사회를 돕는 방법을 찾겠다는 태도는 그래서 중요하다.

도움 받는 노인에서
도움 주는 노인으로[33]

영국 런던의 해머스미스 지역에 사는 윌리엄(88세) 씨는 3년 전 뇌졸중으로 쓰러진 후 매사에 자신감을 잃고 은둔 생활을 하다시피 했다. 보다 못한 가족들이 지역의 노년 권익 증진 단체인 에이지 UK에 도움을 요청했다. 그의 상태가 자신감 상실에 따른 우울증임을 파악한 에이지의 자원봉사자는 매일 그를 찾아와 주간보호센터에 함께 다니며 같은 또래의 노인들과 어울리도록 유도했다. 윌리엄 씨는 차츰 사회성을 회복했으며, 지금은 매일 혼자 주간보호센터에 나가 오락 프로그램과 체스

게임을 즐기고 있다.

런던 타워햄리츠 지역에 사는 미아흐(60세) 씨는 방글라데시 출신의 노동자로 런던 근교의 섬유공장에서 40년 동안 일했다. 그는 3년 전 실직한 데다 당뇨병까지 생겼으나 약값은커녕 집세를 낼 돈도 없어 큰 고통을 받고 있었다. 그는 각종 연금과 수당을 받을 수 있었음에도 그러한 제도가 있다는 것을 몰랐다. 어느 날 그는 이슬람 사원에서 만난 친구의 소개로 이 지역의 공동체 봉사센터인 토인비 홀을 찾았다. 직원들의 주선으로 그는 방 두 개짜리 아파트를 구청으로부터 제공받았으며, 현재 부부가 월 676파운드(약 132만 2400원)의 복지수당을 받고 있다.

영국 노인 돌봄의 특징은 국가는 경제적 돌봄을, 민간은 사회적·정서적 돌봄을 지원한다는 것이다. 국가가 제공하는 것은 연금이나 각종 수당 또는 무주택자에 대한 주택 제공 등에 국한되어 있다. 노인들의 사회적 활동을 지원하고 실질적으로 삶의 질을 높이는 각종 프로그램은 거의 모두가 민간 부문에서 자율적으로 운영한다고 해도 과언이 아니다. 그리고 그 비용의 상당 부분은 각종 자선 기금이나 개인 기부금으로 충당된다.

에이지 UK가 대표적인 경우다. 1940년에 발족한 ACE(Age Concern England)가 2009년에 통폐합되면서 에이지 UK로 이름을 바꾼 이 단체는, 노인들의 요구를 대변하고 삶의 질을 향상시키는 데 도움을 주는 기구다. 특히 노인 스스로 다른 노인을 돌보는 '노(老)-노(老) 케어'를 적극적으로 펼치면서 노인의 자립을 목표로 한다. 에이지 UK에서 활동하는 자원봉사자의 75퍼센트가 50세 이상이다.

이 조직은 전국적으로 1000개 이상의 주간보호센터를 운영하면서 노인들이 오락, 스포츠, 게임 등을 통해 사회적 관계를 유지하도록 하고, 점심식사도 제공한다. 이를 통해 연간 100만 명 이상의 노인에게 직접적인 도움을 주고 있다. 정보로부터 소외된 노인들에게 정보와 조언을 제공하고, 사회로부터 소외된 노인들의 집 밖 활동을 적극적으로 촉진하고, 외로운 노인에 대한 정서적·사회적 지원 활동을 펼치며, 거동이 불편한 노인의 이동을 돕는 등 다양한 노인 돌봄 사업을 벌이고 있다.

자연스럽게 확보된 정치적 영향력 행사도 빼놓을 수 없다. 2006년 영국이 연령법 개정을 통해 연령 차별을 불법으로 규정하고, 정년을 65세 이상으로 정한 데도 이 단체의 역할이 컸다. 또 미국은퇴자협회와 비슷하게 수익 사업에도 나선다. 주택보험, 가계보험, 자동차보험, 여행보험, 애완동물보험 등 장노년층의 수요와 욕구에 맞춘 다양한 보험상품을 개발해 막대한 수익을 올리고 있다. 이 조직이 운영하는 에이지 컨선 보험서비스(Age Concern Insurance Services)는 영국에서 가장 큰 보험회사 중 하나다.

에이지 UK 영국 본부의 국제협력팀장인 재키 모리세이는 "우리는 정부로부터 독립된 민간 기관이면서도 정부가 제공하지 못하는 장·노년층 복지의 상당 부분을 보완하는 역할을 하고 있다"며 "그 원동력은 자원봉사와 기부 등을 통한 일반 시민의 적극적인 참여에 있으며, 그 성과는 결국 그들 자신에게 돌아간다"고 말했다.

지속 가능한 삶을 위한
미래의 돌봄

미국은퇴자협회는 1958년에, 영국의 에이지 UK는 1940년에 설립되었다. 두 사회는 자본주의 발전 과정이나 축적된 역사와 문화가 다르지만, 은퇴자들은 비슷한 시점에 유사한 문제의식을 가졌다. 즉 나이가 들면 사회적인 소득 활동으로부터 소외되면서 심신이 위축되고, 그 때문에 다시 소득 활동을 할 수 없는 악순환이 문제였다. 그래서 새로운 시스템을 통해 나이 든 자신을 스스로 돌보기 위한 제도와 문화 그리고 조직을 꿈꿨던 것이다.

1940~50년대 그들의 고민은 아마도 어느 시대 어느 세대나 느끼는 고민일 것이다. 영국과 미국에서처럼 일본에서도 한국에서도, 또 현재 은퇴자이거나 미래에 은퇴자가 될 모든 사람들의 꿈일 수 있다.

노년의 복지는 결국 국가가 책임져야 할 부분과 노인 스스로 돌봐야 할 부분으로 나뉜다. 물론 국가의 역할이 중요하다. 유럽처럼 보편적 복지가 강력하게 작동하는, 그래서 최소한의 경제적 복지는 국가가 책임지는 사회에서 노인이 스스로 돌보고 사회에 기여하는 일은 좀 더 용이할 것이다. 그렇지만 모두가 '젊은 시절 국가에 세금도 내고 기여한 바가 많으니, 무조건 책임져달라'고 요구하는 사회에서도 자존감 충만한 노년 생활은 어려울 것이다.

20대에는 튼튼한 기업에 취직해 열심히 배우며 일할 수 있다면 좋을 것이다. 30대가 되면, 일부는 경험을 바탕으로 창업해 날개를 펴고 꿈을 펼칠 수 있으면 좋을 것이다. 그러다가 50대 중반이면 인생의 한 막을 정리하고, 보수는 적지만 자신이 좋아하고 사회에 도움 되는 일로 새로운 삶을 시작할 수 있다면 어떨까. 아이들을 가르치고 숲을 지키고 문화재를 설명하고 글을 쓰는 종류의 일이라면 노인의 경험과 지혜를 충분히 살릴 수 있을 것이다. 그리고 70대 중반이면 생산 활동에서 은퇴해 문학과 예술을 즐기며 여생을 보낸다. 아프거나 외로울 때 서로를 돌볼 수 있는 공동체적 시스템이 있기에 이들은 마음이 든든하다.

미국은퇴자협회나 에이지 UK 같은 역사가 긴 은퇴자 단체에서 그리는 사회적 상상은 바로 이 지점에 있다. 정부가 주는 혜택을 일방적으로 받는 수혜자로서의 노인이 아니라, 스스로를 돌보는 힘과 자원을 가진 사회를 그린 것이다. 도움을 받기만 하는 삶이 아니라 도움을 주기도 하고 받기도 하는, 소통하는 삶을 지속 가능하게 만드는 게 그들의 소셜픽션이다.

Chapter 8
달라지는 정부
"누가 사회 문제를 해결할까"

- 성과 중심의 정부를 상상하다
- GDP 숫자에 감춰진 국민 행복지수를 찾아라!
- 전 지구적 위기에 맞서는 세계정부의 꿈

사회 문제를 정부가 전적으로 해결해야 한다고 생각하면 이미 구식이다. 민간 영역과 적절하게 분업 및 협업을 하지 않고는 어떤 문제도 제대로 해결할 수 없다. 국가는 모름지기 경제 성장을 핵심 목표로 삼아야 한다고 생각한다면 뒤처지기 시작한 것이다. 경제뿐만 아니라 환경, 인권, 노동 등 그동안 측정되지 않던 가치들을 측정해 국정 운영 지표로 삼아야 국민이 행복해진다. 대통령이 모든 일을 다 해결할 수 있다고 생각하는 것도 비합리적이다. 대부분의 사회 문제는 다른 나라와 연계해서 해결해야 한다. 우리 가족 밥상의 안전에서 기후 변화까지 세계적인 문제를 해결하려면 세계적인 기구가 필요하다.

정책 환경의 변화는 빠르고 명확하다. 다른 부문, 다른 나라, 다른 가치를 융합하는 정부가 되어야만 문제를 해결할 수 있다. 하지만 정부가 다른 어떤 부문보다 속도가 느리다는 점은 부인하기 어렵다. 역설적으로 정부의 극적인 변화에 대한 상상이 커지고 많아지는 이유다.

성과 중심의 정부를 상상하다[34]

2012년 8월 미국 뉴욕 시는 '사회혁신채권(SIB)'
프로젝트를 시작했다. 우선 투자은행 골드만삭스
가 비영리기관 MDRC(The Manpower Demonstration
Research Corp)에 960만 달러를 빌려주었다. 라이
커스 교도소의 수감 청소년들의 재범을 막기 위
한 프로젝트에 필요한 자금을 대출해준 것이다.
MDRC는 이 자금으로 3년 동안 교육 등 출소 청소년을 위한 프로그램을
진행한다. 출소자의 1년 내 재범률이 50퍼센트나 되는 문제를 해결하기
위한 정책 사업이다. 실제 수행은 지역에 뿌리내린 비영리단체에 다시
위탁한다. MDRC는 성과를 측정하고 자금을 관리하는 일을 한다.

투자은행,
사회 문제 해결에 투자하다

투자은행이 정책 사업에 돈을 댄다는 것도 뜻밖이지만, 더 놀라운 점은
이 대출상품의 보상 체계다. 성과가 높을수록 투자 수익이 늘어나는 체
계다. 골드만삭스는 3년 동안 감옥으로 되돌아오는 16~18세 출소자의
감소율이 20퍼센트 이상이면 1170만 달러를 받고, 감소율이 10퍼센트
미만이면 원금 수준인 960만 달러를 받게 된다. 그보다 감소율이 낮다면
원금보다 적게 되돌려준다. 뉴욕 시가 정책 성과에 따라 위탁용역비를

MDRC에 지급하면, 이 돈을 다시 골드만삭스에 갚는 구조다. 자선기관인 블룸버그 재단이 운영비 일부를 기부하며, 원금에 대한 보증을 해준다.

1년 뒤인 2013년 8월에는 유타 주 솔트레이크시티에서 비슷한 정책 실험이 시작되었다. 저소득층 아동을 대상으로 하며, 취학 전 무상교육을 사업 내용으로 삼는다는 점이 다르지만, 재정 조달 방식은 비슷하다. 사회혁신채권을 활용한 것이다.

이 사업을 위해 골드만삭스는 비영리기관 유나이티드웨이에 460만 달러를 대출해주었다. 자선재단인 JB프리츠커가 240만 달러를 더해 700만 달러의 사업비를 마련했다. 이 돈으로 유나이티드웨이는 솔트레이크시티의 3~4세 저소득층 아동에게 취학 전 교육 프로그램을 제공한다.

여기서도 교육의 효과에 따라 보수가 달라진다. 취학 전 교육을 제공하여, 그 아이들이 취학 뒤 학습부진으로 보충교육을 받을 확률을 낮추는 게 목표다. 그 목표를 얼마나 달성하느냐에 따라 시 정부로부터 받는 보수에 차등을 둔다.

유타 주 정부는 보충교육에 아동 1인당 연간 2600달러를 지출한다. 사업 대상 아동이 유치원부터 초등학교 6학년 때까지 보충교육을 받지 않을 경우 주 정부는 예산 절감액의 95퍼센트(한 명당 2470달러)를 유나이티드웨이 보수로 지급한다. 연 5퍼센트의 이자도 붙여준다. 6학년 뒤 예산이 추가로 절감되면 그 절감액의 40퍼센트도 성공 보수로 받는다. 유나이티드웨이는 이 돈을 투자자인 골드만삭스와 JB프리츠커에 갚는다. 보충교육을 받는 아이 수가 적을수록 골드만삭스와 JB프리츠 커는 돈을 더 버는 구조다. 그러나 보충교육을 줄이지 못하면 유나이 티드웨이는 보수를 받지 못하고, 투자자들은 원금도 돌려받지 못한다.

두 가지 모두 사회혁신채권을 활용해 정부가 복지나 교육 등의 예산 지출을 사업 성과에 따라 지급하는 성과보수(pay-for-success) 정책 사 례다. 즉 정부가 사업 위탁을 위해 예산을 지출할 때 사업 성과에 따라 지급하는 시스템을 도입한 것이다. 이 과정에서 민간금융이나 자선기 관이 협업하며, 사전 사업비를 투자하고 사업 성과보수와 사업 실패 위험을 나눈다.

재정 집행에 성과 개념을 도입하는 것은 민간기업이나 투자자에게 는 매우 자연스럽지만 정부에게는 낯선 일이다.

정부가 정책 홍보를 하는 장면을 떠올려보자. 많은 경우 정부는 '몇 조 원을 들여서 사업을 벌인다'고 발표하면서 자랑스러워한다. 그런데 그 돈이 원래 목적한 성과를 얼마나 냈는지는 감감무소식인 경우가 많 다. 노인 자살률이 문제라고 지적하면 '노인 복지에 예산을 얼마 더 쓰 겠다'는 식의 정책을 내놓는 게 일반적이다. 노인 자살률이 어느 정도 낮아졌다는 이야기는 들리지 않는다. 실행과 성과 사이에 시간차가 있 기 때문이기도 하지만, 공공 부문이 대체로 투입 중심의 사고를 갖고 있기 때문이다.

사실 민간 투자자에게 성과 중심 사고는 매우 익숙하다. 투자자가 어떤 기업의 주식에 투자했다면 그 기업이 사업에 성공하면 수익이 높을 것이고, 실패하면 투자금을 잃을 것이다. 즉 투자수익률이 사업 성과에 따라 달라진다. 기회도 위험도 모두 투자자의 몫이다.

정부는 조금 다르다. 전통적으로 성과 중심 조직이 아니다. 노인 복지에 예산을 많이 썼는데도 노인 자살률이 낮아지지 않았더라도 사업 예산을 집행한 기관에 책임을 묻지 않는다. 그러니 아무래도 성과에 둔감하게 된다. 어찌 보면 이 문제야말로 정부가 하는 일들이 점점 더 비효율적인 결과를 초래하는 근본 원인일 수 있다. 정부 정책 집행 과정을 가까이서 들여다보면, 미래의 실제 성과에 신경 쓰지 않는 상황에서 일이 진행되는 경우가 많다.

버락 오바마 미국 대통령이 시작한 성과보수 프로그램은 이런 오래된 문제를 해결하겠다는 것이다. 사회정책도 민간기업처럼 잘 수행해서 성공하는 기관과, 그런 기관에 투자하는 투자자들이 더 많은 수익을 가져가는 구조로 변화시키겠다는 의도에서 나왔다.

오바마 정부는 2012년 1억 달러의 예산을 투입해 성과보수 방식의 시범사업을 벌이겠다고 나섰다. 2013년에는 3억 달러 규모의 성과보수 인센티브 펀드를 출범시키겠다고 발표했고, 허리케인 샌디의 피해를 복구하는 데 51억 달러를 지출하면서, 이를 성과보수 방식으로 집행할 것을 요청했다. 매우 적극적인 행보다.

오바마 정부가 보는 성과보수 프로그램의 핵심은 민간 투자자가 사회 문제 해결에 투자하도록 유도하는 것이다. 이에 따라 정부 예산은 성과에 비해 절감되는 효과를 얻게 된다. 때로 그 절감분은 미래에 생길 사회 문제를 미리 방지하기 때문에 예산 투입 요인이 줄어든 결과다. 때로 그 절감분은 사업을 수행하는 과정에서 비용을 더 효과적으로 집행하면서 생긴다. 성공했을 때 보수를 지급하는 방식이기 때문에 정부로서는 사업 실패 위험을 줄이는 셈이다.

이런 성과보수 방식의 정책은 정부에서 영리기업들과 협업할 때 흔히 쓰는 방식이다. 다만 복지나 교육 등 사회정책 분야에서 사용하지 않았을 뿐이다.

고속도로나 지하철 건설을 떠올려보자. 정부나 지자체가 건설 뒤 도로 사용량이나 지하철 이용객 보수와 연계하는 것은 낯선 장면이 아니다. 지은 뒤 몇 년 동안 건설한 민간기업이 운영하면서 수입을 올리도록 사업권을 주는 방식으로 보수를 지급하기도 한다. 건설 비용 지출과 보수 지급 사이에 시차가 생기니, 여기에 민간금융이 들어와 투자한 뒤 향후 수입과 위험을 분담하기도 한다. 이런 방식으로 대규모 공공건설 사업에는 민간금융이 쉽게 몰린다.

지하철을 건설한 기업이 승객을 많이 모으면 돈을 많이 버는 것처럼, 사회혁신채권은 사회 문제를 잘 해결하면 돈을 더 벌 수 있도록 설계한 제도다. 빈곤 문제 해결이나 청소년 문제 해결에 민간금융이 투자하도록 구조를 만들려는 것이다. 정부 예산뿐만 아니라 민간금융까지 끌어들여 사회 변화를 추구하겠다는 것이다.

물론 사회혁신채권이 확산되려면 해결해야 할 과제가 많다. 그중 대표적인 것은 측정의 어려움이다. 사회 문제 가운데 정확하게 숫자로 측정되지 않는 것들은 구조적으로 민간금융을 끌어들이고 성과를 따져 보수를 차등 지급하기가 어렵다.

그래도 빅 데이터의 등장으로 이 문제를 용이하게 풀 수 있는 환경이 만들어지고 있다. 인터넷을 통해 방대한 양의 데이터를 과거보다 낮은 비용으로 수집하고 통합하고 표준화할 수 있게 되면서 사회 문제와 관련된 성과 측정 가능성도 높아지고 있다.

사회 문제 해결에
'무어의 법칙'이 적용된다면

사회혁신채권은 사회 전반에 퍼진 각종 문제를 해결하는 도구로 확대될 수 있다. 금융도 제자리를 찾을 수 있다. 금융은 원래 필요와 잉여를 잇는 것이다. 그러나 오랫동안 금융은 필요한 빈자를 돌보지 않고 이미 잉여가 있는 부자에게 더 많은 잉여를 가져다주는 역할만 한다는 비판을 받았다. 사회정책에 투자함으로써 부자들이 투자한 잉여를 소외 계층에게 필요한 자원으로 만들면 원래 사명을 되찾을 수 있게 된다.

민간금융이 사회 문제 해결에 투입되면 사회 전반적인 관심사도 달라질 수 있다. 민간금융은 결국 수많은 개인투자자들에게 귀속된다. 은행에 맡긴 돈과 증권사를 통해 투자한 펀드가 모여 민간금융이 되는 것이기 때문이다.

이런 투자자들이 과거 영리 대기업의 수익률에 큰 관심을 가졌다면, 사회혁신채권이 일반화될 경우 사회 문제 해결에 더 큰 관심을 갖게 된다는 이야기다. 삼성전자 분기이익 기사에 환호하던 회사원이 청소년 재범률 하락에 환호하게 되고, 기업에서 대량 해고로 비용을 줄여 이익을 늘렸다고 하면 주가가 오른다고 좋아하던 개인투자자가 대량 해고가 가져올 사회 문제를 걱정하게 된다는 것이다. 사회 문제를 잘 해결할수록 수익률이 높아지는 금융상품이 많아지는 셈이니 말이다.

사실 최근 반세기 동안 전 세계가 사회 문제를 해결하는 속도는 다른 분야의 성장 속도에 비해 현저하게 뒤떨어진다. 반도체 산업에서는 무어의 법칙이 회자된다. 지난 40년 동안 컴퓨터 속도와 메모리 크기가 24개월마다 두 배씩 늘어났다는 것이다. 의료기술의 발달로 유아 사망률과 암 사망률도 현저하게 낮아지고 있다. 여러 분야에서 혁신의 속도는 상상하기 어려울 정도다.

그러나 빈곤이나 자살 같은 사회 문제 해결책의 혁신 속도는 상대적으로 너무 느리다. 가장 덩치가 큰 사회 문제 해결 주체인 정부가 너무 뒤처져 있기 때문이다. 예산 지출은 자꾸 늘어나고 문제 해결은 정체되어 있다. 그런 정부도 근본적으로 바뀌지 말란 법은 없다는 생각이 성과보수 방식의 사회혁신채권 아이디어에 배어 있다. 정부가 진정한 장기적 성과를 목표로 운영될 수 있다는 상상과, 그렇지 못하면 세계는 정말로 암울한 미래를 맞고야 말 것이라는 예측이 만나 낳은 근본적 상상이다.

GDP 숫자에 감춰진
국민 행복지수를 찾아라

노교수의 변심과
사회진보 지수

170년 전부터 그 자리에 서 있던 옥스퍼드의 극장 무대 위로 한 노교수가 뚜벅뚜벅 걸어나왔다. 하버드 경영대학원의 마이클 포터(Michael Porter) 교수였다. '경직된 현재 상태 깨뜨리기: 경제 성장에서 사회 진보로(Disrupting the Status Quo: From Economic Growth to Social Progress)'라는 제목이 중앙 스크린에 떠올랐다. 교수의 목소리는 높아지기 시작했다. 경제 성장을 측정하는 지표로 GDP는 적합하지 않으며, 사회진보 지수를 새로 도입하자는 주장이었다.

> "경제성장률을 높인다고 행복해지지 않는다는 사실은 이미 밝혀졌습니다."
>
> "GDP를 처음 고안한 경제학자 사이먼 쿠즈네츠(Simon Kuznets)는 이를 발표할 때 이미 'GDP는 어떤 경우에도 한 국가의 부를 정확하게 측정할 수 없다'고 말했는데, 수십 년 동안 우리는 그 말을 무시해온 것입니다."
>
> "경제뿐 아니라 사회의 공정성, 교육받을 기회, 개인의 자유 등을 종합적으로 고려해 국가의 부를 측정해야 합니다."

경쟁 전략 분야의 대가인 마이클 포터 하버드 대학 교수가 2013년 스콜월드포럼 개막 연설로 사회 진보 지수를 새로 도입하자는 내용의 발표를 하고 있다. 그의 전향은 주류 경제학자들도 GDP의 문제점을 공유하고 대안을 찾아 새로운 상상을 하기 시작했음을 의미한다.

극장을 채운 1000여 명의 사회적 기업가들은 그의 입에서 나오는 말을 듣기 위해 숨을 죽였다. 한마디 한마디가 충격의 연속이었다. 다른 사람도 아닌, 마이클 포터 교수가 이런 이야기를 할 줄은 꿈에도 상상하지 못했기 때문이다. 그것도 전 세계 사회적 기업가들이 모인 스콜월드포럼 장소에서 말이다.

마이클 포터 교수가 누구인지 잠시 살펴보자.

포터 교수는 1984년 33세의 나이로《경쟁 전략(Competitive Strategy)》이라는 책을 써서 학계의 주목을 받았다. 이어 1985년에는《경쟁우위

내일을 바꿀
오늘의 **상상**

《Competitive Advantage》》라는 책을 내면서 경쟁 전략 분야의 대가로 불렸다. 이후 경영학에서 전략 분야는 포터 교수가 짠 틀을 크게 벗어나지 않는다고 해도 지나치지 않다.

그런데 경영 전략이라는 분야는 본질적으로 싸워서 이기는 방법을 연구하는 분야다. 그 분야의 대가라는 사실은, 다시 말하면 경쟁해서 이기는 방법에 대한 세계적 대가라는 뜻이다. 그의 저작들은 대부분 기업이나 국가가 어떻게 하면 경쟁자들보다 우위를 점하고 더 성장하여 더 많은 부를 만들어낼 수 있는지를 이야기한다.

포터 교수는 어찌 보면 경쟁이 효율성을 높이고, 높은 효율성이 높은 경제성장률로 이어지며, 높은 경제성장률이 국부의 증대로 이어진다는 과거 경제학의 프레임을 가장 앞장서서 옹호하며 퍼뜨릴 것 같은 사람이다. 그리고 글로벌 거대 기업 경영자들의 모임이나 경영학자, 경제학자들의 모임에서 초빙되어 강연할 것 같은 학자다.

그런 그가 GDP를 비판하고 나섰으니, 숨죽여 듣지 않을 수 없는 것이다. 경제적 부가 아닌 사회적 진보가 인간에게 더 중요하다는 그의 주장은 충격일 수밖에 없다. 그것도 사회 시스템을 근본적으로 바꾸는 데 인생을 바친 사회적 기업가들 앞에 서서 그런 주장을 펴고 있으니 말이다.

물론 포터 교수의 '전향'에는 배경이 있다. 이미 GDP의 문제점은 여러 가지 측면에서 끊임없이 지적받아왔다. 조지프 스티글리츠 컬럼비아 대학 교수가 대표 주자다. OECD 등 국제적으로 권위를 인정받는 조직들에서도 GDP를 대체하는 지표를 만들자고 나서고 있다. 부탄의 왕추크 국왕은 이미 행복 GDP를 만들고 행복부를 통해 국민 행복 증진을 국가 정책의 목표로 삼고 있다.

하지만 2008년 세계 금융위기 이전까지만 해도 이런 움직임은 주류로 인정받지 못했다. 진보적이고 실험적인 소수의 목소리로 여겨졌다. 포터 교수처럼 미국 등 선진국 정책에 영향을 주는 주류 경제학자나 미국 및 유럽의 주류 정치인들 그리고 글로벌 대기업들에게 이런 이야기는 '필요하기는 하지만 당장의 이슈'는 아니었다.

포터 교수의 스콜월드포럼 발표는 바로 그런 분위기가 180도 바뀌기 시작했음을 보여주는 사건이었다. 주류 경제학자들조차 GDP의 대안을 찾아 새로운 상상을 하기 시작한 것이다.

불행할수록 숫자가 커지는 GDP의 함정

GDP는 한 국가의 경제 발전 정도를 가늠하는 가장 중요한 지표였다. 2차 세계대전이 끝난 뒤 경제 재건에 나선 선진국들은 경제 진척 상황을 평가할 잣대가 필요했다. 쉽게 합의된 지표는 '한 나라 국민이 공급한 노동력과 자산으로, 한 해 동안 생산한 모든 재화와 용역의 시장 가치'를 뜻하는 국민총생산(GNP)이었다. 이것이 나중에 국민이 아닌 지리적 위치를 기준으로 한 GDP로 대체되었다.

각국 정부의 경제정책은 경제성장률(GDP 증가율)을 높이는 데 초점이 맞춰져왔다. GDP를 늘리기 위해 경기 부양책을 쓰기도 하고, 반대로 GDP가 너무 커지는 것 같으면 경기 진정책을 폈다.

GDP 덕에 경제학자들은 일이 수월해졌다. 수치가 올라가면 경제가 잘되고 있고, 내려가면 뭔가 문제가 생긴 것으로 보면 되기 때문이다.

연간 GDP란 한 나라에서 1년 동안 생산된 부가가치의 총합이다. 부가가치란 쉽게 말하면 물건을 팔아 벌어들인 매출에서 재료비로 지출한 비용을 뺀 것이다. 생산 과정이란 재료를 사와서 기업에서 가공해 더 비싸게 파는 게 전형적이다. 이때 사들인 금액과 판매한 금액 사이의 차액이 그 기업에서 생산한 몫이며 부가가치이다.

하지만 GDP가 한 나라의 경제를, 또는 그 나라 국민의 삶의 현주소를 제대로 보여주는 지표인지는 논란이 끊이지 않는다.

"미국은 세계 제일의 GNP를 자랑한다. 하지만 거기에는 술, 담배, 마약, 이혼, 교통사고, 범죄, 환경 오염, 환경 파괴와 관련된 일체가 포함되어 있다."

40여 년 전 대통령 당선이 유력하던 로버트 F. 케네디 후보가 했던 연설의 일부다. 그는 "어린이의 건강, 교육의 질, 놀이의 즐거움은 GNP에 포함되지 않는다"며 "시의 아름다움, 국민의 지혜와 용기, 성실함과 나눔의 정신 같은 것들이 GNP에 포함돼야 한다"고 역설했다.

예컨대 기업이 심각한 환경 오염을 일으킨다 해도 일단 생산만 늘리면 GDP는 늘어난다. 범죄가 늘어나 교도소를 더 지어도 GDP는 증가한다. 극단적인 경우지만, 과거 우리나라에서 삼풍백화점이나 성수대교가 무너져 끔찍한 사상자를 냈을 때도 복구 작업만 GDP에 잡히기 때문에 경제 성장에는 플러스로 작용한다.

사람이 불행하면 불행한 만큼 항우울제의 수요가 증가하고, 자신의 몸을 싫어하면 싫어할수록 성형수술이 증가해 GDP는 올라간다. 반대로 만약 우리가 자신에게 만족하고 불만도 없고 행복하면 GDP는 오르지 않는다.

전쟁이나 자연재해 같은 불행이 일어나면 GDP는 오히려 늘어난다. 일본 경제가 대표적인 예다. 2011년 대지진으로 인한 복구 사업이 GDP에 반영되면서 일본의 2012년 경제성장률은 2.0퍼센트로 급등했다.

마당에서 직접 닭을 기르고 채소를 가꾸면 GDP는 오히려 떨어진다. 금연붐이 불어 흡연 인구가 줄어도 GDP는 떨어진다. 목재 생산은 GDP에 포함되지만 벌목으로 인한 생태계 파괴 비용은 고려되지 않는다. GDP는 말 그대로 '총생산'이므로 사회의 부가 어떻게 분배되는지는 전혀 보여주지 못한다.

일일이 나열하자면 끝이 없다. 물이 오염되어 수돗물이나 강물을 마실 수 없으면 GDP 수치는 오르기 때문에 경제 발전 차원에서 좋은 일이다. 왜냐하면 대신 생수를 사서 마셔야 하기 때문이다. 또 집에 도둑이 들어 텔레비전과 스테레오, 컴퓨터를 몽땅 도둑맞았다고 상상해보자. 이것은 당사자에게는 괴로운 일이겠지만 경제지표에는 긍정적인 신호가 될 수 있다. 물건을 새로 사야 한다면 GDP가 오르기 때문이다.

뭔가 이상하다. 우리가 GDP 성장률을 신뢰했던 이유는 이 수치가 우리 경제적 삶의 양과 질을 잘 표시해준다고 생각했기 때문이다. 이렇게 허점이 많아서는 곤란하다.

사실 GDP를 창안한 경제학자 사이먼 쿠즈네츠조차도 1934년 미국 의회에 제출한 첫 보고서에서 "국가 수입의 크기로 한 국가의 복지를 추정하기는 어렵다"고 말했다. 쿠즈네츠는 오늘날처럼 모든 국가가 GDP를 기준으로 성장률을 측정하고 그것을 높이는 것이 국가의 목표가 되는 상황을 예상하지 못했을 것이다. 그저 특수한 경우에 사용하는 지표로 생각했던 것이다. 그로부터 30년 뒤에도 쿠즈네츠는 "성장의 양과 질 사이에는 놓치지 말아야 할 차이가 있다"면서 "더 성장하겠다는 목표를 세울 때 무엇을 성장시키고 왜 성장시키려 하는지를 구체적으로 밝혀야 한다"고 지적했다. 《제로 성장 시대가 온다(The End of Growth)》는 저서로 유명한 리처드 하인버그(Richard Heinberg)는 "GDP를 잣대로 국가의 전반적 건강을 측정하려는 것은 음표 개수로 음악의 가치를 평가하려는 것과 같다"고 말했다.

GDP의 마법에서 풀려나야 한다. 그래야 경제는 성장하는데 사람들은 갈수록 살기가 어려워지는 수수께끼가 풀린다. 한국 경제는 지난 30년 동안 외환위기를 겪었던 1998년(-5.7퍼센트)을 제외하고 한 해도 거르지 않고 GDP가 증가했다. 그럼에도 국민의 삶은 더 팍팍해지고 생활에서 느끼는 행복감도 점점 더 떨어진다고 느끼는 사람들이 많다.

소득과 행복 사이에는 어떤 관계가 있을까? 여러 연구 결과에 따르면, 일정 수준의 소득까지는 행복이 늘어나지만, 그 이상의 소득 증가는 행복과 직접 연결되지 않는다는 것이 결론이다. 영국의 경제학자 리처드 레이어드(Richard Layard)는 《행복의 함정(Happiness, Lessons from a New Science)》이라는 책에서 국민소득이 2만 달러를 넘으면 소득과 행복의 상관관계는 크지 않다는 '행복의 함정'을 주장하기도 했다.

새로운 계산법을 찾는 사람들

GDP에 대한 대안이 모색되기 시작한 것은 그래서다. 사실 스콜월드포럼에서 '사회진보 지수'를 들고 나온 마이클 포터 교수보다 먼저 제안을 한 사람들이 있다.

사르코지 프랑스 대통령은 2009년 9월 14일 세계 금융위기 1주년을 맞아 소르본 대학에서 한 연설에서 "전 세계적으로 국민들은 우리가 거짓말을 한다고 생각하며 수치가 틀리고 조작됐다고 생각하는데 그럴 만한 이유가 있다"며 GDP 계산법의 '혁명'을 제안했다. 사르코지는 또 전 세계가 "수치 숭배"의 덫에 걸렸다고 비판하기도 했다. 노벨 경제학상을 받은 조지프 스티글리츠 컬럼비아 대학 교수, 아마르티아 센 하버드 대학 교수도 같은 의문을 가졌다.

문제의식의 출발은 '사람들이 행복하지 않다'는 것이었다. 국가의 정책 목표도 경제 성장이 아니라 사람들의 행복도를 높이는 방향으로 바뀌어야 한다는 생각이었다. 그런데 문제는 지표였다. GDP를 대체할 만한 새로운 지표가 나오지 않는 한 국가라는 거대한 관료조직을 다른 방향으로 움직이기는 어렵다. 거대 조직이 바뀌려면 목표가 측정되고 명확해져야 한다. "경제 성과의 측정 방식을 바꾸지 않는 한 행동은 바뀌지 않는다"는 것이 사르코지의 확고한 믿음이었다.

그 사회적 상상의 완성된 장면은 GDP를 대체할 새로운 지표를 만들어내는 것이다. 그리고 그 지표를 기준으로 국정 목표를 세우고 국가를 운영하는 것이다. 여기에는 경제뿐만 아니라 환경, 인권, 노동 같은 눈에 보이지 않는 가치가 녹아 있어야 했다. 그래서 경제성장률만 바라보며 정책을 펴다 보면 파괴하게 되는 것들이 오히려 더 보호받고 성장하도록 하는 게 목표다.

이런 상상을 바탕으로 2008년 2월, 사르코지 대통령은 조지프 스티글리츠, 아마르티아 센, 장 폴 피투시에게 세계적인 석학들로 구성된 위원회를 구성해줄 것을 요청했다. GDP는 상승하는데 사람들은 행복하지 않으니 삶의 질과 행복도를 측정해 국가의 정책 목표로 삼을 수 있는 지표를 만들어달라는 요청이었다.

이 학자들은 요청을 받아들여 연구를 시작했다. 같은 해 세계 금융 위기가 시작되었고, 성장 중심의 질서에 많은 사람들이 회의를 가지면서 이 위원회는 더 큰 주목을 받았다.

그러나 보고서는 GDP를 대체할 단 하나의 대안 지표를 제시하지는 않았다. 대신 GDP가 현대의 경제활동을 제대로 반영하지 못한다는 점을 조목조목 지적하고, 삶의 질과 지속 가능성을 지표에 반영하기 위해서는 어떤 부문에 통계의 주안점을 두어야 하는지를 차례로 제시했다.

우선 GDP는 컴퓨터나 자동차 같은 상품의 절대가격은 쉽게 반영하지만 서비스의 '질'을 반영하지는 못한다. 의료나 교육 등에서 정부 부문이 매우 중요한 역할을 하지만 GDP에는 역시 제대로 반영되지 않는다. 또 국가별 총합을 중시하기 때문에 개별 가구의 소득이나 삶의 질을 반영하기 어렵다.

새로운 지표는 생산보다는 소득과 소비, 국가 전체보다는 개별 가구에 주안점을 두고 소득과 소비, 부의 분배에도 가중치를 둘 필요가 있다고 지적했다. 스티글리츠 교수는 이 보고서의 제안을 바탕으로 가중치를 두어 새롭게 측정할 경우, 프랑스와 미국의 1인당 GDP 격차는 지금의 절반으로 줄어든다고 설명했다.

경제협력개발기구(OECD)는 스티글리츠 위원회의 제안을 이어 '삶의 질 지수(BLI: Better Life Index)'를 만들어 2011년부터 발표하고 있다. 이 지수는 세부적으로 '물질적 삶의 조건'과 '삶의 질' 두 개 영역으로 나뉘어 측정된다. 수치화된 지표와 함께 설문을 기반으로 한 주관적 지표를 포함하는 게 특징이다. 기초생활 수준이 어느 정도 충족되면 행복은 소득보다 개인이 속한 공동체의 상황, 정신적·육체적 건강, 가치관에 더 큰 영향을 받는다는 판단에서다.

이에 따라 각국의 경제지표는 물론 여론조사를 통해 주거 환경, 소득, 삶의 만족도, 일과 삶의 균형 등 11개 평가 항목에 점수를 매긴다. 조사 대상은 OECD 34개 회원국과 브라질, 러시아가 포함됐으며 각 항목은 10점 만점을 기준으로 했다. 한국은 36개 국가 중 하위권인 27위에 그친 것으로 나타났다.

삶의 질 지수는 완성된 것이 아닌, 계속해서 논의를 통해 개발해가는 과정 중인 지표로, 2011년 11개 항목 22개 지표에서 2012년에는 24개 지표로 확대되는 등 지속적으로 내용이 보강되고 있다. 향후에는 기존의 '물질적 삶의 조건' 및 '삶의 질 수준'의 두 가지 영역 외에, 사회가 자연적·경제적·인간적·사회적 자본의 구축에 기여하면서 현재 삶의 수준을 높이는 선순환 구조를 유지하고 있는지를 보여주는

내일을 바꿀
오늘의 상상

'지속 가능성'을 포함하기 위한 연구도 진행 중이다.

행복 GDP를 찾아라

행복을 국가 정책 목표로 삼고 여기에 맞는 지표를 운용하는 나라가 있다. 바로 히말라야 산맥 동쪽에 있는 부탄 왕국이다.

1972년 부탄의 4대 국왕인 지그메 싱기에 왕추크(Jigme Singye Wangchuck)는 '국민총행복(GNH:Gross National Happiness)'이라는 말을 최초로 주창했다. 처음에는 가난한 나라의 국왕이 한 말이라 거의 주목하지 않았다. 하지만 신자유주의의 탐욕과 비인간화에 따른 부작용으로 전 세계가 위기를 맞으면서 2000년대 들어 국민총행복이라는 말이 점차 세상의 주목을 받기 시작했다.

부탄 왕국은 전체 면적이 3만 8394제곱킬로미터로 우리나라의 강원도와 충청북도, 경상북도를 합친 정도의 크기다. 인구는 70만 명으로 아주 적다. 그러나 부탄은 무상의료와 무상교육을 실시하고 있으며, 왕도 숲의 나무집에서 살 정도로 빈부의 차이가 없다. 1984년부터 1998년까지 14년 동안 평균 수명은 19년 늘어나 66세를 기록했고, 교사 순환 근무를 통한 평등한 교육 기회를 제공하고 있으며, 국민의 97퍼센트가 행복하다고 말한다.

그렇다면 부탄의 국민총행복 지수는 어떻게 탄생했을까? 국민총행복의 사회적 상상은 1972년으로 거슬러 올라간다.

당시 지그메 싱기에 왕추크는 열일곱 살의 어린 나이였지만 왕이 되어 통치의 근본이 될 정신을 고민했다. 1960년대~1970년대 초, 선진국의 경험이나 모델을 연구한 결과, "경제 발전은 남북 대립이나 빈곤 문제, 환경 파괴, 문화의 상실로 이어져, 반드시 행복하게 연결된다고는 할 수 없다"라는 결론에 이르렀다.

여기서 국민총행복 지수의 개념이 태어났다. GDP가 물질적 탐욕을 조장하고 자원과 인간을 황폐화하고 있음을 깨달은 그는 경제적 발전과 개개인의 정서적·영적 삶을 조화롭게 발전시킬 수 있는 방법에 착안한다.

국민총행복의 기본은 '어떻게 국민을 행복하게 할까?'라는 근본적인 물음에서 시작한다.

무슨 일을 하던지, 어떤 목표를 갖고 있건 간에, 그리고 세상이 어떻게 변화한다 해도 결국 평화, 안전, 행복이 없다면 우리는 아무것도 가진 게 없다. 이것이 바로 국민총생산(GDP)과 대비되는 국민총행복(GNH)의 핵심 가치다. 우리의 가장 중요한 목표는 국민의 행복과 평화이며 국가의 안전과 주권이다.

— 지그메 싱기에 왕추크

다른 나라에서는 '생산'이 삶의 척도지만, 부탄에서는 '행복'이 삶의 척도라고 생각한다. 그래서 5대 국왕부터 이 정책은 더욱 구체화되었다. 부탄은 국민총행복을 위해 네 가지 기본 전략을 채택했다.

①지속 가능하고 공평한 사회 경제 발전 ②생태계의 보전과 회복 ③

부탄의 전통과 정체성을 실현하는 문화의 보전과 증진 ④앞의 세 가지를 달성할 수 있는 좋은 거버넌스(협치協治)가 그것이다.

그리고 좀 더 구체적으로 국민의 총체적인 행복과 후생 수준을 구성하는 아홉 개의 규범적인 영역을 정했다.

①심리적 웰빙 ②건강 ③교육 ④시간 활용 및 균형 ⑤공동체의 활력 ⑥전통과 문화의 다양성 ⑦생태 다양성 및 복원력 ⑧생활수준 ⑨ 좋은 거버넌스가 그것이다.

그리고 72개의 국민총행복 지수를 개발하여 2008년부터 매 2년마다 국민총행복 지수를 조사하여 발표하고 있다. 정부에 행복부를 설치해 장관을 두고 이 지표를 관리하고 있다.

20년 전까지만 해도 부탄의 사례는 세계의 웃음거리였다. 히말라야 산맥 어딘가에 고립되어 세계 흐름을 모르는 정책 정도로 생각했다. 그러나 지금은 어느 누구도 비웃지 않는다. 자신들의 방식이 위기를 불렀고, 갈등과 분쟁을 초래한 것임을 깨닫고는 전 세계가 그들의 철학과 사회적 실천을 주목하고 있다.

최근 3선 연임에 성공한 앙겔라 메르켈(Angela Merkel) 독일 총리는 "좋은 미래를 만드는 힘은 즐거움과 행복에서 생겨난다"고 당선 소감을 밝힐 정도로 행복과 웰빙의 중요성을 줄곧 강조해왔다. 데이비드 캐머론(David Cameron) 영국 총리는 2010년부터 국가통계청을 중심으로 국민웰빙 지수를 조사해 정책에 반영하고 있다.[35] 중국 또한 고성장을 포기하는 듯한 지도부의 발언이 줄을 잇고 있다. 경제를 책임진 리커창(李克強) 총리는 성장보다 개혁을 내세우고 있다. 시진핑(習近平)

주석은 2013년 6월 29일 당 중앙위원들이 모인 자리에서 "앞으로는 GDP 성장률이 높다고 영웅이라 부르기 어려울 것"이라고 말했다.[36]

어찌 보면 새로운 GDP에 대한 상상은 정부가 경제를 보는 시각을 근본적으로 바꿔보자는 논의와 맞닿아 있다. 정부 경제정책의 역할은 국민이 더 많이 일하고 더 많이 벌도록 하는 게 아니라는 시각이다. 국민이 행복하도록 돕는 게 새로 부여된 역할이다. 단순히 생산량이 양적으로 늘어나는 것만으로 행복은 만들어지지 않는다.

조선시대 실학사상을 집대성한 실학자이며 우리 겨레의 선각자인 다산(茶山) 정약용(丁若鏞)은 정치의 목적, 나라 역할의 첫째가 "백성들을 편안하고 행복하게 하는 것"이라고 했다. 새로운 GDP에 대한 상상은 이미 우리 선조들이 마음속에 품었던 오래된 미래가 아닐까.

전 지구적 위기에
맞서는 세계정부의 꿈

"인류 역사상 처음으로 세계정부가 가능해졌다." 오스트레일리아의 저명한 역사가 제프리 블레이니(Geoffrey Blainey)가 자신의 책《아주 짧은 세계사(A Very Short History of the World)》에서 한 말이다. 이 책은 아프리카에서 처음 출현한 인류가 전 세계를 지배하는 과정을 그렸다. 블레이니가 관찰한 역대 주요 제국과 그 영역을 살펴보면 역사적으로 한 지도자 또는 한 국가가 지배해온 영역이 점차 확대돼왔다는 것을 알 수 있다. 역으로 표현하면 셀 수 없이 많던 과거 부족(국가) 등에서 출발한 인류가 지금은 수백 개의 국가 개념으로 정리되면서 극소수가 대다수를 지배 또는 통제하게 되었다는 것이다. 현재 인간이 만들어온 세계 질서와 직면한 환경을 관찰하다 보면 블레이니의 통찰은 많은 것을 시사한다는 것을 알 수 있다. '세계정부'에 대한 상상이 그중 하나다.

원전과 신종 플루

2013년 5월 아시아 소사이어티 회의장. 늘 그렇듯 뿔테안경을 쓴 헨리 키신저 미국 전 국무장관이 연단에 섰다. 그리고 말한다. "우리가 직면한 도전은 어떻게 글로벌 단위에서 역사상 처음으로 세계 질서(world order)를 만들 수 있느냐는 것입니다. 우리는 세계 공동체에 대해 수많은 얘기를 쏟아내고 있지만 사실 세계 공동체라는 것은 이전에 단 한 번도 존재하지 않았다는 게 문제일 겁니다."

키신저가 내놓은 해법은 미국과 중국이 중심이 되어 세계 질서를 구축해야 한다는 것이었다. 물론 G2(미국, 중국)를 중심으로 하는 다분히 패권적인 아이디어이고 '뻔한 답'일 수 있다. 하지만 미국과 중국이라는 거대한 권력관계를 일단 논외로 한다면, 이 연설의 핵심은 새로운 세계 질서 구축을 위한 국제적인 공조와 협력 없이는 생존이 점점 힘들어질 것이라는 전망이다.

최근 세계가 경험한 몇 가지 불편한 장면은 키신저의 우려가 어디서부터 시작되었는지 여실히 보여준다.

장면 1 : 일본

(2011년 3월 11일 일본 대지진 발생)

일본 정부는 12일 후쿠시마 원자력발전소 1호기 주변에서 방사능 물질이 검출됐다고 밝혔다. (……) 일본 언론에 따르면 세슘과 함께 요드도 누출된 것으로 알려졌는데, 이들 물질의 누출은 원자로 노심을 감싸고 있는 피복 장치가 손상되고 노심의 원자력 연료가 누출되고 있음을 의미한다.

NHK방송과 교도통신 등 현지 언론에 따르면 14일 오전 11시계 후쿠시마 제1원자력발전소 3호기에서 수소 폭발이 발생했다. 이 발전소에서는 폭발과 함께 하늘 높이 연기가 치솟았다. 후쿠시마 원전은 12일 1호기가 폭발한 데 이어 두 번째 폭발이다. 일본 당국은 반경 20킬로미터 이내의 주민들에 대해 대피 명령을 내렸다.[37]

장면 2 : 독일

"선거 결과는 이미 일본에서 결정됐다."

독일 집권당인 기독민주당(CDU)의 바덴뷔르템베르크 주 사무총장 토마스 슈트로블은 주의회 선거 개표 뒤 이렇게 말했다. CDU는 선거에서 패배해 이 주에서 58년 만에 주 총리직을 내놓게 됐다. 주 총리는 녹색당의 주위원장인 빈크리프트 크레치만이 맡는다. 원전 가동에 반대하는 여론이 확산된 덕에 녹색당은 독일 역사상 처음으로 주 총리 자리를 차지하게 됐다. (……) CDU 소속의 현직 주 총리는 패배의 결과가 나오자 "지난 2주 동안 일본에서 암울한 분위기가 덮쳐왔다"고 말했다. 일본 원전 사태가 승패를 갈랐다는 것이다. 이 주에는 네 개의 원자력발전소가 있다.[38]

2011년 3월 11일. 일본 후쿠시마 지역에 재앙이 몰려왔다. 상상하기 어려운 대규모의 지진은 후쿠시마 원전 설비를 파괴했고, 지금까지도 생명에 치명적일 수 있는 방사능 물질 등 유해물질이 강으로, 바다로, 육지로 퍼져나가고 있다. 하지만 이 악몽이 일본에서만 끝난 것은 아니었다. 일본의 재앙은 독일 메르켈 총리의 재앙도 함께 불러왔다.

선거 패배의 충격은 메르켈 총리의 원전 포기 선언으로 이어졌다. 원전 폐기에 관한 윤리위원회가 구성되어 두 달간의 집중적인 '끝장토론' 끝에 2022년까지 원전을 완전히 폐기한다는 내용의 보고서가 채택된 것이다.[39] 이 보고서를 바탕으로 메르켈은 1990년 이전에 건설된 노후 원전 8기의 가동을 전면 중단하고, 2022년까지 원전 17기를 모두

폐쇄하겠다고 발표했다. 2011년 기준으로 독일의 발전량에서 원자력 비중은 17.8퍼센트, 신재생 비율은 18.7퍼센트를 차지한다. 원전을 포기하는 대신 2022년까지 신재생 비율을 35퍼센트까지 끌어올려 원전의 빈자리를 메우겠다는 게 독일 정부의 계획이다.[40]

스위스 정부도 '탈원전' 움직임에 가세했다. 후쿠시마 원전 사태 직후 가동 중인 원전 5기를 2034년까지 단계적으로 폐기하고 더 이상 원전을 건설하지 않기로 결정했다. 아울러 새로운 원전 관리 대책 마련을 통해 국민들을 '안심'시켰다. 스위스는 국내 전력 수요의 38퍼센트를 원전에 의존하고 있을 뿐만 아니라 인접국인 독일과 이탈리아에도 일부 전력을 공급하고 있다. 또한 원전을 퇴출하는 데 드는 비용만 해도 약 22억~38억 스위스프랑(약 2조 5000억~4조 5000억 원)에 달할 것으로 전망된다.[41] 단기적으로 보면 이런 경제적 이유 때문에 스위스의 탈원전 정책은 분명 쉬운 결정은 아니었을 것이다.

물론 길게 보면 경제적으로 합리적이지 않다는 주장도 만만치 않다. 사후 처리 비용 때문이다. 실제 영국 트로스피니드 원전은 1993년 철거 작업을 시작해 지금도 진행 중이다. 2080년대나 가서야 최종 처리가 가능하다는 분석이다. 발전 터빈과 원자로 주변 설비를 해체하고 방사선량이 충분히 떨어지기까지 수십 년이 걸리기 때문이다. 여기에 들어가는 비용만 해도 6억 파운드(약 1조 300억 원)에 달한다. 미국도 2013년 폐쇄를 결정한 버몬트양키 원전을 60년에 걸쳐 철거하기로 했다. 1기당 철거 비용만 5억 달러(5300억 원)다. 무엇보다 후쿠시마 원전 사태처럼 사고가 발생할 경우 인명 피해, 환경 파괴 등 돈으로 환산할 수 없는 막

대한 사회적 비용을 발생시키는 일이 일어나기도 한다.

이탈리아도 2011년 6월 원전 재도입 여부를 묻는 국민투표를 실시했으나 94퍼센트의 압도적인 반대로 원전 도입 계획이 무산됐다. 이탈리아는 체르노빌 원전 사고가 발생한 이듬해인 1987년 국민투표에서 원전 반대 의견이 압도적으로 나오자 이후 25년간 원전 포기 정책을 유지해왔다.

일본에서 벌어진 비극이 전 세계 원전 정책을 뒤흔든 것이다.

장면 1

한동안 주춤했던 신종 플루가 확산되면서 지구촌이 공포에 휩싸였다. 2009년 8월 15일 첫 사망자가 발생한 일본 당국은 감염 확산을 막으려고 대책 마련에 나섰다. 사망자는 오키나와 현에 사는 50대 남성으로 최근 외국 여행을 한 적이 없는 것으로 알려져 국내 감염자에게서 신종 플루에 감염된 것으로 추정된다. 일본에서는 지난달 말까지 신종 플루 감염자가 5000명이 넘는 것으로 집계됐다. 중국에서 경기를 치르고 귀국한 일본 청소년 여자축구 대표팀 선수 한 명도 감염자로 확인됐다.

장면 2

인도에서는 지난 3일 경제 중심지 뭄바이 인근 도시인 푸네에서 첫 신종 플루 사망자가 나오고 나서 불과 열흘 만에 신종 플루 사망자 수가 18명으로 급증했다. 인도 당국은 휴교령을 내리는 등 신종 플루 확산

방지에 총력을 기울이고 있다.

미 대륙 12개국 가운데 현재까지 사망자 발생이 공식 보고된 국가는
10개국. 특히 아르헨티나는 현재까지 공식 보고된 신종 플루 사망자
수가 404명에 달해 미국(477명)에 이어 두 번째로 많다. 브라질에서도
신종 플루 사망자 수가 339명으로 늘어났다.[42]

2009년 전 세계는 집단 공포에 사로잡혔다. 신종 플루가 전방위적으
로 확산되었기 때문이다. 당시 스페인 보건부는 '키스를 피하라'는 예
방 지침을 발표할 만큼 차마 웃지 못할 상황이 연출되기도 했다. 여행
과 출장, 민간 교류 등 세계 인구의 빈번한 국경 간 이동과 대도시의
인구 밀집 등은 신종 플루와 같은 전염병을 그 어느 때보다 빠르게 확
산시켰고 미국, 유럽, 아프리카, 아시아 대륙 내 어느 누구도 이 위협
에서 자유로운 사람은 없었다.

메르켈 독일 총리의 선거 패배와 원전 포기 선언. 그리고 2009년 전
세계인들의 신종 플루 공포는 21세기의 글로벌 사회가 어떤 모습을 하
고 있는지 보여주는 대표적인 예다. 일본 도후쿠(東北)지방 대지진과
같이 특정 지역에서 발생한 일련의 사건이 지구촌 반대편에 있는 국가
혹은 국민들에게 먹을거리 선택에서부터 선거 결과, 원전 정책에 이르
기까지 다양한 방식으로 영향을 미친다. 중국에 사는 누군가가 신종
플루의 위험에서 벗어나기 위해서는 남미 브라질 보건당국의 즉각적

인 조치를 필요로 하고, 인도에서 발생한 전염병이 미국 전역을 긴장시키기도 한다. 이젠 '모든 국가'가 동시에 조치를 취하지 않으면 '모두가' 위험에 빠질 수 있는 시대인 것이다.

이제는 국경 안의 문제만 고려해서는 어떤 문제도 해결하기 힘들어졌다. 당면한 문제는 국제적인데 정부는 국지적이기 때문이다. 이 시점에서 질문들이 나오는 건 어쩌면 당연하다. 지금과 같은 정부의 역할에 기댈 경우 과연 우리는 안전하게 살아갈 수 있을까 하는 근본적인 질문이 그것이다. 개별 국가의 노력만으로 해법을 찾을 수 없다는 문제의식은 결국 구속력 있는 국제적 룰의 필요성으로 이어진다. 정부의 한계를 극복할 수 있는 무언가가 필요하다는 현실 인식 때문이다. 그리고 이 모든 질문과 상상을 함축하는 개념이 바로 세계정부다.

세계는 하나의 공동체다

국제 교류의 급격한 증가와 정보통신 등 기술 발달에 의해 국경선의 의미가 현저히 퇴색하면서 전통적인 의미의 '정부' 역할도 근본적인 변화가 불가피해 보인다. 기존의 정부는 대부분 국경선 안에 국한해 입법과 행정 등을 담당했다. 그리고 이런 국내 문제를 중심으로 영토 방어 및 경제적 이익 등을 위한 외교 활동을 하는 주체로 인식돼왔다. 하지만 국제 환경의 급속한 변화 속에서 이런 기능과 역할 및 방식은 큰 도전을 받고 있다.

세계적인 컨설팅 회사인 PwC는 2013년 세계경제포럼에 〈정부의 미래(Future of Government))라는 보고서를 제출했다.[43] PwC는 쓰나미, 테러리즘, 기후 변화 등 예측할 수 없는 사건 및 현상들이 지속되는 가운데 정부는 세계적 불확실성(global uncertainty)에 대한 적응력과 위기 대응 능력, 유연성, 탄력성을 필수적으로 갖춰야 한다고 강조한다. "각국 정부는 불안정성 속의 안정성(to be secure with insecurity)을 찾기 위해 새로운 차원의 적응력과 유연성을 길러야 한다"는 것이다. '불안정성 속의 안정성'은 '불확실성에 대한 철저한 대비'만큼이나 언어도단 같지만 그만큼 미래에 대한 불안감이 증폭되고 있다는 점을 반증한다. PwC는 한 걸음 더 나아가 정부의 국제 공조 및 협력 필요성이 한층 더 커지고 있다고 강조한다.

사르코지 프랑스 대통령 자문역을 맡았던 자크 아탈리는 "국제 금융위기의 핵심은, 글로벌 금융시장은 분명 존재하지만 이에 걸맞은 글로벌 법제도는 갖고 있지 않다는 데 있다"고 지적한 바 있다. 글로벌한 대규모 운동장을 만들어놓고 각국에서 참가한 선수들이 뛰어놀게는 했지만 글로벌한 운동장에 적용할 룰은 만들지 않았다는 것이다. 아탈리는 이런 불균형을 넘어 당면한 세계의 문제를 해결하기 위해서는 한 국가를 넘어서는 상상력이 필요하다는 점을 강조한 것으로 보인다.

한편 2차 세계대전 이후 국제 질서를 잠시 생각해보자. 미국과 소련을 중심으로 경쟁과 갈등 구조가 반세기가량 계속되었다. 이후 1989년부터 시작된 동구권의 붕괴는 미국과 자본주의 중심의 단극화된 글로벌 시스템으로 이어졌다. 흥미로운 점은, 냉전 이후 경쟁하고 긴장해야 할 '적(공산주의)'이 사라지자 자본주의와 민주주의를 부르짖던 국가의 권력자들은 더 이상 노력해야 할 이유를 찾을 수 없었다. 경쟁할 적이 있을 때는 늘 자국민을 향해 체제의 우월성을 선전하고 증명하기 위해 부단한 노력을 기울여야 했다. 실제 종종 눈치도 봤다. 하지만 이 제는 그럴 필요성이 현저히 떨어진 것이다. 자본주의와 민주주의 위기 는 역설적으로 동구권 국가들의 붕괴와 함께 시작된 것인지도 모른다.

이렇게 수십 년간 유지돼오던 미국 중심의 국제 시스템에도 어느 순 간부터 균열이 가기 시작했다.

2000년대 들어 크게 두 가지 징후를 꼽을 수 있다. 지난 2003년 미국 의 정치적 자해 행위와도 같았던 이라크 침공이 대표적이다. 조지 W. 부시 행정부는 일방적인 이라크 공격에 대해 국제적인 공감을 얻지 못 하자 영국과 손잡고 침공을 감행했다. 중국, 러시아 등의 반대로 유엔 안보리 상임이사국의 만장일치가 실패하자 단독 행동에 나선 것이다. 부시 행정부의 이 같은 일방적인 독주는 '워싱턴 리더십'에 대해 근본 적인 의문을 던지게 했고 동시에 미국이 유엔을 사실상 무력화함에 따 라 '유엔의 존재 이유'라는 해묵은 회의론을 다시 한 번 불러일으켰다. 미국 중심으로 그럭저럭 움직여오던 국제 사회가 이제 본격적으로 술 렁이기 시작한 것이다.

특히 경기장과 선수만 있고 심판은 없는 경제 질서, 단극화된 글로 벌 시스템의 해체는 권력의 이동을 더욱 가속화시켰다.

2008년에 찾아온 위기가 바로 그것이다. 1929년 대공황 이후 최악 이었다는 세계 금융위기는 미국의 힘과 역할만으로 세계가 작동하던 시대가 저물었음을 알리는 신호였다. 미국 중심의 세계 체제가 심각한 한계를 드러낸 것이다.

역사가 증명하듯 권력은 늘 이동한다. 특히 경기장과 선수만 있고 심판은 없는 경제 질서, 단극화된 글로벌 시스템의 해체는 권력의 이동을 더욱 가속화하고 있다. 주목할 것은 그 양상이 급격히 변하고 있다는 점이다. 클린턴 행정부 당시 국방부 차관보를 지냈으며 하버드 대학 석좌교수인 조지프 나이(Joseph Nye), 영국 정치가이자 외교관인 패디 애시다운(Paddy Ashdown) 등의 학자들은 권력의 '수직적 이동'에 주목한다. 역사적으로 '수평적 권력 이동'이 일반적인 현상이었다면 지금은 수평적인 동시에 수직적으로 진행되고 있다는 것이다. 국가가 독점해온 절대적 권력이 수직적으로 확산·분배(diffusion)되면서 개인(국민/시민)의 발언권이 높아지고 있다. 더욱이 이제는 국가의 개념을 넘어 특정 집단(다국적 기업 등)으로도 권력이 분산되고 있다.

중앙집권, 권력 독점이 아닌 권력 분산이라는 현상은 '개념적'으로 긍정적일 수 있다. 하지만 그 분산된 권력이 누구의 손에 들어가느냐에 따라 전혀 예상치 못한 부정적 결과를 낳을 수도 있다.

대표적으로 2001년 9·11 사태 이후 7·7 런던 테러, 스페인 열차 테러 등 잇단 폭력은 국제 사회에 경각심을 심어주기에 충분했다. 빈번한 국제 교류 속에서 우리 모두는 예측 불가능한 테러 위협에 노출된 상태와 다름없기 때문이다. 각종 테러가 세계 곳곳에서 잇달아 발생하면서 국제 사회는 국제 공조와 협력의 불가피성을 명확히 인식하기 시작했다. 무엇보다 폭력을 당연시하는 어떤 특정 세력(non-state)의 손에 권력과 돈이 집중될 때 부작용은 생각보다 심각할 수 있다. 북한의 핵개발이 문제가 되는 것은 북한 자체가 갖고 있는 잠재적 위험 때문이기도 하지만 더불어 북한이 이런 특정 세력에게 대량살상 무기를 넘겼을 때 생길 수 있는 더 큰 부작용 때문이다. 국제 사회가 유엔 등을 통해 비확산을 강조하는 이유도 여기에 있다.

시리아의 화학무기 사용, 이란의 핵개발 가능성, 탄소 과다 배출로 인한 지구 온난화 등도 이제 개별 국가의 문제가 아니라 전 지구적인 문제가 되었다. 후쿠시마 원전 사고가 일본 사람들에게만 영향을 미치지 않듯, 중국에서 시작된 이름 모를 전염병이 브라질 국민을 위협할 수 있다.

시사하는 바는 분명하다. 더 이상 개별 국가권력이 독단적으로 어떤 정책을 밀어붙일 수 있는 시기는 지났으며, 더불어 개별 국가의 힘으로 해결할 수 없는 더 많은 문제들이 현실화되고 있다는 점이다. 이른바 불확실성의 일상화다. 과거 인류가 한 번도 경험해보지 못했던 상황 앞에서 결국 우리가 할 수 있는 일은 적응하고 변화하고 협력하는 길밖에 없다는 지적이 나오는 이유다. 또한 좀 더 구속력 있는 국제 규범/룰에 기반한 국제 질서가 강조되는 배경이기도 하다.

정도의 차이는 있지만 현재 국제적 행위를 강제할 수 있는 구속력 있는 국제기구들이 존재한다. 유엔과 세계무역기구(WTO) 등이 대표적이다. 예를 들어 유엔 평화유지군은 유엔 안보리의 결의가 있을 경우 분쟁 지역에 들어가 지역 안정을 위해 합법적으로 물리력을 행사할 수 있다. 물론 안보리 5개국의 만장일치라는 어려운 관문이 늘 존재하는 탓에 적절한 시간에 적절한 결론을 내지 못하는 경우가 허다하고, 한편으로는 미국의 허수아비라는 조롱과 비아냥거림 등의 비난이 끊이지 않는다. 그럼에도 불구하고 세계 '정치'기구로서 지난 수십 년간 세계 질서와 안정을 위해 일정한 역할을 해온 것은 부인할 수 없다.

경제 영역에서는 국제통화기금(IMF), 세계은행(WB)과 함께 세계 3대 경제기구로 불리는 WTO가 예가 될 수 있다. 1995년 출범한 WTO는 세계 무역 분쟁을 중재하는 국제기구로, 관세 및 반덤핑 규제 등 실질적인 법적 권한과 구속력을 가진다. FTA(자유무역협정)가 양자 간 자유무역을 맺는 협정이라면, WTO는 150여 개 회원국 간 다자무역을 다루는 틀이다. G20도 중요한 경제 대화체로 자리 잡고 있다. 지난 2008년 본격화된 세계 경제위기를 극복하기 위해 세계 주요 국가들은 기존 '선진국 모임'이었던 G7을 벗어나 G20이라는 회의체를 만들었다. 중국, 한국 등 더 많은 국가들과의 협력 없이는 경제위기를 벗어나기 힘들다는, 지극히 명백해진 현실에 대한 반응이자 대응이었다.

열린 실험실이 될 세계정부

경제 문제와 더불어 21세기 들어 유독 주목받는 것이 바로 환경 문제다. 지구 온난화를 비롯해 수많은 사람들의 목숨을 앗아갔던 쓰나미와 지진 같은 자연재해에 대한 경각심이 높아지면서 공동 대응의 필요성을 인식하게 된 것이다. 지구 온난화에 대한 국제적 움직임으로는 1988년에 시작된 정부 간 기후 변화 협의체(IPCC: Intergovernmental Panel on Climate Change)를 꼽을 수 있다. 유엔 산하 세계기상기구(WMO)와 유엔환경계획(UNEP)이 기후 변화와 관련된 전 지구적인 환경 문제에 대처하기 위해 각국의 기상학자, 해양학자, 빙하 전문가 등 3000여 명의 전문가로 구성된 협의체다. 1992년 리우 환경 정상회담에서 채택한 유엔기후변화협약(UNFCCC)과 이의 부속 합의서인 교토의정서(1997)는 구속력 있는 온실가스 감축 목표를 규정하고 있다. 의무를 달성하지 못할 경우 규제를 가할 수 있는 국제 규약이다. IPCC는 국제적인 협의체일 뿐만 아니라 국제적 집단지성의 역할도 수행하고 있다. 2007년 노벨위원회는 기후 변화 연구에 대한 공로로 IPCC와 앨 고어 전 미국 부통령에게 노벨평화상을 수여하기도 했다.

IPCC에서 채택한 유엔기후변화협약에도 문제점이 없는 것은 아니다. 세계에서 가장 많은 온실가스를 배출하는 중국(세계 전체 온실가스 배출량의 24퍼센트) 및 인도(18퍼센트) 등이 개발국이라는 명분으로 의무국에서 제외됐고, 두 번째 배출국인 미국(18퍼센트)은 자국 산업 보호를 명분으로 아예 참여하지 않고 있다. 그럼에도 복잡한 국제관계 속에서 '세계의 환경부' 역할을 어느 정도 해내고 있다는 평가를 받고 있다.

그동안 세계화라는 단어는 사실상 경제 분야를 중심에 둔 용어였다. 하지만 '경제의 세계화'는 이미 구문이 된 지 오래다. 자연재해와 전염병, (사이버)테러, 빈곤 및 양극화, 교육 등 국경을 넘어 인류 전체의 삶과 직결된 광범위한 이슈들이 부각되면서 지금은 정치의 세계화(globalization of politics)에 대한 본격적인 논의가 필요해졌다. 정치, 경제, 사회, 환경, 에너지 등 핵심적인 분야에서 국제 공조를 이끌어낼 수 있는 새로운 기구에 대한 현실적이고 구체적인 구상이 필요하다.

세계 공동체나 세계정부에 대한 상상이 확산되는 것은 어찌 보면 자연스러운 귀결이다. 불확실성에 신속하게 대응하기 위해서는 국제적으로 구속력 있는 제도와 룰이 필요하기 때문이다.

미국 내 의제 설정 및 정부 정책 결정에 상당한 영향력을 행사하는 싱크탱크인 미국외교협회(CFR: Council on Foreign Relations)는 2012년 말에 한 보고서를 발표했다. 이 보고서는 국제 문제 전문가들의 의견을 근거로 2013년에 세계 질서에서 생길 수 있는 몇 가지 도전 과제를 열거하고 있다.[44]

보고서는, 세계가 포스트-단극세계(post-unipolar world, 세계정부)의 첨예한 문제들에 대해 책임을 분담할 필요가 있으며, 특히 글로벌 파워로서 중국이 더 큰 역할을 수행해야 한다고 주장한다. 또 유엔, WTO, IMF, G2와 같은 국제기구들의 권한과 역할을 더 강화해야 한다고 지적한다. 아울러 강대국이 중소국과 적극 협력함으로써 글로벌 정치무대에서 강대국과 중소국 간 '네트워크 거버넌스 원칙(networked governance principle)'을 진전시킬 수 있게 해야 한다고 강조한다.

CFR 보고서는 다분히 미국적인 시각을 담고 있다. 기존 권력은 유지하되 부담은 나누고 싶다는 의도가 엿보인다. 그럼에도 불구하고 의미 있는 것은, 많은 사람들이 미국 중심의 단극체제 '이후'의 세계에 대해 본격적으로 고민하기 시작했다는 점이다. '슈퍼맨'을 자처하던 미국의 개입으로 세계 곳곳의 갈등이 어느 정도 봉합되고 해결되던 시대는 지나갔다는 자각, 점차 예측하거나 풀기 어려운 문제들은 유엔과 같은 국제기구에 의해 조율돼야 한다는 현실적인 진단을 담고 있다.

강대국 내 혹은 강대국과 중소국 간 첨예한 이해관계 등으로 미래의 '세계정부'는 강대국들의 정치무대가 될 것이라는 지극히 현실적인 비관론이 없는 것은 아니다. 지금 유엔이 받고 있는 비판도 바로 그 지점에 있다.

　그럼에도 지구 온난화, 테러, 쓰나미, 교육, 빈곤 등 개별 국가가 풀 수 없는 문제들은 향후 세계정부와 같은 큰 틀 안에서 해결할 수밖에 없다는 것 역시 현실이다. 정부가 더는 무력한 모습을 보이지 않아야 국민의 신뢰를 받을 수 있다는 것도 현실이다. 문제를 해결하는 정부가 되려면 국경을 넘나드는 협력의 기술이 더욱 중요해지고 있다는 것 역시 현실이다. 현실의 간절한 염원은 거대한 상상을 낳는다. 세계정부가 바로 그런 것이다.

Chapter 9

알고리즘 사회
"어제의 지식이 오늘의 기술을 만나다"

- 컴퓨터가 수학 선생님을 대체한다면

- 자본에 얽매이지 않는 디지털 화폐 비트코인

- 정보와 지식의 디지털화, 기자 없는 기사와 로봇 저널리즘

- 기계, 인간의 노동을 대체하다

 알고리즘(algorithm)은 아랍 수학자 알콰리즈미(780~850)의 이름에서 유래한 말이다. 수학에서는 문제를 풀기 위한 과정을 이야기하며, 컴퓨터에서는 주어진 문제를 해결하기 위한 연산 과정을 뜻한다.

 기술이 발전하면서 인간이 과거에 하던 일은 점차 컴퓨터에게 자리를 내주고 있다. 사람의 일자리를 잡아먹고 있는 듯한 모양새다. 로봇이 인간의 자리를 대체하는 공상과학 영화의 장면이 떠오를 정도다.

 하지만 인간이 기술을 제대로 이용한다면 세상은 어떤 모습이 될까.

컴퓨터와 기계가 할 수 있는 일을 모두 자동화해 넘기고, 사람은 창의적이고 인간적 감성이 필요한 영역의 일만 맡을 수 있을 것이다. 기계처럼 일하는 인간은 점점 더 줄어들고 창조와 혁신만이 인간의 임무가 될 수 있을 것이다.

한편으로는 먹고살기 위한 생산을 목적으로 한 노동이 차차 줄어들 수 있다. 이런 사회에서 '일하지 않는 자여 먹지도 말라'던 과거 구호는 완전히 잊히고 말 것이다. 해야 할 일 자체가 사라져버리는 사회가 온다면 말이다. 이런 사회에서는 '먹고살기' 위한 생산 노동을 억지로 하는 사람보다 기쁨과 보람을 목적으로 일하는 사람이 더 많아질 테니 말이다.

단순한 학습 교육을 컴퓨터를 이용한 동영상에 넘기고, 교사는 학생과의 인간적 교류를 통한 인성 교육에 집중한다면? 사람이 좌우하며 권력의 논리가 작용하는 화폐금융 시스템을 알고리즘이 전적으로 통제하는 비트코인에 맡긴다면? 단순한 사실 전달은 기사 작성 기계에 맡기고, 기자는 날카로운 분석과 현실 비판을 위한 시각을 벼리는 데 집중한다면? 결국 단순노동을 알고리즘이 대체하고 만다면?

이런 소셜픽션은 얼핏 디스토피아처럼 보이기도 하지만, 어떻게 대응하느냐에 따라 얼마든지 유토피아가 될 수도 있다.

컴퓨터가 수학 선생님을
대체한다면

현대의 교육이 학교와 교사와 학습을 중심으로 설계된 것은 현실적인 자원의 한계 탓이 크다. 수십 년 전만 해도 지식을 전달하는 가장 효과적인 방법은 직접 대면해서 강의 방식으로 가르치고 지필시험을 통해 평가하는 것이었다. 물론 교사 한 명당 학생 수가 적을수록 효과적인 학습 교육이 되겠지만, 예산과 인력을 무한정 투입할 수는 없는 노릇이니 학급당 학생 수를 적정한 선에서 유지해야 했다. 그 결과 현재의 교실이 설계되었다.

그런데 학교 교육의 문제점을 지적하는 소리가 끊이지 않는다. 교사가 많은 학생들의 학습 지도와 인성 교육을 동시에 맡아야 하기 때문이다. 그러다 보니 개별적 인성 교육은 거의 불가능해졌다는 게 비판의 핵심이다.

그런데 만일 현재 교실과 교사의 기능 가운데 상당 부분을 컴퓨터와 인공지능으로 구현할 수 있다면 어떨까? 이런 방법으로 학습을 시스템과 알고리즘에 맡기고, 교사는 개별적 인성 교육에 집중한다면?

사실 그런 기술은 이미 나와 있고 얼마든지 더 개발이 가능하다. 칸 아카데미(Khan Academy)나 새로운 교실 등이 상상하는 교육은 바로 그런 모습이다.

자전거 타기를
교육에 적용시킨 칸 아카데미

자전거를 배운다고 상상해보자. 교사 한 명이 학생 30명을 모아놓고 자전거 타기 수업을 한 시간 동안 한다. 그런 다음 학생들이 제대로 배웠는지 시험을 본다. 그리고 실습을 시킨다. 결과적으로 30명 가운데 10명은 지필시험과 실습에서 80점 이상을 받는다. 10명은 60점에서 80점 사이이다. 10명은 60점 이하로 낙제점을 받는다. 이 과정을 거치고 나서 교사는 학생들에게 이야기한다. "자, 이제 두발자전거는 모두 마쳤으니, 한발자전거 타기를 배울 차례다."

우습게 들리는가? 그런데 우리가 학교에서 아이들에게 하고 있는 교육과 비슷하지 않은가? 무료 온라인 교육 시스템 칸 아카데미를 설립해 유명해진 살만 칸(Salman Khan)의 말을 빌리면 그렇다. 2013년 4월에 열린 스콜월드포럼 강연에서 그는 자전거 이야기로 시작해 자신이 가진 사회적 상상을 풀어놓았다.[45]

살만 칸이 교육에 관심을 가지기 시작한 것은 헤지펀드 분석가로 일하던 2004년이다. 그 무렵 그는 배치고사에서 수학 시험을 망친 사촌 여동생 나디아에게 원격 수학 과외를 해주고 있었다. 멀리 사는 사촌에게 원격으로 강의를 하던 중, 동영상으로 만들어 유튜브에 올려놓으면 시간과 장소에 구애받지 않고 자유롭게 강의를 들을 수 있고, 모르는 부분은 반복해서 들을 수도 있다는 이야기를 듣고 그대로 실행했다.

그런데 이 강의 내용은 사촌 여동생뿐만 아니라 전 세계에서 유튜브 접속이 가능하고 수학 공부를 하려는 다양한 계층, 인종, 연령의 사람들이 보게 되었다. 그는 동영상에 대한 댓글을 통해서 세계의 많은 사람들과 소통하게 되었다. 이 경험을 바탕으로 칸은 몸담고 있던 금융권을 떠나 칸 아카데미라는 온라인 교육 플랫폼을 구축하고 새로운 교육을 꿈꾸게 되었다.

칸 아카데미는 모든 강의를 음성과 영상으로 온라인에서 구현하는 학교다. 학생들이 각자 자신의 속도와 방법으로 학습한다. 학생이 교사의 진도에 억지로 맞출 필요가 없다.

2009년에 비영리 교육기관으로 설립했고, 구글과 빌&멀린다 게이츠 재단 등에서 후원을 받았다. 빌 게이츠가 자신의 아이도 칸 아카데미에서 공부한다고 말하면서 세계적으로 화제가 되기도 했다.[46]

예를 들면 살만 칸이 목격한 전통적인 교실의 수학 교육은 앞서 언급한 자전거 타기와 같다. 아이들마다 학습 정도가 제각각 다른데도 친도의 50퍼센트를 습득한 아이나 95퍼센트를 습득한 아이나 똑같이 다음 진도로 넘어가야 한다. 이는 학습 효율성을 떨어뜨릴 뿐만 아니라 아이들의 자존감마저 빼앗는 일이다. 학습을 포기하는 아이들이 나올 수밖에 없다.

칸 아카데미의 교육 철학은 '완전학습(mastery learning)'과 '한 세상 학교(one world school house)', 두 가지로 요약된다. 완전학습이란 학생 개개인의 능력과 학습 속도에 맞춰 수업을 구성해야 한다는 입장이다. 자연스레 개인 맞춤형 교육을 강조하게 된다. 온라인에서 구현하기 용이한 방식이기도 하다. 교실에 다 함께 앉아서 수업을 들어야 하는 상황이 아니기 때문이다. 실제로 칸 아카데미에서는 개인별 진도 관리가

가능하다.[47]

개인 맞춤형 교육이 공동체 정신을 손상시키고 위화감을 조성한다는 지적도 있다. 그러나 살만 칸은 그 반대라고 생각한다. 오히려 전통 교육 모델이 자기학습 중심적이다. 공부를 잘한다고 혹은 못한다는 이유로 서로 미워하는 일이 벌어지기 쉬운 방식이다. 그러나 완전학습을 하면 누구도 좌절감을 느낄 필요가 없다. 모든 학생이 자신의 진도만 생각하면 되기 때문이다.

사실 완전학습은 교육학에서 논의되는 오랜 교수법이다. 그런데 현실적으로 가능한 모델인지에 대한 의문도 있다. 20여 년 전에도 교육자들은 완전학습이 필요하다고 주장했지만 현실적으로 실천하기 쉽지 않았다.

하지만 환경이 바뀌었다. 온라인 교육이라는 기술과 플랫폼이 생겼다. 학생 개인 사정에 따라 언제 어디서 배울지 결정할 수 있게 되었다. 살만 칸은 향후 5~10년 안에 칸 아카데미식 교육 모델이 주류를 이룰 것이라고 장담한다.

칸 아카데미에서는 학생들에게는 스스로 학습할 수 있는 온라인 강의 및 연습문제를 제공하고, 교사에게는 학생의 진도를 체계적으로 관리하는 시스템을 제공한다. 또 미국의 일부 학교에서는 '뒤집힌 교실(flipped classroom)' 실험을 진행 중이다. 집에서 온라인으로 강의를 듣고 문제를 풀며 진도를 나가고, 학교에서는 교사가 학생의 진도를 확인해 막힌 부분이 있으면 개별 지도해주는 방식이다.

칸 아카데미의 또 다른 중요한 교육 철학은 '한 세상 학교'다. 한 세

"살만 칸의 영상 강의를 통해 저는 일에 대한 영감을 얻고 제 아이들은 공부를 합니다." - 빌 게이츠

상 학교는 다양한 연령대와 국적의 학생들로 이루어진 학교라는 뜻으로 다양성을 존중하는 교육 철학을 내포하고 있다. 이는 교실이라는 물리적 공간을 벗어나자는 의미다. 온라인이니 당연히 학생의 다양성은 무한대로 커질 가능성이 생긴다. 학생들에게 공부할 시간, 공간에 대한 무한한 선택권을 줄 수 있다. 또 지역이나 빈부의 격차로 인해서 교육받을 기회가 없는 사람들이 쉽게 접근할 수 있다. 이런 점에서 평등 교육을 지향하는 철학이기도 하다. 따라서 칸 아카데미의 동영상 강의는 전 세계 사람들에게 무료로 제공된다.

칸 아카데미의 교실 없는 학교는 무시험과 무숙제로 연결된다. 창의력을 기르는 시간은 학교 안팎에서 모두 필요하지만 현실에서는 어디에서도 제대로 이뤄지지 않고 있다.

잠시 한국 교육을 되돌아보자. 교육 과정은 경직되어 있다. 방과 후에는 숙제가 너무 많아 밥도 제대로 못 먹고 잠도 잘 못 자는 학생이 태반이다. 선행학습을 위한 사교육과 숙제 때문에 학생들은 고통을 받는다. 학교에서 완전학습은 기대하기 어렵다.

그런데 칸 아카데미가 제안하는 미래의 학교는 방과 후 시간에 할 일을 규정짓지 말아야 한다는 것이다. 당연히 숙제도 없다. 사실 완전 학습을 한다면 숙제가 필요 없다. 따라서 학생들은 방과 후에 창의적인 일에 시간을 할애할 수 있다. 여유가 생기니 창의력도 발달하게 되고, 진로에 대한 고민도 할 수 있다.

살만 칸이 꿈꾸는 미래의 교실에서는 교사가 하는 역할도 지금과 크게 다르다. 교사는 더 이상 열심히 수업 진도만 나가면 되는 지식 전달자가 아니다. 학급에는 중심이 없다. 학생 각자가 중심이 되어 자기만의 속도와 방법으로 공부한다. 진도는 인공지능 시스템의 일종인 기계학습(machine learning) 메커니즘에 따라 개별적으로 관리된다.

이제 교사는 가이드이자 멘토이자 코치 역할을 하게 된다. 학생 개개인을 파악하고 격려하며 인간적 유대를 키워 동기부여를 하는 게 교사의 역할이다. 어찌 보면 교실의 진도 관리자보다 훨씬 더 복잡하고 어려운 일이다.

미래 교실의 시험은 단순 평가에 불과하다. 다시 말해 '당신이 지금 알고 있는 게 무엇인가'를 묻고, 대답을 통해 그 순간을 평가하는 일종의 '스냅샷(snapshot)'이다. 기존 교육 모델은 시험 성적에 따라 학생을 A, B, C, F등급으로 나누었다. 비교가 목적이기 때문이다. 그러나 미래의 시험은 다르다. 개개인이 자신의 학습 성과를 파악하고 성과를 높이는 데 필요한 것이 무엇인지 파악하는 게 목적이다. 비교를 위한 시험이 사라진 교육이다.

대학 캠퍼스를 대체할
온라인 교육 플랫폼 무크

무크(MOOC: Massive Online Open Courses)는 칸 아카데미의 대학판이다.[48] 코세라(Coursera), 유다시티(Udacity), 에덱스(Edx) 등이 이 사업을 펼치는 대표적 기업 또는 비영리기관이다.

열기는 뜨겁다. 하버드 대학과 매사추세츠 공과대학(MIT)에서 만든 비영리기관인 에덱스는 2012년 가을 처음 문을 열자마자 학생 37만 명이 등록했다. 같은 해 1월에 문을 연 코세라에는 170만 명이 등록했다. 또 다른 무크 사업자 유다시티의 서배스천 스런((Sebastian Thrun) 박사의 '인공지능 입문' 과목에는 15만 명이 등록해 수업을 들었다. 무크 사업을 시작한 앤드류 잉(Andrew NG) 스탠퍼드 대학 교수는 아스펜 아이디어 페스티벌에서 "페이스북보다 빠르게 성장하고 있다"고 발표했다.

무크는 스탠퍼드, MIT, 하버드 등 명문 대학의 강의를 하나의 플랫폼에서 경제적 부담 없이 수강할 수 있으며, 맞춤형 커리큘럼을 통해 효율적인 학습이 가능하고, 온라인 포럼 등을 통한 구성원 간의 협업(collaboration)과 자기 주도적 학습을 할 수 있다. 물론 아직까지는 다수 학생 평가의 어려움, 수강의 실효성, 지속 가능성의 의문 등 해결할 과제가 많지만, 크라우드소싱을 통한 동료 평가제 도입, 자동 채점 소프트웨어 개발 등 학습 패러다임의 변화를 거듭하고 있다.

무크가 꿈꾸는 교육은 최고 수준의 대학 강의를 온라인으로 구현해 전 세계 어디서나 들을 수 있게 하는 것이다. 실제 강의에 가깝게 구현할 수 있다면 누구나 저렴한 비용으로 수준 높은 교육을 접할 수 있다는 취지다. 온라인으로 토론이 가능한 플랫폼까지 구현할 수 있다면, 온라인에 의한 대학 운영도 가능해진다.

물론 풀어야 할 숙제가 많다. 학생 평가를 어떻게 할 것인지, 학위 수여는 가능할지, 교수의 역할은 어떻게 달라져야 하는지, 실제 강의처럼 피드백을 주며 교육할 수 있는 플랫폼은 어떻게 구현할지 등등. 그러나 이 모든 질문은 하나의 상상을 향해 있다. 실제 대학 캠퍼스에서 진행되던 일을 온라인에 기술적으로 구현함으로써 더 많은 사람들이 더 쉽게 고등교육을 접할 수 있는 세상이 그 상상의 종착점이다.[49]

새로운 교실, 교육의 미래를 상상하다

교실은 많은 학생들을 관리 감독하기 위해 고안된 시스템이다. 그 중심에는 학생이 아닌 학교와 교사가 있을 수밖에 없다. 학교 운영과 교사의 편의에 맞게 교육 시스템이 운영되도록 설계되었기 때문이다. 결국 수십 명의 학생을 앞에 두고 한 명의 교사가 가르치는 방식으로 교실이 조직되었다. 교육 과정도 여기에 맞춰 고안되었다. 표준화된 교과서, 일정에 맞춘 진도, 학기 제도 등이 그것이다.

하지만 시대는 빠르게 바뀌었다. 기술의 발전으로 이제는 학습 내용에 따라 다양한 교수법을 활용하는 게 더 효과적이라는 증거도 많이 발견되고 있다. 동영상, 게임, 그룹 토론, 컴퓨터를 통한 맞춤형 평가 등이 가능해졌고, 점점 더 발달하고 있다.

그런데 이런 교육 방법은 현재의 교실에서 제대로 활용되지 않고 있다. 교실 체제가 바뀌지 않다 보니 여전히 교육 과정은 앞에서 말한 '자전거 타기 강의' 같은 식으로 진행된다. 한 단계를 완전히 마치지 못한 학생도 강제로 다음 단계로 진도를 나가야 하고, 그러다 보니 자연히 배움에 흥미가 떨어지고 학습 부진을 겪게 된다.

이에 대해 많은 사람들이 문제의식을 느끼고 있고, 기술도 준비되어 있다. 그렇다면 변화는 가능하다. 아스펜 아이디어 페스티벌에 참석한 조엘 로스(Joel Rose)는 뉴욕에서 그런 변화를 실험한 사례를 발표했다.

'새로운 교실(New Classrooms Innovation Partners)' 대표 조엘 로스는 뉴욕 시 교육 담당 공무원으로 일하던 사람이다. 학교 행정을 맡던 그는 기술의 작은 변화로도 교육에 큰 영향을 줄 수 있다는 사실을 발견했다. 그리고 시작한 것이 '하나를 위한 학교(School of One)'라는 프로그램이다. 기술을 통해 학생 한 명 한 명에게 맞춤형 교육을 제공하는 데 초점을 맞춘 것이다. 이 프로그램은 온라인 학습과 교사의 수업을 적절하게 혼합하면서 개인별 진도 관리를 위한 교육 과정을 실험하는 내용이다.

수학 과목으로 국한해 진행한 이 프로그램은, 1500명의 학생에게 제공되었는데, 기존 교육 과정보다 나은 학습 성과를 냈다. 특히 성적이 낮은 학생들의 학습 성과가 더 좋아졌다. 조엘 로스는 이 프로그램을 더욱 확산하기 위해 '새로운 교실'이라는 비영리기관을 만들어 새로운 교육 과정을 보급하는 데 앞장서고 있다.

'새로운 교실'의 목표는 '학습 속도가 서로 다른 학생들을 어떻게 가르칠 것인가'라는 학교 교육의 오래된 문제를 푸는 것이다. 한국으로 따지면 초등학교 고학년 정도인 학생들이 수학을 고르게 배울 수 있게 하는 게 목표다. 이 프로그램이 적용된 뉴욕 브루클린의 한 교실을 보자. 여섯 명의 교사가 106명의 학생과 함께 공부한다. 몇 명의 학생들은 전통적인 수업시간과 마찬가지로 앞에 선 교사의 수업을 듣고 있다. 이 학생들은 수학 과목에서 이미 같은 수준의 학습 성취를 보였다. 다른 학생들은 컴퓨터 앞에서 동영상을 시청하거나 수학 게임을 하고 있다. 또 온라인 튜터가 진행하는 프로그램에도 참여하고 있다.

수준 평가를 위해 컴퓨터 앞에 앉아 문제풀이를 자주 하지만, 전통적인 시험처럼 부담을 주지는 않는다. 학생들의 성적을 비교하기 위한 시험이 아니라, 각자에게 맞는 방법의 교육을 제공하기 위한 시험이기 때문이다. 학생들은 오히려 컴퓨터와 게임을 활용한다는 점 때문에 이 방법을 좋아한다. 아직 실험 중인 프로그램이기는 하지만, 학교 진도에 맞춰 학생이 학습하는 게 아니라 학생의 진도에 맞춰 학교가 움직이는 게 미래의 교육 시스템이 되어야 한다는 정신은 미국에서 큰 공감을 얻고 있다.

교육의 미래를 상상하는 사람들의 시도에는 한 가지 공통점이 있다. '교실'을 중심으로 묶여 있는 교육 체계를 해체해보자는 시도라는 점이다. 교실 하나에 교사 한 명, 교사의 이야기를 듣는 다수의 학생, 똑같은 교과서라는 기존의 틀을 일단 벗어나면, 무한한 가능성이 열린다. 특히 학습 지도를 상당 부분 컴퓨터를 통해 알고리즘으로 관리할 수 있다면 교사는 그야말로 인성 교육에 집중할 수 있게 된다.

학생들은 저마다 진도가 다를 수도 있다. 교사는 코치로 역할이 바뀔 수도 있다. 우리가 상상하는 교육 방법의 대부분은 기술로 구현 가능한 시대가 되었다. 컴퓨터를 두려워하지 말고 가능한 방법을 구현하고, 사람은 기계가 할 수 없는 일을 하자는 게 이들의 상상이고 제안이다. 기계가 할 수 없는 일이 있다면, '무엇이 가장 교육적인가'라는 근본적 질문에 답하는 것이다. 아이들이 참여할 교육을 더 인간적이고 공동체적인 것으로 만드는 것이다.

자본에 얽매이지 않는
디지털 화폐 비트코인

2008년 9월 12일 금요일 저녁, 로어 맨해튼의 리버티 스트리트에 있는 뉴욕 연방준비은행 앞으로 금융계 거물들을 태운 고급 리무진들이 속속 도착했다. 뉴욕 연방준비은행 총재인 티모시 가이트너가 긴급회의를 소집했기 때문이다. 워싱턴에서 헨리 폴슨 재무부장관도 날아왔다. 모건스탠리의 존 맥, 메릴린치의 존 테인, 골드만삭스의 로이드 블랭크페인, 시티그룹의 비크람 팬디트 등 월스트리트 금융회사의 최고경영진은 물론 로열뱅크오브스코틀랜드 대표자 등이 참석자 명단에 이름을 올렸다. 미국에서 세 번째로 큰 투자은행 JP모건체이스의 최고경영자 제이미 디몬도 참석했다. 좀처럼 한자리에 모이기 어려운 글로벌 금융계의 별들이 긴급하게, 그것도 금요일 저녁에 소집된 사실만으로도 당시 상황이 얼마나 긴박했는지 짐작해볼 수 있다.

그날 회의는 임박한 파국에 어떻게 대응할지 논의하기 위해 마련되었다. 구체적으로는 파산 위기를 맞은 대형 투자은행 리먼브라더스를 구제하기 위한 방안을 포함해, 만약 파산한다면 그것이 가져올 연쇄적인 피해를 최소화할 수 있는 방안 등을 논의할 예정이었다.

다음 날인 13일 JP모건체이스의 제이미 디몬은 24명에 이르는 은행 경영진과 긴급 컨퍼런스 콜을 진행했다. 토요일 아침 7시 30분이었다. 주말 아침의 이른 시각이었지만 그건 문제가 되지 않았다. "여러분은 이제 곧 미국 역사상 가장 믿기 힘든 한 주를 경험하게 될 것입니다.

매우 철저하게 최악의 경우를 상정하고 준비하지 않으면 안 될 것입니다. 우리는 회사를 보호해야 합니다. 이것은 우리의 생존에 직결된 문제입니다."[50] 그의 얘기가 결코 과장이 아니었다는 것을, 컨퍼런스 콜 참석자들은 앞으로 몇 주간의 경험을 통해 확인하게 될 것이었다.

결국 리먼브라더스는 파산했고, AIG는 미국 정부에 의해 국유화되었으며, 월가의 아이콘이었던 메릴린치는 뱅크오브아메리카에 인수되었다. 수조 달러의 자산이 순식간에 사라졌고 미국 경제는 물론 세계 경제 전체가 깊은 침체의 늪에 빠져들었다. 미국 전역에서 900만 명에 이르는 사람들이 집을 잃었고, GDP 6500억 달러가 순식간에 날아갔다. 550만 개의 일자리가 없어진 것으로 추정됐고, 부동산과 증권 등 자산 가치는 10조 달러 이상 증발했다.[51] 촘촘하게 연결된 세계 경제 시스템으로 인해 이 피해는 미국에만 그치지 않았다. 극심한 공포 속에 미국인들이 소비와 지출을 줄이자 중국의 농민공 1000만 명이 실직하게 되는 식으로 충격과 공포는 세계화되었다.

금융위기 속에서 등장한 세기적 발명

이로부터 한 달쯤 전으로 시계를 돌려보자. 월가에서 위기의 징후들이 스멀스멀 피어오르기 시작하던 2008년 8월 18일, 누군가 bitcoin.org 도메인을 어나니머스스피치닷컴을 통해 등록했다. 어나니머스스피치닷컴은 이용자들에게 익명 이메일, 익명 도메인 등록 서비스 등을 제공하는 업체다. 그러므로 아마도 이때까지 그 도메인의 등록자가 누구인지는 아무도 몰랐거나 관심조차 없었을 것이다. 지금도 이 도메인은 비트코인의 공식 주소로 활용되고 있고, 어나니머스스피치닷컴은 현재 비트코인을 결제수단으로 받아들이고 있다.

그로부터 두 달여 뒤인 10월의 마지막 밤, 암호화 기술 메일링리스트인 메인(GMANE)에 사토시 나카모토(Satoshi Nakamoto)라는 이름을 가진 이용자가 다음과 같은 글을 올렸다.

제목: 비트코인, P2P e캐시 시스템

본문: 나는 새로운 전자 캐시 시스템 관련 작업을 해오고 있다. 이것은 (수신/발신자 외) 제3기관의 신용을 필요로 하지 않는 완전한 P2P 기반이다.

주요 특징은 다음과 같다.

• P2P 네트워크를 통한 이중지불 방지

• 조폐제도 또는 여타의 중앙기관 배제

• 참여자 익명성 보장

• 해시캐시 스타일의 작업증명(proof-of-work)을 통한 새로운 화폐 발행

• 새 화폐 생성을 위한 작업증명 과정을 통해 전체 네트워크가 이중지불을 방지하도록 보장[52]

열흘 후인 11월 9일에는 가장 널리 알려진 오픈소스 프로그램 디렉토리인 SourceForge에 비트코인 프로젝트가 등록됐다. 해가 바뀌고 2009년 1월 3일 그리니치 기준 시각 18:15:05경 드디어 최초의 비트

코인 블록이 생성되며, 최초의 P2P 기반의 디지털 화폐가 역사적인 가동을 시작했다.

비트코인의 실체가 최초로 그 모습을 드러낸 순간이었다.

비트코인은 2009년에 태어난 글로벌 전자 지불 네트워크이자 그것을 기반으로 통용되는 디지털 화폐의 명칭이다. 화폐이면서도 중앙 통제적인 금융기관의 개입이 전혀 없다는 것이 가장 차별화된 특징이다. 수학적 알고리즘을 바탕으로 참여자 모두에 의해 관리와 운영이 이루어지도록 설계되었다. 중앙 관리기관 없이 사람들의 컴퓨터와 컴퓨터를 이어 직접 거래하도록 하는 'P2P(peer-to-peer)' 방식의 수평적 네트워크에서 거래를 포함한 모든 활동이 이루어진다. 전자 방식으로만 거래되지만 현금을 쓸 때처럼 익명성이 보장된다. 이 시스템을 만든 사람은 사토시 나카모토라는 일본식 이름을 사용했고, 37세 남성이라고 자신을 소개했지만, 그가 정말 일본인 남성인지 혹은 서양인인지 그도 아니면 여러 사람으로 구성된 작업 집단인지는 확인할 수 없다.

비트코인은 발행부터 네트워크의 관리에 이르기까지 철저하게 미리 정해진 알고리즘을 통해 이루어진다. 사람의 손길 또는 정치 따위가 이 규칙에 개입할 여지는 없다. 우선 발행을 보자. 비트코인은 발행 총량이 정해져 있고, 130여 년 뒤면 발행이 끝난다. 여기서는 발행 대신 '채굴(mining)'이라는 용어를 사용한다. 자신의 컴퓨팅 자원을 동원해 비트코인 네트워크의 보안과 거래 기록 관리 작업에 참여하는 사용자들이, 마치 금을 캐는 것처럼 컴퓨터 알고리즘을 통해 '채굴'한다. 2013년 하반기 현재 약 1200만 비트코인(BTC)이 전 세계에 유통 중이며, 2145년까지 총 2100만 단위(BTC)까지만 발행된다. 비트코인 거래는 이메일을 주고받는 것과 비슷하다. 금융기관을 거치지 않고 개인 사이에 돈이 오가는 P2P 방식이다.

어쩌면 비트코인을 캐내는 과정은 전설 속 엘도라도를 실제로 찾아내 최초의 금 덩어리를 발견한 것과 유사한 상황이랄까. 물론 현실에서는 떠들썩한 환호 따위 없었다. 야심찬 기획치고는 조용한 출발이었다. 그로부터 불과 4년의 시간이 흐른 뒤 1비트코인의 환산 가치는 100달러가 되었고, 몇 개월이 지난 후 1000달러에 도달했다. 이런 일이 가능하리라고 누가 짐작이나 했을까.

가장 저렴하고 효율적인 화폐의 탄생

탄생한 지 5년째 되는 해인 2013년 비트코인은 지구적 현상이 되었다. 세계 최고 권위를 자랑하는 옥스퍼드 사전은 2013년 올해의 단어 후보에 비트코인을 선정했다. 벤 버냉키 미 연방준비제도이사회 의장을 비롯한 많은 인사들은 비트코인에 대한 입장을 밝혀야만 했다. 한국 역시 이 열풍의 영향권에서 비껴나지는 못했다. 한국은행을 비롯한 금융당국은 서둘러 입장과 전망을 내놓아야 했다. 연초 10달러 선에 머물던 비트코인 가격은 4월에 266달러까지 치솟았고, 급기야 11월 말에는 1200달러까지 도달했다. 가파른 가치 상승도 놀랍지만 더 주목할 점은 전 세계적으로 참여자 수가 급증하고 있다는 것과, 비트코인 네트워크의 인프라를 이루는 채굴자(miner)들의 집합적 컴퓨팅 파워가 천문학적

규모로 성장했다는 사실이다. 비트코인의 거래 규모는 2013년 인터넷 시대의 가장 성공한 전자 지불 네트워크인 페이팔(paypal)의 거래 규모를 넘어섰다.

비트코인을 처음 접한 사람들의 반응을 한마디로 요약하면 단연 당혹감일 것이다.

사이버 머니 같은데 발행기관도 관리기관도 소유주도 없다. 그런데도 다른 나라와의 금융 거래도 오류와 혼선 없이 할 수 있다. 어디에 있든 자유롭게 주고받을 수 있고 해외로 돈을 보내는 경우에도 수수료가 거의 들지 않는다. 발행량이 정해져 있어서 희소성을 지니는 데다 현찰을 사용할 때처럼 익명성까지 보장된다. 이런 이유로 이 보이지 않는 화폐, 국가의 보증도 없는 디지털 신호가 금값으로 치솟고 있다. '이게 도대체 뭐야?'라는 반응을 보이며 혼란에 빠져드는 것은 전혀 이상한 일이 아니다. 디지털 신호에 불과한 숫자가 금값이 된 상황이 난센스처럼 느껴지거나 일종의 사기극처럼 여겨질 수도 있다.

이런 혼란은 비트코인이 화폐이면서 동시에 글로벌 전자 지불 네트워크이기도 하다는 사실을 깨닫지 못한 데서 나온다. 더 나아가 실리콘밸리의 기술산업 전문가들과 유력 벤처투자자들은 비트코인을 새로운 금융 혁신의 플랫폼이자 프로토콜(기본이 되는 규약)로 간주한다. 이메일의 프로토콜인 SMTP, 웹의 프로토콜인 HTTP처럼, 미래 금융의 프로토콜이 될 것이라 예상한다. 이 전자 금융 네트워크와 금융 플랫폼이라는 물적 토대를 바탕으로 비트코인은 비로소 화폐로서의 가치와 기능성을 획득하게 된다.

쉽게 풀어서 얘기해보자. 역사상 가장 저렴하고 효율적인 금융 거래를 전 지구적으로 가능케 하는 이 혁신적 금융 네트워크를 이용하려면 비트코인이라는 독자적인 화폐가 필요하다. 그런데 이 화폐는 발행량이 정해져 있어 희소가치를 지닌다. 2145년까지 2100만 개까지만 발행된다. 혹독한 검증을 거치며 복제, 위조 등 보안 문제에 대한 의구심도 거의 해소됐다. 설상가상 네트워크 참여자 수는 기하급수적으로 늘어나고 있다. 몇 달 전에는 거의 없다시피 했던 중국 시장이 새로 편입됐고, 한국만 해도 불과 석 달여 만에 몇 만 명이 새로 참여했다.

여기서 끝이 아니다. 많은 벤처기업들이 두둑한 투자금을 자양분 삼아 새로운 금융 서비스를 만들어내며 생태계는 나날이 풍성해지고 있다. 여기에 기존 금융 시스템에 대한 불신과 불안까지 겹치며 더 폭발력을 보이게 된 것이 바로 비트코인 현상의 핵심이라 할 수 있다. 물론 투기적 기대감과 그로 인한 거품으로 더 부풀려진 측면도 분명 존재한다.

더 이상 돈을
믿지 못하는 사람들

앞서 살펴보았듯이, 비트코인은 세계 금융위기를 전후해서 개발되었고 세상에 모습을 드러냈다. 지금껏 정체가 밝혀지지 않은 비트코인의 개발자는 최초의 논문과 온라인 커뮤니티에 개진했던 다양한 글을 통해, 때로는 데이터베이스의 코드 속에 숨겨놓은 메시지를 통해 자신의 의도를 세상에 알렸다.

그 핵심은 중앙은행을 정점으로 금융기관들이 통제하는 통화 시스템이 제대로 작동하지 못해 많은 피해를 사회에 전가하고 있다는 것이다. 그 결과 개인의 경제적 권리와 자산의 안정성이 침해되고 있다는 비판을 받는다.

특히 신뢰 문제가 핵심이다. 기존 화폐가 작동하려면 신뢰가 필요하다. 그런데 권력을 지닌 중앙은행이나 정부나 금융기관들은 너무 쉽게 인플레이션을 유발해 화폐 가치를 떨어뜨렸으며, 금융기관들은 거품 속에서 함부로 대출해 화폐 이용자들을 위험에 빠뜨렸다. 기존 금융 시스템을 신뢰하기 어려운 이유는 충분하다.

이런 비판적인 태도는 많은 사람들로부터 호응을 이끌어내며 초기 비트코인 지지자들을 더욱 결속했다. 비트코인 지지자들은 효율성은 물론이고 도덕성까지 결여한 글로벌 금융자본주의에 얽매이지 않는 새로운 대안으로 비트코인에 열광했다. 유럽발 금융위기의 여파로 지중해의 섬나라 키프로스에서 국민들의 예금을 동결하고 강제로 세금을 징수했을 때, 스페인 등 남부 유럽 국가 국민들은 일제히 비트코인으로 눈을 돌렸고, 이는 비트코인이 대중화되는 결정적인 계기가 되었다.

영국의 정치철학자 존 그레이가 통찰했듯이, "비트코인이 사람들에게 어필했던 것은 그것을 이용하게 되면 위태롭기 짝이 없는 글로벌 금융 시스템으로부터 한 발짝 벗어날 수 있을 것이라는 믿음이었다."[53]

금융위기를 거치며 중앙은행을 정점으로 하는 금융기관들에 대한 불신이 뿌리를 내렸고, 이것이 기존 화폐 시스템이 지닌 치명적인 약점이 되었음을 누구도 부인할 수 없다. 국가 화폐 자체가 오로지 이들 금융기관에 대한 신뢰를 바탕으로 하기 때문이다. 그렇지 않고서야 대체 누가 그 종잇조각들을 받아주겠는가?

　2008년 금융위기 이후 정부들의 대응을 보라. 분명 은행과 보험사 등 금융기관의 실패가 위기를 불러왔다. 그런데 이들을 구제하기 위해 정부는 막대한 구제금융을 쏟아부었다. 그 자금은 기본적으로 새로운 돈을 찍어내는 것으로 충당되었다. 그 결과 화폐 가치는 하락할 수밖에 없다. 그로부터 발생한 이익은 소수가 얻는 반면 손실의 부담은 모든 경제 참가자들의 몫이 된다.

　나아가 세계 금융자본주의의 근간을 이루는 화폐 시스템의 근본적인 문제점은 돈의 공급을 통해 빚이 확대 재생산된다는 것이다. 대개 사람들은 중앙은행이 돈을 발행하는 줄 알고 있다. 하지만 우리가 사용하는 대부분의 화폐는 사실상 은행 등 금융기관에 의해 발행되는 셈이다. 영국의 경우 전체 화폐에서 전자는 고작 3퍼센트에 불과하고, 후자가 97퍼센트를 차지하는 것으로 알려져 있다.

　비밀은 부분지급준비제도에 있다. 즉 은행은 고객이 맡긴 금액만큼만 대출을 하는 게 아니라, 그보다 훨씬 더 많은 금액을 대출한다. 이 과정에서 많은 신용화폐가 발행되는 효과가 창출된다. 지급준비율이 10퍼센트라고 한다면, A은행은 100만 원의 예금으로 1000만 원까지 대출할 수 있고 이 과정을 통해 900만 원의 없던 돈이 생겨난다. 다시 말해 돈이 발행되는 과정은 곧 채무가 발생하는 과정인 것이다.

　문제는 여기서 끝이 아니라는 데 있다. 예금이 100만 원만 있는 A은행이 1000만 원을 대출해주었다고 하자. 대출받은 돈 가운데 900만 원은 A은행이 발행한 셈이다. 그런데 900만 원을 빌려간 사람들이 이 가운데 일부인 200만 원을 B은행에 예금하는 경우를 생각해보자. B은행은 200만 원의 예금을 바탕으로 2000만 원을 대출해준다. 그러면 이번에는 B은행이 1800만 원의 새로운 화폐를 만들어낸 것이다. 처음엔 분명히 100만 원만 존재했는데, 순식간에 3000만 원(100+900+200+1800만 원)으로 불어나는 마술. 이 마술 같은 과정을 통해서 돈은 발행되자마자 만나게 되는 사람에게 빚더미라는 굴레를 씌우는 악역을 담당하게 된다.

이런 과정을 거치며 대부분의 사람들은 채무자가 되고, 대개 상위 10퍼센트의 사람들은 나머지 90퍼센트가 납부하는 이자까지 수익으로 거둔다. 결국 불평등이 심화되는 것이다. 아울러 화폐가 마구 발행되다 보니 주택 가격을 비롯한 물가가 따라잡지도 못할 만큼 치솟게된다. 그러면 사람들은 또다시 빚을 내서 주택을 마련하고 삶을 꾸려간다. 물론 그럴수록 갚아야 할 이자는 더 늘어난다. 이런 식으로 빚이재생산되고, 그럼에도 경제 성장을 위해 신용 버블과 인플레이션은 불가피한 정책으로 일반화된다. 이런 악순환의 고리가 언젠가 끊어질 수밖에 없다는 게 문제다. 바로 우리가 경험했던 공포스러운 금융위기의정체다.

하지만 위에서 보았듯이 더 많은 화폐를 찍어내 금융기관들의 실패를 봉합해주는 식의 해결 방법은 문제가 근본적으로 해결되기는커녕더 큰 재앙을 예약하는 것으로 귀결될 뿐이다.

인류 최초의 참여형
글로벌 금융 네트워크

비트코인이 이 모든 문제를 일거에 해결할 메시아적 솔루션이 될 가능성이 크지 않다. 어떤 이들은 비트코인마저도 실리콘밸리와 월가가 독점하게 될 것이라는 암울한 전망을 내놓기도 한다. 하지만 이 새롭게 등장한 가상 화폐이자 금융 네트워크가 전혀 상상하지 못했던 방식으로 판을 흔들고 있는 것만은 분명해 보인다. 나아가 기존 금융 시스템이 양산해온 문제를 모두 해결하지는 못한다 하더라도, 그것이 법정 화폐라는 제도적 장치를 통해 옭아매고 있는 전체주의적인 굴레로부터 벗어나려는 사람들에게 유력한 대안이 되고 있는 것 또한 분명한 사실이다. 바꿀 수는 없어도 벗어날 수는 있게 되었으니 말이다.

돌이켜보면 인터넷이라는 혁신의 도구 역시 마찬가지였다. 많은 사람들이 열광했지만 인터넷 자체가 해방의 도구가 되지는 못했다. 사회질서를 변혁하지도 못했다. 하지만 정보의 집중과 이를 기반으로 한 권력관계에서 비롯되는 문제점들을 해결한 것은 충분히 동의를 얻을 만한 기여였다. 아울러 미디어와 통신 등 기존 산업의 구조를 획기적으로 바꾼 것 또한 사실이다. 그 자리를 새로운 자본권력이 대체했다고 평가한다면 할 말은 없다. 하지만 낡은 질서와 구조를 바꾸어 새로운 질서가 형성되는 계기를 만들었음은 누구도 부인하지 못할 것이다.

인터넷 혁명으로 인한 사회 변화를 정보의 민주화라는 개념으로 요약할 수 있다. 최근 미국의 일부 대학과 교육 활동가들에 의해 시작되어 전 세계로 확산되고 있는 무크(MOOC, 온라인 대중 공개 강좌)라는 새로운 흐름은 교육의 민주화를 가져올 것으로 기대를 모은다. 마찬가지로 3D 프린터는 제조의 민주화를 겨냥하고 있다. 인터넷이 가져온 사회 질서의 변화를 바탕으로 세부적인 민주화가 각 분야에서 벌어지고 있는 셈이다. 이러한 흐름의 연장선상에서 비트코인 역시 새롭게 해석할 수 있다. 비트코인이 그리는 미래는 바로 금융의 민주화라고 말이다.

비트코인은 인류 최초의 참여형 글로벌 금융 네트워크다. 이전까지 모든 금융 네트워크는 지구적 수준에서 소수의 엘리트 상인, 금융 산업가 또는 관료기구에 의해 조직되고 운영되었다. 어쩌면 심각한 지경에 이른 모든 불평등과 불안정성은 이런 구조에서 기인하는 것인지도 모른다. 그리고 이 과두적 네트워크는 국제정치와 국민국가 체계 그리고 지구적 분업 연관이라는 경제 시스템을 기반으로 하고 있다. 반면 비트코인은 사람들의 자발적인 참여와 신뢰 그리고 과학기술을 기반으로 하는 네트워크다. 아울러 누구도 쉽게 독점하거나 통제하기 어려운 구조로 설계되어 있다. 즉 비트코인은 참여를 통해 얼마든지 그것의 미래를 만들어갈 여지가 있는 열린 시스템이라는 얘기다. 적어도 아직은 특정 권력이 지배적으로 작동하지 못하고 있다. 물론 그게 얼마나 갈지는 모를 일이긴 하다.

단지 이런 수평성과 분권적 성격만을 특징으로 했다면, 비트코인이 지금과 같은 성공을 거두기는 어려웠을 것이다. '월가를 점령하라(Occupy Wall Street)' 운동처럼 구호로만 그치다 사라져갔을지도 모른다. 비트코인은 분산과 탈집중이라는 구조적 특징을 획기적인 기능성으로 끌어올렸다. 그리하여 역사상 가장 저비용 고효율의 전자 지불

네트워크라는 평가를 얻을 정도
로 누구에게나 매력적인 존재가
되었다. 금융기관의 개입과 통
제, 관리가 필요하지 않으므로
비트코인의 시스템은 매우 가볍
고 거래 비용도 거의 들지 않는
다. 네트워크의 관리와 운영, 보
안성 유지조차도 채굴자들의 자

역사상 가장 효율적이고 편리한 전자 지불 네트워크라는 평가를 얻는 디지털 화폐인 비트코인으로 결재를 할 수 있는 가게들이 늘어나고 있다.

발적인 참여와 경쟁으로 이루어진다. 자발적이라고 해서 결코 느슨한
것은 아니다. 그에 대한 보상으로 새로 발행되는 비트코인이 주어지기
때문에 참여의 강도와 효과는 매우 단단하다. 오픈소스와 집단지성의
문화가 경제적 토대로 구조화된 시스템인 것이다.

지배력을 유지하기 위한 금융기관의 통제로 우리 금융 환경은 인터
넷 시대에 걸맞게 혁신되지 못했다. 끔찍하기 짝이 없는 공인인증서와
폐쇄적인 시스템은 시간이 흐를수록 이용자들을 불편하게 만든다. 시
대를 거슬러 올라갔다고 해도 과언이 아니다.

비트코인은 이 같은 불편을 일거에 해소했다. 이메일 보내듯이 쉽
게 아프리카 오지에 바로 돈을 보낼 수 있게 만든 것이다. 전 세계적으
로 은행 계좌를 가진 사람들은 절반에 못 미친다. 반면 휴대전화 보급
률은 90퍼센트를 넘어섰다. 많은 이들에게 글로벌 금융 거래라는 것은
빛 좋은 개살구에 불과했다. 하지만 이제는 휴대전화만 있으면 어디에
서든 글로벌 금융 거래가 가능해졌다. 실제로 케냐에서 시작된 비트코

인 서비스인 키포치(Kipochi)는 해외로 돈을 벌러 나간 아들이 오지의 부모님에게 쉽게 돈을 보낼 수 있게 만들어주었다. 스마트폰이 아니라도 일반적인 휴대전화만 있으면 굳이 멀리 은행까지 가지 않고도 아들이 송금한 돈을 받아 생활할 수 있게 된 것이다. 최소한의 기술과 인프라만으로도 세계화의 혜택을 누릴 수 있는 '모두의 금융', 비트코인이 만들어가는 또 다른 풍경이다.

그동안 불가능했으나 이제는 가능해진 금융의 모습은 여기서 끝이 아니다. 비트코인 시스템을 기반으로 다양한 지역적·공동체적 수요를 해결해주는 파생(가상) 화폐가 개발되고 널리 쓰일 가능성도 높다. 한때 관심을 모았던 지역 화폐가 더 효율적이고 매력적인 가상 화폐의 형태로 등장할 수 있는 기반이 마련된 것이다. 비트코인의 핵심 기능을 이용하면서도 지역적·공동체적 특성을 가미한 화폐가 여기저기서 개발되고, 비트코인 네트워크를 통해 지구적으로 연결되는 '지역적이면서도 지구적인 대안 화폐들'이 만들어내는 새로운 경제를 상상할 수 있게 된다.

대부분의 실험이 그렇듯 비트코인이라는 실험 역시 많은 문제점 혹은 극복 과제를 안고 있다. 무엇보다 급등하는 가치가 문제다. 2013년만 해도 13달러에서 1200달러까지 가격이 치솟았다. 그러다 보니 화폐적 정체성만 두드러지게 되었고, 일종의 투기 수단처럼 비쳐졌다. 이 같은 가치의 불안정성은 화폐의 중요한 기능 중 하나인 회계의 척도라는 역할을 저해한다. 시간이 이 문제를 해결해줄지 귀추가 주목된다.

낯설음에서 발생하는 각종 보안 사고 등도 문제다. 비트코인 자체는 해킹 등으로부터 비교적 안전한 것으로 평가받고 있으나, 이용자들이 컴퓨터 보안에 소홀하거나 분실 등으로 인해 발생하는 사고는 확산에 큰 걸림돌이 되고 있다. 아울러 현금을 보관하는 은행과 같은 역할을 하는 비트코인 관련 회사들의 보안 문제 역시 불안을 조성하는 요인이다. 이메일이나 인터넷이 등장했을 때처럼 비트코인의 사용과 보안을 쉽게 해주는 각종 응용 프로그램과 웹서비스 등이 등장하면 결국 극복할 수 있는 문제다.

그 밖에 비트코인이 익명성을 제공하므로 돈세탁 등 각종 범죄에 이용될 것이라는 점, 국가의 규제와 금지 때문에 힘을 잃을 것이라는 전망 등이 비관론을 형성하고 있다. 하지만 비트코인이 익명성 못지않게 투명성이 높다는 점(모든 거래 기록이 실시간으로 공개된다. 물론 사람이 아닌 주소 단위로. 따라서 일반적인 수준보다 많은 금액을 특이한 행태로 이동시킬 경우 수사기관 등에 의해 그 주소는 주목을 받게 될 것이다), 독일과 미국 등 각국 정부가 금지보다는 제도권으로 포용하려는 움직임을 보이고 있다는 점에서 이 같은 비관론은 점점 힘을 잃고 있다.

여러 문제점과 한계에도 불구하고 비트코인은 현존하는 문제를 근본적으로 해결하는 순수한 상상의 산물이라는 점에서 눈길을 끈다. 상상의 알고리즘이 중앙은행과 금융기관들의 조정보다 더 효율적이고 공정한 화폐 체계를 제공할지에 관심이 집중된다.

물론 아직은 막 궤도에 오른 실험이다. 이 실험이 더 높은 성공의 길로 질주할지, 아니면 좌초하게 될지 누구도 장담할 수 없다. 다만 기술

혁신의 역사에서 우리가 배운 교훈 중 하나는, 인류가 단 한 번도 걸어 온 방향을 되돌려 뒷걸음치지 않았다는 것이다. 냅스터는 최초의 패러 다임 전환적인 음악 공유 서비스였지만 정부와 콘텐츠 자본의 압력 등 으로 역사에서 사라져갔다. 하지만 음악 파일을 공유하며 즐기는 행태 마저 사라지지는 않았다. 나아가 이제는 고화질 영상까지 공유할 정도 로 한 걸음 더 나아갔다. 비트토렌트(BitTorrent)라는 더 나은 기술을 바 탕으로 한 서비스가 뒤를 이었기 때문이다.

마찬가지로 비트코인의 실험이 설령 좌초하더라도 그로 인해 촉발 된 가상 화폐라는 실험은 또 다른 무언가에 의해 지속될 것이다. 문제 는 이 실험의 지속 여부가 아니라, 이 새로운 금융 혁신의 국면을 어떻 게 인류의 미래에 더 좋은 방향으로 이끌어갈 것인가, 그리고 그럴 준 비가 되어 있는가일 것이다.

정보와 지식의 디지털화,
기자 없는 기사와 로봇 저널리즘

17세기 초 금속활자 인쇄기술의 확산과 더불어 유럽에서 시작된 종이 신문(newspaper)은 그 화려하고 영광스러운 역사를 뒤로하고 마침내 소멸의 과정을 시작하고 있다. 2010년 오스트레일리아 미래학자 로스 도슨(Ross Dawson)은 종이신문이 완전히 사라지는 시점을 국가별로 예측해보았다. 그에 따르면, 미국은 2017년, 영국은 2019년에 종이신문이 사라질 수 있다. 한국은 이보다 한참 뒤인 2026년에, 인쇄문화가 여전히 강세를 보이는 일본은 2031년에 종이신문이 역사의 뒤안길로 사라질 것으로 전망된다.

이러한 예측 시나리오의 정확성은 그리 높지 않다. 언론사 문화, 정부 지원 규모, 소비자 취향 등 다양한 변수가 종이신문의 운명을 연장할 수도 있기 때문이다. 그러나 왜 미국과 영국의 종이신문이 한국보다 먼저 사라질까라는 의문이 생긴다. 이렇게 나라마다 종이신문의 소멸 속도가 차이 나는 데 가장 큰 변수는 종이신문을 대체하는 저널리즘 혁신 수준이다. 디지털 저널리즘의 혁신 강도가 높으면 높을수록 종이신문의 소멸 속도가 빨라질 가능성이 높기 때문이다. 현재 영미권 저널리즘의 혁신이, 특히 기술 영역에서 어디까지 이르고 있는지 살펴보자.

로봇이 쓰는 야구경기 기사

프로야구의 최종 승자를 가를 한국 시리즈 7차전. 경기 진행 상황을 매 순간 속보로 전하는 기자들로 붐비는 기자석이 한산하다. 경기 종료 뒤 진행할 감독이나 선수 인터뷰를 미리 준비하는 몇몇 기자만이 눈에 띌 뿐이다. 대신 그 자리를 차지한 주인공이 따로 있는 게 아닌가. 알고리즘으로 무장한 로봇이 기자를 대신해서 열띤 승부의 한 장면 한 장면을 뉴스로 '생산'해내고 있다. 마치 용접로봇이 수천 개의 파란 불꽃이 튀는 가운데 자동차를 조립해내듯 로봇이 멋진 기사를 써내는 야구장 기자석 풍경. 과연 상상 속에서나 가능한 것일까?

미국에서 나타난 움직임은 '현실'임을 일깨워준다. 미국의 온라인 콘텐츠 회사 스타트시트(StatSheet)는, 2013년 기준 매달 로봇이 생산한 1만 5000개의 기사를 미국 내 주요 언론사에 판매하고 있다. 이 회사만이 아니다. 내러티브 사이언스(Narrative Science)는 한 발 더 나아가 스포츠 기사뿐만 아니라 경제 전문 미디어 기업 포브스에 알고리즘으로 만들어낸 금융 기사를 판매하고 있다. 또한 영국의 〈가디언〉은 2013년 11월부터 종이신문을 사람이 아닌 알고리즘으로 생산하는 프로젝트를 시작했다. 'The Long Good Read'는 이름의 알고리즘에 의해 자동 생산되는 주간신문은, 〈가디언〉 뉴스사이트에서 길이가 긴 기사를 댓글, 소셜 공유 등의 기준에 따라 선별하여 자동으로 편집하여 24쪽의 타블로이드 판형으로 인쇄한 종이신문이다. 사람의 편집을 거치지 않은 최초의 종이신문인 것이다.

알고리즘에 기반을 둔 기사 자동 생산의 역사는 2009년 4월 미국 노스웨스턴 대학교 저널리즘과 및 컴퓨터공학과 학생 네 명으로부터 시작되었다. 이들은 한 수업에서 조별 연구 과제를 작성하기 위해 뭉친 팀원이었다. 그들에게 주어진 협업 연구 과제는, 디지털 뉴스시장의 확대에 따라 지역 언론사가 겪고 있는 문제가 무엇인지 정의하고, 그 해결책을 제시하는 것이었다.

점점 더 많은 사람들이 종이매체보다 온라인에서 정보를 얻고 있다. 독자의 이동 경로를 따라, 전통적인 미디어 기업들도 종이매체에서 인터넷으로 옮겨가며 새로운 수익을 만들어내야 한다는, 쉽지 않은 과제에 맞닥뜨리고 있다. 특히 미국의 지역 언론사는 구인·구직, 중고차 매매, 부동산 매매 등 종이매체 광고가 온라인으로 옮겨감에 따라 재정적 어려움을 겪고 있다. 다른 한편으로 기자들 역시 마감 시간이 따로 없이 계속해서 터지는 이슈와 사건을 속보로 전해야 하는 온라인 뉴스 생산 방식에 힘겹게 적응하는 중이다.

이런 상황에 놓인 미국 지역 언론사와 기자들에게 어떤 해결책을 제공해줄 수 있을까 하고 이들 네 명이 머리를 맞댔다. 이들은 지역 언론의 편집국이 빠르게 축소되고 개별 기자들의 노동 강도가 더 높아져가는 현실을 눈으로 확인했다. 기자들의 단순노동을 줄여 그들이 좀 더 가치 있는 일에 집중하도록 돕자는 데 학생들은 뜻을 모았다.

이런 배경에서 개발된 스태츠멍키(Stats Monkey)라는 이름의 알고리즘은 지역 리그 야구경기에 대한 뉴스를 자동으로 생산하는 기능을 가지고 있다. 이들이 품은 기대는 의외로 단순했다. 기자들은 스태츠멍키를 활용해 매일매일 진행되는 야구경기를 요약하는 기사 생산을 컴퓨터에 맡기는 대신, 분석 기사와 인터뷰 등 좀 더 깊이 있는 기사 생산에 집중할 수 있는 시간적 여유를 갖게 될 것이다.

스태츠멍키는 크게 두 가지 기술 요소로 구성되어 있다. 먼저 웹에서 경기와 관련된 정보를 실시간으로 수집한다. 이렇게 수집된 비정형 데이터는 이른바 '의사결정 나무 학습 알고리즘'에 의해 분류된다. 의사결정 나무 학습 알고리즘을 통해 해당 야구경기에 출전한 주요 선수와 경기 진행 상황에 대한 분석이 이루어지고, 그 결과가 이미 제작된 기본 문장에 입력된다. 이런 방식으로 단 몇 초 만에 야구경기 기사가 완성된다.

그렇다면 알고리즘 기사와 사람이 손수 작성한 기사 사이에는 어떤 차이가 있을까? 둘의 차이점을 알아보기 위해 스태츠멍키에 의해 자동 생산된 LA 에인절스와 보스턴 레드삭스의 경기 기사 일부와, 같은 경기를 다룬 〈뉴욕 타임스〉 기사의 한 부분을 비교해보자.

> 9회 두 명의 주자가 나가 있었지만 LA 에인절스의 상황은 다소 비관적이었다. 그러나 블라디미르 게레로의 적시타로 에인절스는 지난 일요일 펜웨이파크에서 열린 보스턴 레드삭스와의 경기를 7 대 6으로 승리했다. 게레로는 에인절스 주자 두 명을 홈으로 불러들였다. 이로써 게레로는 4타수 2안타를 기록했다.
>
> – 스태츠멍키

보스턴 레드삭스는 23년 만에 포스트시즌 경기에 도전한다는 희망을 가지고 있었다. 데이비드 핸더슨이 기념 시구를 던졌다. 핸더슨은 1986년 레드삭스와 에인절스의 아메리칸리그 챔피언십 경기에서 레드삭스가 쳐낸 9회 마지막 공격 역전 홈런의 주인공이다. 그러나 이번 경기에서 레드삭스는 에인절스에 패해 챔피언십 경기에서 탈락했고, 핸더슨은 이번에도 경기는 마지막 순간까지 안심할 수 없다는 것을 증명했다. 〈뉴욕 타임스〉

정보 위주로 구성된 메마른 알고리즘 기사와 풍부한 역사적 지식을 담고 있어 읽는 재미를 더하는 〈뉴욕 타임스〉 기사는 아직까지는 확실히 질적 차이를 보인다. 그러나 알고리즘이라는 자동화 기술이 지금까지 인간의 지식노동 영역이던 기사 작성마저 대체할 수 있다는 사실을 스태츠멍키는 보여준다.

데이터와 정보 그리고 지식

스태츠멍키 등 기사 생산 알고리즘은 인간이 이야기를 전개하는 독특한 방식이나, 이야기에 주장과 감정 등을 담아내는 능력을 가지고 있지 않다. 그러나 스태츠멍키를 통해 시작된 알고리즘 기술 진화는 데이터를 수집하고, 주어진 규칙에 따라 데이터에 의미를 부여하고, 다양한 정보를 종합적으로 판단하는 등 지식 생산을 자동화하는 수준으로까지 발전하고 있다.

데이비드 웨인버거(David Weinberger)는 2012년에 출간한 책 《지나치게 많아서 알 수 없는(Too Big to Know)》에서 "도서관 또는 과학 학술지 등에서 지식을 얻는 익숙한 방법은 축소를 통한 지식 획득(knowing-by-reducing)이다. 이와는 다르게 거대하고 서로 연결된 웹에서 지식은 포함하는 과정(knowing-including)이다. 포함하는 지식은 과거의 축소하는 지식과 다르다. 과학 지식이 달라지고, 경제 지식이 변화하고, 교육 지식이 바뀌고 있으며, 정부에게 있어 지식은 과거의 그것이 아니며, 우리 모두에게도 과거의 지식과 오늘의 지식은 다르다"고 주장했다.

웨인버거가 내세우는 달라진 지식 개념을 이해하기에 앞서, 전통적인 지식은 무엇인지, 데이터 및 정보와 지식은 서로 어떻게 구별되는지를 살펴보자. 지식은 고대 그리스에도 등장하는 매우 오래된 개념이다. 반면 정보는 20세기 중반 이후부터 비로소 널리 사용된 개념이다. 역사적으로 서로 다른 맥락에서 형성된 지식과 정보라는 두 개의 개념은 그렇다면 어느 수준에서 상호보완 관계를 이룰까, 또는 어떤 점에서 서로 충돌할까?

정보라는 개념은 컴퓨터 시스템이 발전하면서 널리 사용되어왔다. 그러나 정보를 몇 개의 단어 또는 몇 개의 문장으로 정의하거나 설명하는 것은 쉽지 않은 일이다. 때론 컴퓨터 시스템에서 흐르는 데이터나 인간과 컴퓨터 사이에서 오고 가는 데이터를 정보라고 부르기도 한다. 한편 컴퓨터, 스마트폰 등 정보를 접하고 다루는 장치를 정보기기라고 한다. 서로 다른 문맥에서 정보라는 개념이 사용되고 있다.

한국어 위키피디아를 살펴보면 정보 개념의 모호성은 더욱 커진다.

정보는 특정한 사실이나 상황에 대해 전달되거나 수신하는 지식을 말한다. (……) 정보를 뜻을 가지는 자료(데이터)라고 생각하는 의견도 있지만, 이러한 분야—컴퓨터 정보처리—에서는 전체적으로 정보의 뜻을 가지고 문제 삼는 경우는 별로 없으므로, 특별히 정보와 자료를 구별하지 않는다. 구분하자면, 데이터를 모아둔 것이 자료라면 자료를 특정한 목적의 의사결정을 위해 가공한 형태를 정보라고 할 수 있다.

국립국어원 표준국어대사전에 따르면 정보는 다음과 같이 정의된다.

1 │ 관찰이나 측정을 통하여 수집한 자료를 실제 문제에 도움이 될 수 있도록 정리한 지식. 또는 그 자료.
2 │ [군사] 일차적으로 수집한 첩보를 분석·평가하여 얻은, 적의 실정에 관한 구체적인 소식이나 자료.
3 │ [컴퓨터] 어떤 자료나 소식을 통하여 얻는 지식이나 상태의 총량. 정보 원천에서 발생하며 구체적 양, 즉 정보량으로 측정할 수 있다. 자동화 부문이나 응용언어학 분야에서도 쓰인다.

표준국어대사전이 정보를 지식의 한 형태로 보고 있다면, 옥스퍼드 사전은 정보와 지식의 차이를 뚜렷하게 구별하고자 한다. 옥스퍼드 사전은 정보를 "어떤 사물 또는 사람에 대해서 전달되거나 익힌 사실"로 정의하는 한편, 지식을 "경험 또는 교육을 통해 얻는 사실, 정보 그리고 능력"으로 정의한다.

그러나 지금까지 살펴본 정보 및 지식에 대한 개념 정의와 정보와 지식의 차이성에 기초해서는 지식 생산의 자동화 및 지식 개념의 변화를 이해하기가 쉽지 않다. 정보와 지식 개념에 대한 좀 더 체계적인 구별이 필요하다.

정보란 어디서 오는가

정보는 형식, 의미, 효과라는 세 개의 항목으로 구성된다.[54] 형식, 내용 및 효과는 기호학의 개념으로는 각각 구문론(syntax), 의미론(semantics), 화용론(pragmatics)과 조응한다. 다시 말해 구문론 측면에서 볼 때 정보는 기호, 문자, 숫자 등의 결합이다. 이미지 또는 음성 신호도 정보로 분류할 수 있다. 여기서 이미지의 구문은 선 또는 점이며, 음성 신호의 구문은 서로 다른 길이의 음, 음량, 진동수다.

구문은 인간 또는 컴퓨터 시스템에 어떤 유용성도 없다는 점에서 의미와 구별된다. 기호의 묶음 또는 이미지에 뜻이 부여되고, 인간의 해석이 더해진 결과물이 뜻 또는 의미로 불린다. 그런데 특정 기호의 결합체인 '구문'에서 단일한 의미가 추출되는 것이 아니다. 같은 구문에도 서로 다른 의미를 부여할 수 있다. 데이터를 해석하거나 주어진 데이터로부터 어떤 의미를 찾는 과정은 논리적 사고, 경험, 주어진 다른 정보를 필요로 하기 때문이다. 또 주어진 기호 묶음 또는 데이터로부터 100퍼센트 정확하고 누구나 동의하는 해석은 불가능하기 때문이다. 동일한 기호 묶음에 대한 서로 다른 해석의 가능성과 이로 인한 갈

등의 잠재성은, 의미가 전달체로서 구문을 필요로 하는 속성이 있기 때문에 불가피하다.

예를 들어 '11/06'이라는 정보를 생각해보자. 여기서 구문은 네 개의 숫자와 한 개의 사선으로 구성되어 있다. 11/06에 대한 해석은 단일하지 않다. 11/06은 미국식 날짜 형식 또는 독일식 날짜 형식일 수 있다. 한편 11/06은 호텔 방 번호로 해석할 수도 있다. 11/06과 관련된 문맥(context)이 주어질 때 비로소 11/06에는 적절한 의미가 부여된다. 11/06에 '날짜', '미국 형식'이라는 추가 정보가 주어진다면, 누구나 '11/06'을 11월 6일로 이해할 수 있다.

이처럼 의미론은 주어진 문맥을 고려한 '기호로부터 해석된 결과물'과 다름없다. 다시 한 번 설명하면, 기호 또는 데이터는 본질적으로 구문론의 성격을 가지며, 기호 또는 데이터에 대한 해석이 정보다. 정보는 해석된 데이터다. 따라서 데이터는 현실태이며, 정보는 다양한 해석 가능성으로 인해 상황적 성격을 띤다. 이렇게 데이터/구문론과 정보/의미론이 뚜렷하게 구분된다는 점은 정보라는 개념을 이해하는 데 중요하다.

정보 개념과 관련하여 추가로 살펴봐야 할 측면은 화용론 또는 효과다. 구문에서 의미가 만들어지지만, 정보는 그 자체로서는 유용성을 가지지 않는다. 정보가 효과, 다시 말해 그 무언가를 연쇄작용으로 일으킬 때, 정보는 비로소 유용성을 만들어낸다.

효과는 정보가 가지는 의미가 발신자로부터 수신자에게 정확하게 전달될 때 만들어진다. 정보가 효과 또는 발신자의 반응을 가능하게 할 수 있다는 점에서 정보는 데이터, 사실(fact), 지표(indication) 등과 구별된다.

구문, 의미, 효과의 관계를 컴퓨터 네트워크에서 정보를 전달하는 OSI(Open Systems Interconnection)모형으로 설명해보자.

발신자는 수신자가 특정한 행위—화용론—를 수행하길 원한다. 이를 위해 발신자는 특정한 행위에 의미를 부여하며(의미론), 이 의미는 특정 형식으로 표현(구문론)되어야 한다. 그리고 이 특정 형식은 발신자로부터 수신자에게로 전달되며, 그 후 재구성 및 재구조화 과정이 일어난다. 수신자는 구문론 계층에서 데이터를 받으며, 여기에 의미를 부여한다(의미론). 그리고 수신자는 이어서 발신자가 희망했던 행위를 수행한다(화용론). 정보는 형식에 의미가 부여되고, 이로부터 효과가 일어날 때 탄생한다. 이렇게 정보는 앞서 말한 것처럼 형식, 의미, 효과라는 세 개의 항목으로 구성된다.

그렇다면 정보와 달리 '지식'은 어떻게 정의할 수 있을까. 먼저 플라톤의 말을 들어보자. 플라톤은 《테아이테토스(Theaitetos)》에서 지식을 "진실되고, (정당함이) 인정된 의견(justified true belief)"이라고 정의했다.

여기서 '진실한 의견'이 모두 지식이 되는 것은 아니다. 예언 능력을 가진 사람은 다음 주(미래)에 있을 로또의 여섯 개 숫자에 대한 진실한 의견을 가질 수 있다. 그러나 이는 다음 주(미래) 로또 숫자에 대한 지식이 될 수는 없다. 이 때문에 진실한 의견은 지식의 충분조건일 뿐이다.

진실한 의견이 지식이 되기 위해서는 정당화가 필요하다. 어떤 사람이 방송 또는 인터넷에서 로또 숫자를 경험하게 되고, 그 경험의 출처

내일을 바꿀 오늘의 상상

를 밝힐 수 있다면 로또 숫자는 지식이 된다. 이러한 플라톤의 지식에 대한 정의는 이후 많은 철학자들에게 수용되었고, 이에 기초하여 지식은 단순 의견, 믿음 등과 구별되고 있다.

하지만 플라톤은 정보와 지식을 뚜렷하게 구별하지 않았지만, 플라톤의 지식 개념에는 정보와 지식의 관계를 추론할 여지가 훌륭하게 담겨 있다. 그는 지식의 필요조건으로 '정당화', 다시 말해 근거 및 참조(reference)를 제시했다. 지식에 근거를 제공하는 복수의 정보가 지식의 필요조건임을 플라톤은 강조한 것이다. 따라서 형식, 내용 또는 의미, 그리고 효과를 포함하는 정보가 없다면 지식은 존재할 수 없다.

아모트와 나이가드(Aamodt & Nygard, 1995)에 따르면 지식은 복수의, 서로 관계를 맺고 있는 정보들의 합성이다. 지식은 인간이 정보를 관계화하고, 정보를 분류하고, 해석하고 이해하는 과정을 통해 만들어진다. 정보로 만들어진 지식으로부터 인간은 적절한 결정을 내리고, 이를 통해 특정 행위를 수행한다. 이뿐만 아니라 지식은 새로운 지식의 탄생을 가능하게 한다. 나아가 (새로운) 지식은 형식을 가지고 저장되는 과정을 거쳐 다시 정보로 전환된다. 정보는 타 주체(사람, 컴퓨터 시스템)에 전달되고 타 주체와 소통하기 위해 기호로 부호화(encoding)되고, 타 주체에 의해 복호(decoding) 과정, 그리고 그 이후 해석되고 배열되는 과정을 거쳐 또다시 정보로 전환되고 지식으로 구성된다.[55]

다양한 정보를 처리하는 과정에서 발생하는 지식은, 인공지능 전문가인 아모트와 나이가드에 따르면, (아직까지는) 온전히 인간의 이성을 통해서만 가능하다. 컴퓨터 시스템을 통해 정보를 이해하고 연결하는 수준은 아직까지 의미 있는 행동이 유발되거나 새로운 지식이 탄생하는 정도까지 발전하지 못했다. 특히 컴퓨터 시스템은 행동에 대한 책임을 지지 않는다는 점에서 인간과 다르다.

그러나 20여 년 전 일반적으로 수용되었던 정보 및 지식 생산에 있어 인간과 컴퓨터 시스템의 뚜렷한 역할 구분은 여전히 타당할 수 있을까. 스태츠멍키에 의해 생산된 기사는 인간에게 가공을 위해 제공되는 근거 정보일까, 아니면 기사에 담긴 내용은 그 자체로서 (새로운) 지식일까?

알고리즘 시대, 인간은 무엇을 할까

인간의 중개 작용 없이 알고리즘 스스로가 주식 상거래를 진행하는 이른바 알고리즘 거래(algorithmic trading)가 확산된 시점은 스태츠멍키, 내러티브사이언스 등 저널리즘 알고리즘보다 시간적으로 오히려 앞선다. 알고리즘 거래란 주식시장, 특히 파생상품 시장의 전반적인 상황과 투자자의 위험 선호도, 거래 비용을 종합적으로 고려해 컴퓨터 프로그램으로 주문이 집행되도록 하는 프로세스를 의미한다.[56]

여기서 컴퓨터 프로그램은 최적의 주문 집행을 수행하도록 수리통계적 모델에 입각해 설계되며, 인간의 판단은 최대한 배제된다. 특히 알고리즘 거래의 한 형태인 고빈도 매매(high frequency trading)는, 명칭이 뜻하는 것처럼 아주 짧은 기간에 대단히 높은 빈도로 컴퓨터 프로그램을 통해 주식 매매를 자동으로 일으키는 시스템을 말한다. 고빈도 매매

내일을 바꿀
오늘의 상상

가 한국 주식 거래에서 차지하는 비중은 아직 미미한 수준이지만,[57]미국과 일부 유럽 국가, 캐나다 등에서는 전체 주식 거래 및 선물 거래에서 차지하는 비중이 약 40~70퍼센트에 이른다.[58] 다시 말해 주식 거래를 판단하는 인간 노동의 영역을 알고리즘이 대신하는 규모가 점차 확장되고 있다.

월드와이드웹(WWW)의 대중화와 더불어 더 많은 이용자들이 병, 징후, 치료 방법에 대한 정보를 웹을 통해 얻을 수 있다. 병원을 찾은 이용자는 과거와 달리 병과 치료 방법에 대한 사전지식을 가지고 있다. 나아가 병원과 의사는 환자 상태에 대한 지식을 웹을 통해 체계적으로 수집하고, 이를 통해 더 효과적인 치료법을 찾으려 애쓰고 있다. 최근 환자의 징후, 병, 치료법 등에 대한 데이터가 체계적으로 그리고 빠르게 누적되면서, 알고리즘을 활용한 의료 기술 및 치료법 추천 기술이 다양하게 진화하고 있다.

미국 시카고 대학교의 암 연구자들은 캔서IQ(CancerIQ)라는 플랫폼을 통해 암환자와 암 전문의가 서로 협력하고 치료 방법을 추천하는 서비스를 선보이고 있다. 캔서IQ는 암환자의 유전 정보를 수집해 암 연구자에게 전달한다. 여기서 알고리즘은, 관련 유전자 데이터를 분석해 유전자 데이터를 제공한 환자에게 최적의 치료 방법을 제안한다.

또 다른 예는 온라인 심리치료를 제공하는 플랫폼인 스라이브온(ThriveOn)이다. 스트레스, 불면증, 우울증 등으로 고통받는 환자들이 자신의 징후를 설명하면, 알고리즘은 수집한 징후를 분석해 다수 심리치료 전문가에 의해 생산된 자기치료법을 개별 환자에게 최적화한 상태로 제공한다. 오그메딕스(Augmedix)는 구글글래스에서 작동하는 앱으로, 청진기처럼 의사가 환자를 진찰하는 것을 돕는 소프트웨어다. 의사는 '전자의학 기록 장치'라 불리는 구글글래스에 부착된 특수 칩을 통해 환자의 신체 정보와 건강 상태를 실시간으로 분석할 수 있다. 19세기 초 프랑스에서 최초로 발명된 청진기가 진찰 행위라는 의사의 전문 영역을 간호사의 역할로까지 확대했던 것처럼, 데이터 분석에 기초한 의학 알고리즘은 의사의 노동을 보조하는 것을 넘어 의학의 새로운 노동 분업을 가속화할 것으로 전망된다.

알고리즘으로 대변되는 소프트웨어 기술의 진화에 직접적인 영향을 받는 사회집단은 지식을 주로 다루는 이른바 '전문가' 집단이다. 전문가는 줄곧 특정 분야의 일을 해왔기 때문에 풍부하고 깊이 있는 지식과 경험을 가지고 있다. 이들 전문가의 지식과 경험 중 일부가 알고리즘에 의해 자동화되고 있다. 그리고 지식의 자동화는, 산업화가 노동의 재조직화 등 사회에 미친 영향처럼 지식 사회의 재편으로 이어지고 있다.

알고리즘은 데이터를 수집하고 이로부터 종합적인 시각을 도출하는 인간 노동을 대체하고 있다. 변호사, 기술자, 의사, 금융 전문가, 교육자, 작가, 경영인, 기자 등 현재 사회를 전문가 사회로 부를 수 있게 만들었던 직업군 대부분이 알고리즘의 영향 아래 놓여 있다.

정보를 처리하고 지식을 만들어가는 과정은 인간의 염려(sorge)와 이어진다. 알고리즘은 지금까지 노동의 조직화 양식에 변화를 가져올 뿐 아니라, 인간과 기계의 관계에 대해 근본적인 질문을 던진다. 우리 인간은 알고리즘의 진화하는 기능을 따라갈 수 있을까? 인간은 기계가 도달할 수 없는 지적 능력을 소유하고 있을까? 인간은 경쟁관계가 된 기계와 치열한 생존투쟁을 벌여야 하는가? 알고리즘으로 무장한 기계는 인간에게 공포의 대상인가?

스태츠멍키 같은 로봇 저널리즘은 단순히 사실만 전달하던 기자들에게는 위협임에 분명하다. 그러나 사실 이상의 분석과 해설을 해내고 싶었지만 그런 일을 충분히 할 수 없던 기자들에게는 기회이기도 하다. 기계적 전달과 속보 경쟁을 로봇에게 맡기고, 사람은 사색하고 성찰하며 다양한 시각을 녹여 미래에 대한 통찰을 담은 기사를 쓰는 데 더 많은 시간을 들일 수 있게 된 것이다. 아마도 그런 저널리즘이 스태츠멍키가 꿈꾸는 미래 저널리즘의 모습일 것이다.

법률과 같은 다른 지식 서비스도 마찬가지다. 전문가의 역할은 이제 남들이 접근하기 어려운 지식을 깔고 앉은 채 조금씩 내보여주면서 비싸게 파는 일이 아니다. 그런 일은 로봇이 훨씬 잘할 수 있다. 이제 지식을 사람들이 활용할 수 있는 통찰로 꼭 맞춰주고 사람들이 잘 활용하도록 돌봐주는 것이 전문가들의 역할이 되리라는 게 알고리즘이 우리에게 주는 메시지다.

아무리 소프트웨어가 발달해도 환자의 건강을 진심으로 염려해주는 의사의 일은 컴퓨터가 달성하기 어려운 과제다. 인권의 사각지대에 있는 사람을 찾아 나서서 법률이라는 무기를 쥐어주며 응원하는 일은 알고리즘에게 맡길 수 없는 일이다. 여전히 인도적인 의사와 정의로운 법률가의 역할은 남게 될 것이다.

분명한 것은 기계는 무언가를 지배하려는 의도를 가질 수 없다는 사실이다. 기계를 통해 이루어진 모든 일의 책임은 인간에게 있다. 인간을 불안하게 만드는 것은 기계 또는 컴퓨터가 아니라 기계 또는 컴퓨터를 지배하는 사람들의 의도다.

기계, 인간의 노동을 대체하다

영국 옥스퍼드 대학 미래기술연구센터는 2013년 9월 충격적인 연구 결과를 발표했다. 20년 안에 미국에 현존하는 일자리 가운데 절반 가까이가 사라질 것이라는 전망을 내놓은 것이다. 사라지는 이유는 더 충격적이다. 컴퓨터가 그들의 노동을 대체하기 때문이다.

연구진은 700개 종류 이상의 직무를 분석했다. 그들이 수행 중인 기능 가운데 현존하는 컴퓨터 기술이 발전하면서 자연스레 대체될 것들을 분류했다. 그 결과 운송, 물류, 사무실 행정지원 업무를 하는 일자리가 높은 위험에 처해 있다고 연구진은 전망했다. 특히 그나마 일자리가 늘어나고 있다고 여겨지던 서비스 업종이 큰 타격을 입을 것이라고 전망해 충격을 더했다.

무인 비행선과
택배 노동자

2013년 12월 2일 제프 베조스 아마존 최고경영자는 CBS와의 인터뷰에서 전 세계가 놀랄 만한 아마존의 미래 기술을 소개했다. '아마존 프라임 에어'라는 이름의 무인 비행선이 아마존 물류센터를 출발해 고객에게 직접 물건을 배달하는 충격적인 장면이 CBS 방송을 통해 연출되었다. 무인 비행선을 통해 30분 안에 주문한 물건이 배달되는 시대, 피자가 하늘을 날아 내게로 오는 시대가 성큼 다가왔다.

그러나 무인 비행기 기술에 대한 환호에 아마존 물류센터의 열악한 노동조건은 가려져 있다. 나아가 이런 물류센터의 노동자나 택배 기사 같은 사람들의 노동이 빠르게 로봇에 의해 대체될 수 있다는 사실도 그 화려한 장면의 그늘에 있다.

1차 세계대전 당시 독일은 자국 땅에서 프랑스 파리를 공격할 수 있는 대형 대포를 만들었다. 당대인의 상상력을 뛰어넘은 130킬로미터라는 도달 거리를 가진 일명 '파리 대포(Paris Gun)'는 1918년 3월부터 8월까지 800여 개의 탄환을 쏘아대며 파리를 초토화했다. 무인 비행기 또한 이라크 전쟁과 아프가니스탄 전쟁에서 첨단기술을 통해 미군의 인명 피해를 최소화하려는 노력의 산물이다. 죽음의 공포에 사로잡힌 군인의 노동을 대체하는 무기 기술이 정신질환을 호소할 정도로 처참한 노동조건에서 하루하루를 살아가는 물류센터 노동자와 택배 기사에게 구원의 손길을 내밀고 있다.

2013년 11월 영국 BBC를 비롯하여 서구 언론들은 아마존 물류센터의 비인간적인 노동조건을 비판하는 뉴스를 쏟아냈다. 독일 아마존 물류센터는 "우리는 로봇이 아니다"라는 슬로건을 내세우며 파업에 돌입했다. 바로 이때 아마존 프라임 에어가 미국 CBS를 통해 등장하면서 전 세계에 아마존에 대한 칭송의 물결을 일으킨 것이다.

2013년 12월 1일 영국 〈가디언〉은 기자의 현장 체험 형식으로 아마존 물류센터의 노동 현실을 자세히 보도했다. 이 기사를 통해 110년 전 과학 경영(scientific management)이라는 이름으로 등장한 테일러주의(taylorism)가 아마존 물류센터에 재현되고 있음을 확인할 수 있다. 영화

아마존 프라임 에어는 주문받은 상품을 고객에게 배송하는 무인 비행선으로 앞으로 사람의 물류와 택배 노동을 로봇이 대체할 수 있다는 상상을 불러일으킨다.

〈모던 타임스〉에서 단순 반복 노동 탓에 일을 마친 뒤에도 스패너 돌리는 동작을 기계처럼 반복하는 공장 노동자 찰리 채플린의 모습이 떠오르는 기사다.

이 물류센터에서 모든 노동은 세밀한 부분까지 표준화되어 있으며, 규격화된 노동 작업은 철저한 노동 감시 아래 저가의 육체노동자에 의해 이뤄지고 있다. 아마존 물류센터 노동자 대부분은 장기 실업을 체험한 사람들이었기 때문에 큰 저항 없이 단순노동을 묵묵히 수행하고 있다. 오랜 실업 상태는 인간을 깊은 절망에 빠뜨리게 마련이고, 새로운 일자리가 지속되기를 간절히 희망하는 마음을 품을 수밖에 없다.

독일 아마존 노동조합은 시간당 임금 수준을 높이기 위해 파업에 들어갔고, 기자들은 손을 높이 들어 아마존을 비난하고, 소비자는 '당일 배송', '무료 배송'에 흡족해하며 오늘도 편안하게 온라인 쇼핑을 즐기고 있다. 어쩌면 저렴한 가격(무료)으로 빠른 배송을 원하는 소비자의 요구는 배송 시스템의 효율성을 급진적으로 높인 원동력일지 모른다. 극단적인 노동의 표준화, 공격적인 위계질서, 높은 노동 강도는 소비자를 만족시키기 위한 치열한 경쟁 환경의 산물이다. 오늘 주문한 겨울 코트가 배달되고 어제 주문한 생수가 도착하는 순간 소비자들의 마음속에서 온라인 쇼핑몰 물류센터 및 택배 노동자의 열악한 노동조건에 대한 공적 분노는 사그라지게 마련이다.

한편 열악한 노동조건과 이와 충돌하는 소비자의 요구를 대하는 언론, 노조, 시민단체, 정치인의 태도에서는 노동시장 변동에 대한 전체 그림을 찾아볼 수 없다.

로봇 택배 시스템인 아마존 프라임 에어, 2011년부터 아마존 물류창고에 도입되기 시작한 로봇 운반 시스템 키바(Kiva) 등은 10년 또는 20년 후에 등장할 '노동자 없는 사회'의 징조다. 온라인 쇼핑몰의 물류센터에서는 화장실도 가지 않고, 동료와 잡담도 하지 않으며, 급여 인상도 요구하지 않는 로봇이 인간의 일을 대신할 것이다. 명령에 복종하며 맡겨진 일을 충실히 수행하는 로봇이 열악한 노동 현장에서 인간을 해방시킬 것이다. 언론에 비친 아마존 프라임 에어는 그런 밝은 세상을 그려낸다.

컴퓨터가
일자리를 잡아먹는다

그런데 열악한 노동에서 인간이 해방된다는 밝은 면은 그만큼의 일자리가 사라지는 어두운 면을 동시에 가지고 있다. 일자리가 줄어드는 현상은 일시적 현상이거나 특정한 경제정책으로 극복할 수 있는 문제가 아니라는 결론까지 나올 수 있다. 노동시장에 날벼락 같은 변화가 언젠가 닥쳐올 수도 있다.

미국 NBC의 분석을 보자. 이 방송은 총 아홉 개 직업군에서 컴퓨터에 의해 인간의 일자리가 위협받고 있다고 보도했다.

가장 먼저 눈에 띄는 직종은 운전사다. 2010년 구글이 시작한 '스스로 주행하는 자동차(self-driving car)' 프로젝트는, 자동차가 주변의 변화를 인지하고 스스로 멈추고 운전과 관련한 모든 결정을 내리도록 해 자동차 사고를 줄이는 것을 목표로 한다. 이로써 인류가 오랫동안 꿈꿔온 무사고 자동차 기술이 곧 눈앞에 펼쳐질 것으로 기대된다. 특히 한순간에 친구를 교통사고로 잃은 아픈 경험이 있거나 장애인이 대중교통을 힘겹게 이용하는 것을 간접적으로 체험한 사람이라면 이른바 스스로 주행하는 자동차가 인류에게 가져올 혜택을 부정하지 못할 것이다. 그러나 꿈의 자동 주행 자동차는 약 350만 명에 이르는 미국 택시 운전사의 일자리를 직접적으로 위협하고 있다.

상점 점원도 눈에 띈다. 현금 자동 인출기(ATM)가 은행 종업원의 수를 줄였듯이 가상 점원(virtual assistants)이 다양한 소매점 점원의 일자리를 서서히 대신하기 시작했다. 동네 구멍가게를 지키던 아저씨 아주머니들이 대형마트의 유니폼 입은 점원으로 대체되더니, 이제 그 유니폼 대신 같은 색깔 로고를 입은 자동 계산대가 그 자리를 차지하게 된다는 것이다. 물론 약사, 변호사, 우주비행사 등 고급 서비스 일자리도 로봇이 더 잘할 수 있게 된다는 분석이 이어진다.

인간을 대체하는 로봇과 컴퓨터는 경제적으로 저렴할 뿐 아니라, 휴식이나 저항 없이 중노동을 수행한다. 어떤 의미에서는 가장 열악하고 규격화된 노동의 현장을 가장 먼저 대체하는 것이 자연스럽다.

키바가 도입된 아마존 물류센터는 모든 노동 과정이 철저하게 규격화되고 표준화되어 있다. 극한에 가까운 노동의 규격화는 인간에서 기계로 노동이 이전하는 마지막 단계다.

영국 〈가디언〉이 전하는 아마존의 노동 규격화 수준은 인간의 자율적 판단을 필요로 하지 않는 수준으로까지 진척된 상태다. 때문에 장기실업에 고통받는 노동자 또는 미숙련 노동자가 아마존 물류센터에 고용되어도 물류센터의 높은 효율성은 변함없이 유지될 수 있다. 역설적으로 로봇이 대체하기 가장 쉬운 일자리다.

실제로 아마존의 연구진은 물류센터 노동 행위의 최소 단위를 객체화하고 이를 프로그램에 담아내고 있다. 물류센터 전 노동 과정이 알고리즘과 로봇에 의해 수행되는 단계로 진입하기 위한 마지막 작업이 진행되고 있는 것이다.

물론 아직까지 인간이 로봇보다 뛰어난 부분이 몇 가지 남아 있다. 크리스마스 등 특별 시즌에 발생하는 상품 포장의 다양성에 대응하는 인간의 유연함까지 노동의 규격화는 진행되지 않았기 때문이다. 그러나 지난 20년 동안 진행된 기술의 진보를 고려한다면, 물류센터의 모든 노동이 시즌과 무관하게 100퍼센트 로봇에 의해 대체되는 날도 머지않았다.

우리 중 많은 사람들은 자신의 노동은 기계에 의해 대체될 수 없는

내일을 바꿀
오늘의 상상

정신노동이기 때문에 알고리즘의 진화에 따른 지식노동의 대체를 가까운 미래의 일로 생각하지 않는다. 그러나 앞서 살펴본 것처럼, 소프트웨어와 알고리즘에 의한 인간 노동의 대체 흐름은 작은 연구실에서 학술 논문 몇 편을 위해 진행되는 일이 아니다. 이미 크고 작은 기업들이 알고리즘에 기초한 노동 대체 기술을 통해 생산성과 이윤을 확대하고 있다.

특히 자동차 공장의 로봇과 달리 알고리즘은 눈에 보이지 않기 때문에 언론을 통해 대중에게 전달되는 데 어려움이 있다. 미국의 경우 스포츠 뉴스와 증권 뉴스가 알고리즘에 의해 생산되기 시작한 지 오래지만 이를 피부로 느끼는 독자는 극소수에 불과하다. 신용 평가, 고빈도 매매 등 알고리즘에 의해 자동화된 신용 업무와 투자 업무 영역이 빠른 속도로 증가해도, 자신의 신용에 대해 전화로 상담하는 소비자가 대부분인 현실에서 금융 업무의 알고리즘 경향을 피부로 느끼기란 쉽지 않다.

그러나 경험, 지식, 직관 등이 소프트웨어에 의해 복제되고, 통계와 확률 계산에 의해 대체되고 있다. 최소 단위까지 육체노동이 규격화되는 것이 로봇에 의한 자동화의 시작이라면, 인간 또는 기업 조직의 판단과 결정이 최소 단위까지 규격화되는 것은 알고리즘과 소프트웨어에 의한 기업 전반에 걸친 업무 자동화의 출발점이다.

거대한 전환과 인간의 노동

로봇이 끊임없이 인간의 노동을 대체해가면 어떤 사회가 다가올까?

기자와 변호사 등 지식 영역에까지 로봇의 역할이 확대되고 나서도 사람들이 할 일은 여전히 남아 있을까? 로봇으로 인간의 노동을 대체하면서 증가한 기업의 이윤은 새로운 일자리를 만들어내는 원동력이 될 수 있을까? 임금을 매개로 한 고용관계는 지속 가능한 것일까?

결국 질문은 로봇에게 일자리를 넘겨준 택시 운전사, 약사, 변호사, 기자는 무인 비행선을 통해 최악의 노동조건으로부터 탈출한 택배 기사와 함께 인간의 존엄성과 삶의 의미를 새로운 일자리를 통해 찾을 수 있을지로 집약된다.

전 세계 수많은 정치 세력이 '일자리 창출'을 정치적 목표로 제시한다. 경제정책의 오랜 목표는 모든 성인에게 일자리가 주어지는 사회였다. 노동정책과 복지정책은 그런 가정에서 설계되었다. 하지만 사람들이 할 일 자체가 사라진다면 이 모든 설계는 효력을 잃어버리고 만다.

기계와 인간 노동력의 관계는 세계 경제의 변화를 이끄는 힘이기도 하다. 중국과 인도의 값싼 노동력이 로봇에 의해 대체될 때 세계 경제는 지금과 동일한 논리로 작동할까?

높은 자동화 수준을 이룬 자동차 산업을 보자. 1990년대 저임금 지역으로 생산공장을 옮기던 흐름에서 벗어나 최근 자동차 기업은 판매지 인근으로 생산공장을 이전하고 있다. 생산품에서 임금이 차지하는 비율이 낮을수록, (투자) 지역을 선택하는 기준은 임금에서 이동 비용, 사회 기간 시설, 기업 조세 부담, 정치적 안정성, 시장 규모 등으로 옮겨간다. 기업의 장기적 이윤에 임금이 차지하는 비율이 줄었기 때문이다.

다시 말해 세계 생산공장의 중심은, 저가 노동력을 대표하는 중국, 인도, 브라질 등에서 로봇에 의해 인간 노동 대체 비율이 높고 동시에 소비력이 높은 북미 및 유럽 국가로 이동할 수 있다. 이런 맥락에서 보면 생산기지 이전 흐름의 중단 또는 축소가 자국 내 일자리 증가로 이어질 것이라는 기대는 헛된 일이다. 자국에 새로운 생산공장이 세워져도, 규범화되고 규격화된 일자리가 인간의 몫이 될 가능성은 빠른 속도로 줄어들고 있기 때문이다.

물론 알고리즘과 로봇이 이른바 서구의 전유물도 아니다. 애플과 삼성 스마트폰의 주문생산 기업인 중국의 폭스콘(Foxconn)은 상승하는 임금과 지속되는 파업을 근거로 최근 100만 개에 이르는 로봇을 도입하기 시작했다. 폭스콘의 결정은 알고리즘을 통해 인간 노동력 투입을 축소하려는 경쟁이 전 세계로 확장되고 있음을 보여주는 대표적인 예다.

인간의 노동이 알고리즘으로 넘어가는 과정에서는 임금 하락과 고용 불안정을 피할 수 없게 된다. 개별 기업의 생산성 및 이윤은 거침없이 증가할 수 있지만, 이에 반해 (기계와 경쟁해야 하는) 저소득층의 급속한 확대는 피할 수 없다.

언론사 A가 스포츠 뉴스와 증권 뉴스 생산을 알고리즘으로 대체할 경우, 미처 기술력을 확보하지 못한 언론사 B의 관련 뉴스 생산자는 임금 하락 압력에 놓인다. 오토바이와 화물차가 등장해도 지게꾼이 곧바로 사라지지는 않지만, 지게꾼의 수입은 줄어들 수밖에 없다. 기술은 발전하고 기업 이윤은 커지지만 이들의 삶은 위기에 처하고 만다.

경제사학자 칼 폴라니는 1944년에 발표한 역작 《거대한 전환(The Great Transformation)》에서 사회의 질서를 바꾸는 변환은 요란한 사건과 함께 일어나는 것이 아니라, 절대다수의 사람들이 생각지도 못하고 알지도 못하는 상황에서 예고 없이 찾아온다고 주장했다. 폴라니는 "(영국) 산업혁명의 전야에 이와 관련된 신호와 징조가 있었던 것이 아니다. 자본주의는 예고 없이 찾아왔다. 아무도 기계산업의 발전을 예측하지 못했고, 이는 완전한 놀라움으로 다가왔다"고 썼다.

당시 영국 사회를 뒤흔든 변화는 언뜻 보기에는 보잘것없는 작은 발견과 혁신에서 시작되었다. 1733년 영국의 존 케이가 선보인 작은 발명품 플라잉셔틀은 베틀에서 베를 짜는 노동을 인간의 몫에서 기계의 몫으로 바꾸었다. 플라잉셔틀은 베틀에서 날실의 틈으로 왔다 갔다하며 씨실을 푸는 북을 끈과 바퀴에 묶어낸 것이다. 북의 움직임을 자동화한 플라잉셔틀은 베틀에서 북을 전달하는 직공의 일을 대체했다. 《프랑스 방법론 백과사전》은 플라잉셔틀의 속도를 당대 사람들에게는 "상상이 불가능한 수준으로 마치 순간순간 사라지는 작은 구름과도 같다"고 묘사했다.[59] 현대인의 눈으로 보면 느리기 짝이 없는 속도겠지만, 플라잉셔틀이 확산되면서 베틀의 생산성은 두 배 이상 증가했다.

이와 연관된 기술의 발전은 1764년 실을 대량생산할 수 있는 방적기인 제니방적기(Spinning Jenny)의 탄생으로 이어졌다. 이후 섬유산업의 폭발적인 발전은 영국 산업혁명을 이끄는 주요한 힘이 되었다. 기계가 인간의 역할을 대신하는 폭과 깊이가 변화할수록 인간과 인간의 연결,

인간과 자본의 결합, 자본과 사회의 관계는 서로 충돌하고 조정되면서 산업사회의 특징을 구성하는 핵심 관계망으로 발전해왔다.

디지털 아테네 시대
우리는 무엇을 준비할 것인가

한국뿐만 아니라 전 세계 어떤 경제 시스템도, 그리고 사회체계도 이렇게 빠른 속도로 광범위하게 진행되는 알고리즘과 로봇에 의한 인간 노동의 대체 현상에 대해 어떻게 대응할지 준비하고 있지 못하다.

한국 언론 다수는 파란 하늘을 날아가는 아마존 프라임 에어에 환호를 보내며, 아마존의 혁신에 찬사를 아끼지 않았다. 기술의 신기함에 놀라워하는 수준에 머물고 있는 것이다. 이런 기술이 가져올 사회적 변화에 대한 상상은 아직 눈에 띄지 않는다.

기술이 인간 노동의 상당 부분을 대체한 사회에서 우리는 어떤 삶을 꿈꿀 수 있을까? 노동은 알고리즘과 로봇이 담당하고, 인간은 이른 아침 가정 안방까지 배달되는 꽃의 향기를 맡으며 멋진 하루를 시작하기를 고대하는 것일까? 이른바 귀족 노동자에 대한 부당한 질시는 자취를 감추고, 인간의 자존감을 무참하게 짓밟는 해고와 피를 부르는 파업은 깔끔하게 역사의 뒤안길로 사라지는 관용과 화합의 시대가 올 것인가?

고대 그리스 아테네의 민주주의가 그랬다. 끊임없이 굴욕을 느끼게 하는 거친 노동은 노예와 여성의 몫이었고, 노동으로부터 자유로운 남성 시민은 정치와 역사, 문화와 철학에 흠뻑 빠질 수 있었다. 알고리즘과 로봇의 진화는 우리에게 디지털 아테네 시대를 약속하고 있을까? 과거 아테네에서 노예와 여성의 몫이던 노동은 이제 로봇에게 돌아가는 것일까?

미국 일자리의 50퍼센트 가까이가 사라질 것이라고 전망한 옥스퍼드 대학 미래기술연구센터의 보고서로 돌아가보자. 보고서의 결론은 이렇다. "모든 노동자들은 결국 창조적 지능과 사회적 지능이 필요한 일을 하게 될 것이다. 그 기술을 갖춘 사람들만 성공할 수 있을 것이다."

우리가 준비해야 할 시대는, 예고 없이 실업이 폭증할 수 있는 시대다. 갑작스레 한 직종이 사라져버릴 수도 있는 시대다. 사실 전달만 할 뿐 상황 해석을 하지 못하는 기자, 약의 특성을 암기하기만 하는 약사, 가정에 대한 고민 없이 기술적 방법론에만 능숙한 통계 전문가들은 설 자리가 사라져가는 시대다. 이런 사람들을 양성하는 교육 시스템도 종말을 맞을 수밖에 없는 시대다. 로봇에 의해 대체 가능한 노동과, 이와 얽힌 시스템은 궁극적으로 사망을 향해 치닫게 되어 있다.

존 메이너드 케인스의 소셜픽션으로 돌아가보자. 《우리 후손들의 경제적 가능성》이라는 에세이에서 케인스는 "2030년 사람은 모든 경제 문제를 이미 해결한 상태일 것이고, 하루 세 시간만 일하면 되는 세상에 살게 될 것이며, 일이 너무 적어 골고루 일자리를 나누는 것이 문제인 사회에 살고 있을 것"이라고 했다.

그 상상은 여전히 유효하다. 어쩌면 인류는 이미 다가오고 있는 그 사회를 유토피아로 만드느냐, 디스토피아로 만드느냐의 갈림길에 서 있는지도 모른다.

부록

소셜픽션,
함께 모여 써봅시다

먼 미래의 그림을 그리는 상상은 혼자 발휘할 수도 있지만, 여럿이 함께 토론하며 만들어갈 때 더 큰 가치를 지닌다. 더 많은 사람들이 함께 상상하는 과정을 더 많이 거칠수록 더 좋은 정책이 나오고 더 좋은 기업이 만들어질 것이다. 무엇보다 중요하게는, 이해관계의 날카로운 대립 속에 생긴 사람들의 상처가 치유되고 문제 해결을 위한 지혜를 모을 에너지가 생길 것이다.

소셜픽션의 가장 큰 가치는 제약 조건 없이 먼 미래를 상상한다는 데서 나온다.

이 방법은 어려운 사회 문제의 해결을 시작할 수 있는 에너지를 준다. 현실이라는 잠금장치를 해제함으로써 여백이 생기고, 이 여백에서 에너지가 생긴다. 기존 패러다임과 제약 조건이 매우 강력한 상황에서, 현실적 제약 조건을 넘어선 사회적 상상은 문제 해결의 출발이 된다. 문제를 장기적이고 근본적으로 사고해야 전체 그림이 보이고, 매듭을 어디서부터 풀어야 할지가 보인다.

그런데 서로 다른 생각을 가진 사람들이 모인 자리에서 상상이라는 여백은 토론할 수 있는 여지를 준다. 첨예한 오늘의 이해관계에서 한 발짝 떨어져 수십 년 뒤의 관점에서 문제를 들여다보면, 당장은 대립된 것처럼 보이는 이해관계라 할지라도 언젠가는 만날 수 있고 장기적 비전을 공유할 수 있다는 사실을 발견할 가능성이 높아진다.

특정한 목표를 공유하는 기업이나 공공기관이나 지역에 소속된 사람들이 함께 상상하면 효과는 더 크다. 작은 조직이든 큰 사회든, 공동체는 늘 흔들리게 마련이다. 돈이나 인력 같은 현실적 제약 조건에 몇 차례 부딪히다 보면 원래 목표는 온데간데없이 사라지기 일쑤다. 그럴 때마다 사람들이 마음을 다잡고 방향을 되찾게 해주려면 비전을 공유해야 한다. 자꾸만 마주 보고 다투기만 해서는 한 걸음도 제대로 나아가기 어렵다. 같은 곳을 함께 바라봐야 지금의 작은 차이에 연연하지 않게 된다.

함께 상상한다는 특성 덕에 소셜픽션은 공공정책에서도 힘을 발휘할 수 있다.

사회가 잘 운영되려면 사회 구성원이 그 사회의 방향을 받아들이고 체화해야 한다. 공공정책과 관련된 비전이 이해관계자들과 구성원들의 동의를 얻는 가장 좋은 방법은, 비전을 만들 때 그들을 관여시키는 것이다. 현실적으로 모든 과정에 많은 이들을 직접 관여시키기 어렵다면, 그들의 마음속 염원을 최대한 끌어내는 과정이라도 거쳐야 한다.

많은 이들이 함께 먼 미래를 상상하는 과정에서는, 여러 사람의 염원이 뒤섞이고 모일 수 있다. 현명한 공공정책은 그 염원을 잘 끌어내는 것으로부터 시작한다. 다양한 회의 기법이 이 과정에서 활용되어야 하는 것은 물론이다. 이는 몇 년에 한 번씩 투표를 통해서만 수요자의 의사를 파악할 수 있는, 형식적 민주주의의 구멍을 메울 수 있는 보완책이기도 하다.

또한 소셜픽션은 기업에서 활용하기 좋은 비전 수립 방법이기도 하다. 기업이 가장 잘 운영되려면 조직 구성원이 기업의 비전을 자기 것으로 받아들이고 행동해야 한다. 그래서 기업의 비전과 미션과 핵심 가치를 정할 때는, 그것이 임직원들의 마음속에서부터 나오도록 하는 것이 매우 중요하다. 새로운 사업 방향을 정하는 것도 마찬가지다. 따라서 개인의 상상과 기업의 비전을 연결 지어서 개인의 기업에 대한 관여도를 높이는 작업이 반드시 필요하다.

소셜픽션랩에서는 이렇게 공공정책이나 기업 비전 수립 과정에서 많은 사람들이 함께 상상하는 회의를 두 가지 형태로 진행하고 있다. 많은 사람이 모여 상상을 매개로 이야기를 나누는 '소셜픽션 컨퍼런스'와, 한정된 인원이 함께 상상하고 그 상상을 실현하는 방법까지 그려보는 '소셜픽션 워크숍'이 그것이다.

소셜픽션 컨퍼런스

소셜픽션 컨퍼런스는 특정한 주제에 대해 불특정 다수의 사람들 또는

여러 집단의 이해관계자들이 모여 소셜 픽션을 쓰고 발표하고 토론하며 이야기를 모으는 회의 방법이다. 많은 사람들이 모여 최대한 상상하는 이야기 잔치다. '소셜픽션컨퍼런스@어린이대공원'을 통해 그 모습을 살펴볼 수 있을 것 같다.

1 | 제안하다

2013년 11월 30일 토요일, 소셜픽션컨퍼런스@어린이대공원 행사장에 93명의 어른과 12명의 어린이가 모여들었다. 컨퍼런스 주제는 '30년 뒤의 어린이대공원'이었다. 개장 40주년을 맞은 서울 어린이대공원이 미래에 어떤 모습으로 변모하는 게 좋을지 의견을 내놓고 토론하는 자리였다. 서로를 알지 못하고 서먹서먹하던 분위기는 얼마 지나지 않아 앞다투어 자신의 의견을 발표하는 열띤 토론장으로 바뀌었다. 5시간 30분이라는 시간이 금세 흘러갔다.

소셜픽션컨퍼런스@어린이대공원은 시민들이 자발적으로 모여 상상하면서 공론의 장을 형성하는 실험으로 기획되었다. 따라서 주최가 따로 없고 후원도 참석자가 자발적으로 하는 방식이다. 후원하고 참석한 사람들이 공동 주최를 한 셈이다.

처음 이 컨퍼런스는 소셜픽션랩의 아이디어에서 출발했다. 소셜픽션랩은 무함마드 유누스가 스콜월드포럼에서 강조한 '소셜픽션'이라는 개념을 한국에서 확산시키기 위해 컨퍼런스를 열기로 했다. 단단하게 굳은 사회가 있다면 제약 조건에 구애받지 않고 가장 원하는 것을 상상하는 것으로부터 혁신을 시작할 수 있다고 믿었기 때문이다. 그러기에 소셜픽션은 너무나 좋은 아이디어였다.

무엇보다도 전문가가 개념을 설명하고, 청중은 앉아서 듣고 마지막에 질의응답만 진행하는 기존의 컨퍼런스와 다른 방식으로 진행하려고 했다. 모두가 상상하고 발언하는 형태의 컨퍼런스를 진행하겠다는 기획이었다. 상상의 대상은 서울 시민들이 상상하기 좋으면서도 다양한 정책 현안과 맞물려 있는 서울 어린이대공원으로 정했다. 다음 세대가 살아갈 그 공원의 30년 뒤를 상상하는 것을 컨퍼런스 주제로 정했다.

이런 대강의 윤곽을 가지고 이원재 소셜픽션랩 소장이 우리 사회 각 분야에서 가장 앞선 생각을 가진 전문가들에게 그 상상의 광장을 함께 열자고 제안했다. 흔쾌히 동의한 17명이 마음과 생각을 모았다. 이들이 다시 시민들에게 그 상상의 광장을 함께 열자고 제안했다. 제안한 사람들의 명단은 다음과 같다.

김호(커뮤니케이션 전문가, 쉐이크연구소, 《쿨하게 사과하라》 저자. 컨퍼런스 진행), 곽승준(경제학 교수, 고려대), 김윤재(변호사), 박미향(〈한겨레〉 음식문화 담당 기자, 《인생이 있는 식탁》 저자. 컨퍼런스 사진 담당), 박상희(출판인, 비룡소 대표이사), 서명숙(제주올레 창안자), 오성규(환경전문가, 서울시설공단 이사장), 이무열(마케팅 전문가, 협동조합 살림 설립자. 컨퍼런스 마케팅/커뮤니케이션), 이은애(사회적 기업/협동조합 전문가, 서울시 사회적 경제 지원센터장), 이창림(도봉n 발행인), 전용덕(아동전시 기획가, 씽크브릿지 대표), 정혜신(정신과 의사, 마인드프리즘), 조양호(시민운동가, 더체인지 대표), 조재호(청년사회적 기업가, 베네핏 대표), 조홍섭(〈한겨레〉 환경전문 기자), 천근아(소아정신과 의사, 연세대 교수), 이원재(경제평론가/소셜픽션랩 소장)

2 | 모으다

먼저 모인 전문가들이 내놓은 제안에는 '행사에 참여해달라'는 내용과 '행사 비용을 분담하자'는 내용이 함께 들어 있었다. 소셜픽션 컨퍼런스는 시민들이 자발적으로 모은 돈으로 치르는 행사로 기획됐다. 그리고 그 후원자들이 참석해 발언하는 방식으로 진행하기로 했다. 즉 참여하고 싶은 시민은 돈도 내고 참석해 발언도 해야 했다.

사실 불안하기도 했다. 보통 정책 관련 컨퍼런스는 주최 측이 재원을 마련하고 발표자들이 좋은 내용으로 발표를 하고 간식까지 공짜로 주면서 유혹해도 사람들이 올까 말까인데, 재원도 참여자가 부담하고 내용도 참여자가 만드는 소셜픽션 컨퍼런스에 그렇게 힘들이면서까지 올 사람이 있을까?

게다가 다른 불안도 있었다. 소셜픽션 컨퍼런스는 기존 컨퍼런스와는 전혀 다른 방식인데, 과연 다른 분들이 이 사실을 알아줄까? 어린이대공원은 공공시설이라 정책 영역에 속하는데, 사람들이 정책을 결정하는 공청회 정도로 여기지는 않을까?

분야별로 전문가들을 모셔다 공동 제안을 해놓고는, 전문가들에게 발표를 부탁하는 것도 아니고 일반 참석자들과 같은 처지에서 토론하고 작업하라고 요구한 것인데, 이들 전문가들이 받아들일까?

사람도 돈도 새로운 방식으로 모았다. 그리고 기대 이상으로 성과가 좋았다.

2013년 11월 5일 소셜펀딩 사이트인 텀블벅(tumblbug.co.kr)을 통해 '소셜픽션컨퍼런스@어린이대공원'에 대한 펀딩을 시작했다. 1차 목표액인 300만 원이 이틀 만인 7일에 마감되었다. 4일 만인 11일에는 200퍼센트인 600만 원을 달성했다. 결국 펀딩 마감일인 19일까지 모두 888만 원이 모였다.

소셜픽션 컨퍼런스에 동의해 후원한 사람은 모두 212명이었다. 역시 후원자 숫자 목표인 200명을 넘어서는 수치였다. 당일 컨퍼런스에 참석한 사람은 어른 93명과 어린이 12명이었다.

전문가들은 준비 과정에서 자신이 가진 것을 기꺼이 내놓았다. 회의 전문가는 오픈스페이스 테크놀로지를 이용한 회의 진행을 제안했다. 마케팅 전문가는 상상에 걸맞은 디자인과 회의 환경 조성을 맡았다. 정신과 의사는 상상력을 발휘하는 회의 자체가 치유의 과정이라는 해석을 선사했다. 그리고 그 전문가들은 컨퍼런스 당일에는 다른 참석자들과 똑같이 자리에 앉아 이야기를 나누었다.

3 | 열다

소셜픽션 컨퍼런스는 열린 회의 진행 기법인 오픈스페이스 테크놀로지를 활용했다. 전통적인 컨퍼런스는 발표자와 청중이 분리되고, 세션은 미리 고정되어 있다. 따라서 청중은 정해진 세션에 들어가 정해진 발표자의 이야기를 주로 듣기만 하는 역할을 한다.

그러나 오픈스페이스 테크놀로지를 활용한 회의에서는 고정된 세션이 없다. 발표자도 정해져 있지 않다. 당일 컨퍼런스에서 세션을 제안하고 싶은 사람이 제안하고, 들어가고 싶은 사람이 들어가고, 발표하고 싶은 사람들이 골고루 발표한다.

그래서 오픈스페이스는 '집단 의사결정의 마법을 일으키는 곳'으로 불리기도 한다. 이 회의 방법을 처음 제안한 미국의 해리슨 오언은 '커피브레이크'에서 아이디어를 얻었다. 자신이 많은 시간과 노력을 들여 준비한 국제회의에 참석한 사람들 중 몇 명이 "회의도 좋았지만 그중에서도 커피브레이크 시간이 가장 좋았다"고 말한 게 시작이었다. 즉 국제회의 참석자들은 일방적으로 발표하는 공식 세션보다는 휴식시간에 커피 마시면서 다른 참석자와 잡담하는 가운데 더 많은 것을 배웠다는 이야기다. 누구의 통제도 없이 사람들이 자유롭게 이야기하도록 놓아두면 회의가 더 잘 진행될 수 있다는 믿음을 갖게 된 오언은 아예 커피브레이크만 있는 회의를 열어야겠다고 생각했다. 그래서 시작한 것이 오픈스페이스다.

소셜픽션컨퍼런스@어린이대공원도 오픈스페이스 방식을 채택해 세션과 발표자를 미리 정하지 않고 진행했다. 그러나 토론할 주제를 이야기하고 세션으로 만들자고 제안하자마자 금세 여러 세션이 만들어지기 시작했다. 우리는 각 세션을 '연구소'라고 이름 붙였다. 어린이대공원에 대한 소셜픽션을 쓰는 12개의 연구소가 만들어졌다. 벽에 붙어 있는 커다란 백지 위에 연구 주제를 써붙였고, 사람들은 자신이 관심 있는 주제를 찾아가 토론했다. 연구소마다 적게는 한 명에서 많게는 십수 명의 연구원이 모여 함께 상상을 펼쳤다.

각 연구소는 정해진 풍선을 들고 바닥에 자유롭게 앉아 토론을 진행했다. 꼭 지켜야 하는 두 가지 원칙이 발표됐다.

두 발의 법칙

내가 배울 수 있고 기여할 수 있는 곳(그룹)으로 두 발을 이용해 움직여라.

네 가지 원칙

첫째, 누가 오든 오는 사람이 맞는 사람이다.

둘째, 무슨 일이 일어나도 일어날 수 있는 유일한 것이다.

셋째, 언제 시작하든 시작하는 시간이 맞는 시간이다.

넷째, 끝나면 끝난 것이다.

4 | 만들다

각 연구소가 토론 결과를 정리하는 방법으로 두 가지 매체를 활용했다. 첫째는 콜라주 기법을 활용해 폐잡지 등을 흰 전지 위에 찢어 붙여 30년 뒤의 어린이대공원을 표현하는 것이었다. 두 번째는 30년 뒤의 기자가 되어 그때의 어린이대공원에 대한 기사를 작성하는 것이었다.

일반적으로 컨퍼런스에서는 발표 자체뿐만 아니라 어려운 발표문이나 도표를 통해 내용을 전달한다. 하지만 이런 방법은 벽이 높다. 말을 잘 하지 못하거나 글쓰기 및 도표 작성에 익숙하지 않은 사람은 발언하기 어려운 구조다.

따라서 소셜픽션 컨퍼런스에서는 폐잡지를 활용해 이런 벽을 없애고자 했다. 말이나 글에 익숙하지 않아도 상상만 할 수 있다면 콜라주 기법으로 표현하도록 유도한 것이다. 두 가지 매체는 완성되는 대로 컨퍼런스 장에 별도로 마련된 뉴스룸과 전시실에 붙여져, 회의 중간에라도 누구나 와서 보고 참고할 수 있게 했다.

뉴스룸에 전시된 상상의 기사 제목은 아래와 같았다.

—어린이대공원과 서울숲을 잇는 서울시의 새로운 랜드스케이프를 만듭니다.

—울타리 없는 동물원을 만듭니다.

—인류가 우주를 향해 꿈을 펼칠 수 있는 서울우주나루로 변신합니다.

—최첨단 가상현실 기술을 이용해 사용자가 원하는 경험을 구현해주는 'Space Infinity'를 만듭니다.

—어린이의 탄생부터 함께하며 버려지는 아이가 없게 하는 출산 천국 'LOVE AND BABY WONDERFUL WORLD'.

—가상현실을 이용해 다양한 문화 활동을 체험하고 보여주는 20대 청년들의 문화예술 공간.

—동물과 대화하세요. 통역해드립니다. 살아 있는 모든 것과 대화하며 생명의 가치를 느낄 수 있는 공간을 만듭니다.

—최초의 사회적 식물원 '서울 어울림'을 만듭니다. 노숙인, 실업자 등

사회 소외 계층이 식물을 재배하며 어린이에게 생명과 땅의 의미를
가르치는 공간.

—내 안의 야성을 실험할 수 있는 무학년제, 시험 없는 학교를 만들자.

—뭐든 상상할 수 있고 그 상상에 따라 공간이 액체처럼 변화하는, 상
상이 출력되는 공원.

—밤에도 열리는 어린이공원을 만듭니다.

—어른이대공원, 한 번이라도 뜨겁게 놀아본 적이 있느냐.

5 | 주인을 찾다

서울 어린이대공원의 진짜 주인은 어린이다. 그런데 대부분의 논의에
서 어린이는 발언권이 없다. 상상을 매개로 한 시민 공론장인 소셜픽
션 컨퍼런스에서는 특히 어린이가 더욱 중요한 이해관계자가 된다.

참가 신청을 한 어린이 12명의 활동은 그래서 중요했다. 아이들도
어른들과 마찬가지로 오픈스페이스 방식을 통해 자유롭게 토론하며,
30년 뒤 어린이대공원의 모습을 상상했다. 소셜픽션컨퍼런스@어린
이대공원의 마지막은 그 어린이들이 상상한 것을 표현한 작품을 발표
하는 것으로 장식되었다.

소셜픽션 워크숍

소셜픽션 워크숍은 상상을 매개로 해 장기 비전을 찾는 워크숍이다.
주로 15~40명가량의 소수의 한정된 인원을 대상으로 이뤄진다. 한

조직에 속한 사람들이 공동의 목표를 찾는 방법이 될 수도 있고, 비슷한 영역에서 일하는 여러 다른 사람들이 함께 작업하면서 자신의 비전을 찾는 방법이 될 수도 있다.

소셜픽션 워크숍은 변화 이론(Theory of Change) 워크숍과 이어지면서 상상을 구체화하는 단계까지 심화하는 것이 특징이다. 상상하고 이야기하는 데서 그치지 않고, 그 상상을 구현하는 데 필요한 선결 조건을 분석하고 그 조건을 달성하기 위한 개입(실행) 지점을 찾는 데까지 나아간다.

몇 가지 사례를 통해 소셜픽션 워크숍의 운영 방식을 살펴보자.

1 | 지역을 대상으로 한 상상

2013년 9월 28일, 전라북도 전주의 사단법인 '내 사랑 전주' 청년포럼에서는 '전주의 미래'를 놓고 소셜픽션 워크숍을 가졌다. 워크숍에 참여한 40여 명의 전주 청년들은 스스로 지역의 미래에 대해 열띤 토론을 벌였다. 먼저 토론하고 싶은 주제를 각자 발표한 뒤 관심사에 따라 5~6명씩 그룹을 나누었다. 각 그룹에서는 자신들이 장년이 되었을 때 살아갈 30년 뒤의 지역을 상상하는 토론을 벌이고, 그것을 작품으로 만든 뒤 발표하는 것으로 마무리를 지었다.

(사)내사랑전주는 살기 좋은 전주를 만드는 대안을 생각하고 실천하자는 취지로 38개의 시민단체와 시민들이 함께 만든 단체다. 청년포럼은 그 취지에 공감하는 지역 청년들로 이루어진 모임이다.

이렇게 소셜픽션 워크숍은 특정 지역의 미래 비전에 대해 해당 지역의 이해관계자들이 함께 이야기를 나눌 수 있는 방법론이다. 흔히 지역의 비전에 대한 토론은 부동산 개발 등 당장의 이해관계가 첨예하게 엇갈리며 극심한 갈등을 빚곤 한다. 소셜픽션을 함께 쓰는 방법은 일단 당장의 이해관계를 잊고 먼 미래를 상상하게 하므로 이런 갈등을 뒤로 미루고 먼저 공통분모를 찾게 하는 장점이 있다.

특히 지역은 구체적인 대상이므로 눈으로 볼 수 있는 작품을 함께 만드는 공동작업 방식으로 진행하면 효과가 크다.

2 | 기업 및 비영리단체를 대상으로 한 상상

2013년 12월 20일, 서울 강남구의 역삼동 동그라미재단 교육장에는 전국 각지에서 일곱 개의 지역 소기업 임원들이 모였다. 비즈니스 조직이면서도 지역 활성화나 문화·예술 등 분명한 사회적 사명을 가진 기업들이었다. '로컬챌린지' 프로젝트에 참여하고 있는 이들을 대상으로 소셜픽션 워크숍이 진행되었다.

워크숍 주제는 10년 뒤 자신의 기업을 상상하는 것이었다. 2~3명씩 참석한 각 기업은 기업별로 그룹을 지어 함께 상상을 펼쳤다. 어떤 기업은 10년 뒤 자신의 조직이 바꿔놓을 지역의 모습을 묘사했다. 어떤 기업은 자신의 기업이 바꿔놓을 임직원들의 삶을 상상했다. 이야기를 나누고 구체적으로 작품을 통해 비전을 묘사하는 과정에서 그들의 꿈이 구체화되었다.

이 워크숍에서는 구체화된 꿈을 한 단계 더 심화시켰다. 실제 10년 동안 그 꿈을 구체화하는 방법을 구상하는 '변화 이론' 워크숍을 가졌다. 이 과정에서 자신들의 비전 가운데 무엇이 현실적이고 무엇이 비현실적인지를 파악했고, 비현실적인 부분을 보강하기 위한 고민을 시작했다.

특히 각 기업의 꿈과 구체적 계획을 '월드 카페' 방식으로 다른 기업들에게 설명하며 워크숍을 마무리하는 과정에서 고민은 더 깊어졌다.

로컬챌린지는 비즈니스를 통해 지역 문제를 해결하고, 지역 발전에 기여하고자 하는 창업 기업을 지원하는 프로젝트다. 사업뿐만 아니라 지역과 사람을 함께 생각하며 경영하는 기업을 키우려는 시도다.

2013년 11월 초 새로운 시민단체를 표방하고 나선 사단법인 '사회혁신공간 there'의 창립 총회에서도 소셜픽션 워크숍이 진행됐다.

이 워크숍에서는 20여 명의 참석자가 there의 10년 뒤를 상상했다. 오픈스페이스 기법을 통해 자신이 생각하는 10년 뒤 이 조직의 미래에 대해 이야기를 나누는 동안, 주제는 자연스럽게 네 가지로 분화되었다. there라는 브랜드의 미래, there라는 일터의 미래, there가 갖는 사회적 영향력의 미래, there가 벌일 사업의 미래. 이 네 개 그룹으로 나누어 토론을 벌이고 작품을 만들어 발표하면서, 대략의 조직 비전이 영역별로 만들어졌다.

there는 다음 날 자연스럽게 이 상상의 결과를 구체적인 비전과 정관을 만드는 작업으로 이어가며 창립 총회를 마무리했다. 사단법인 there는 사회의 긍정적 변화를 위해 구체적 실천을 하는 사회 혁신가들, 즉 사회적 기업가나 비영리 활동가나 공공부문 혁신가 등을 지원하고 육성하는 플랫폼 역할을 자처하는 새로운 사회단체다.

이렇게 소셜픽션 워크숍은 개별 기업이나 비영리단체가 자신의 미래 비전을 그리기 위해 구성원들과 함께 토론하는 방법론이다. 대개의 경우 일상의 업무 때문에 잘 이뤄지지 않는 장기 비전에 대한 토론도 상상을 매개로 하면 훨씬 쉬워진다. 이런 이유로 서울시에서는 협동조합, 사회적 기업 등 사회적 경제 전문가들을 대상으로 한 교육 과정 공통 모듈에 소셜픽션 워크숍을 넣기로 했다.

3 | 특정 관심 영역을 대상으로 한 상상

그런가 하면 특정 관심 영역을 공유하는 개인들이 워크숍을 통해 자신의 비전과 액션 플랜을 구상하는 경우도 있다.

일반 사용자용 소프트웨어 인재 양성을 위해 NHN에서 세운 교육기관 'NHN NEXT'에서 있었던 소셜픽션 워크숍이 그 사례다. 2013년 11월 26일 이 기관 학생들을 대상으로 열린 소셜픽션 워크숍에서는 특별히 한국 사회의 미래와 기술이 연결된 주제가 많이 토론되었다. 토론 과정에서 학생들은 안경의 미래, 모바일 기기의 미래, 노인 복지의 미래 등을 떠올리며 기술과 사회를 연결시켰다. 결과적으로 소프트웨어 전문가로서의 자신의 미래와 사회의 미래를 연관 지어 생각하는 연습의 효과가 있었다.

비영리기관의 혁신을 지원하기 위해 운영되는 아산프론티어아카데미에서 열린 소셜픽션 워크숍도 마찬가지다. 아산나눔재단이 여는 이 프로그램에는 전국의 다양한 비영리 종사자들이 참여한다. 이 워크숍은 참여자가 관심 있는 사회 문제를 내놓아 그룹을 만든 뒤, 각 그룹이 그 문제가 완전히 해결된 미래를 자유롭게 상상하는 방식으로 진행되었다. 비영리 종사자는 기본적으로 사회 문제 해결을 업으로 삼는 사람이다. 결과적으로 자신이 속한 조직과 업무의 미래 비전이 토론에 녹아들게 하는 게 목표다.

'소셜스터디2013 캠퍼스X'에서의 소셜픽션 워크숍은 대학과 청년의 문제에 초점이 맞춰졌다. 이 프로그램은 청년단체 'The Next'가 주최하며, 사회 변화를 꿈꾸는 대학생들이 모였다. 이 워크숍에 참여한 대학생들에게 30년 뒤는 여전히 현재형이다. 여전히 자신들이 사회의 주역일 것이기 때문이다. 다른 세대와는 시간이 주는 의미가 사뭇 다르다. 이런 특성이 반영되면서 참여자들은 자신들이 살아갈 삶에 대해 진지한 토론을 벌였다.

모두가 발언하며 긍정하는 토론

소셜픽션 컨퍼런스와 워크숍은 다양한 형태와 기능을 가지지만, 세 가지 공통점이 있다.

첫째, 진행자가 이끌며 소수가 발언하고 다수가 듣는 회의가 아니라 모두가 발언하고 서로를 이끄는 회의다. 이런 자리에서는 '오픈스페이스 테크놀로지'나 '언컨퍼런스'와 같이 많은 이들의 목소리를 반영하는 자유로운 형태의 회의 기법이 큰 힘을 발휘한다.

둘째, 아이디어를 비판하고 깎아내리는 회의가 아니라 긍정하며 발전시키는 회의다. 소셜픽션컨퍼런스@어린이대공원에서는 토론의 큰 규칙으로 'YES, AND'가 제시됐다. 상대방의 의견에 대해 'no'라고 말해서는 안 되며, 일단 긍정하며 자신의 의견을 덧붙여야 한다는 엄격한 규칙이다. 이런 규칙을 내세운 이유는 긍정적 상상에서 소셜픽션의 가치가 나오기 때문이다.

우리 현실을 뒤돌아보면 금세 고개를 끄덕이게 된다. 미래는 늘 불안하다. 불확실성이 크고, 비관하자면 한없이 비관할 수밖에 없다.

하지만 사회나 조직에 대해 긍정적 상상을 하는 과정에서, 사람들은 미래가 적극적 구성의 대상이라고 인식하게 된다. 이런 태도 변화는 사회 구성원들의 비전에 대한 관여도를 높이고, 변화를 향한 행동을 더 많이 이끌어낸다. 이런 철학은 긍정적 미래 상상을 통해 구성원들의 조직 관여도를 높이는 긍정 탐구(appreciative inquiry)라는 워크숍 방법론과도 맞닿아 있다.

셋째, 결과만큼이나 과정을 중시하는 회의다. 많은 컨퍼런스나 회의의 가장 큰 문제점은 결론은 명확하게 나오지만 동의가 이뤄지지 않은 채 회의가 끝난다는 것이다. 결국 회의에서 결정된 사항인데도 실행하는 데 어려움을 겪을 수밖에 없다. 실행되더라도 큰 갈등을 유발하기 쉽다.

소셜픽션 컨퍼런스와 워크숍은 다양한 의견을 뒤섞어 테이블 위에 올리고, 그 테이블에 대한 신뢰를 쌓아가는 회의다. 사람들이 그 테이블에서 계속 이야기를 나누고 싶다고 느끼고, 결론을 내는 데 기여하자는 의지를 갖게 되는 것은 올바른 결론만큼이나 중요하다. 그래야 회의 뒤에 갈등을 줄이고 실행에 옮길 수 있기 때문이다.

사회도 기업도 정부도 늘 많은 문제에 부닥친다. 그런데 모두가 말은 많지만 제대로 실행되고 해결되는 것은 별로 없다. 누가 어떻게 결론을 내리는지가 결론 그 자체만큼 중요하다는 사실은 쉽게 무시된다. 그 문제를 상상이라는 매개와 열린 참여라는 방법론을 통해 해결하려는 게 소셜픽션 컨퍼런스와 워크숍이다. 이제, 함께 모여 상상하며 문제를 해결해보자.

당신의 상상은 무엇입니까

지혜롭고 유쾌하고 풍요로운 2030년의 삶을 그린 케인스의 소셜픽션은 아직 현실이 되지 못했습니다. 경제는 분명 성장했습니다. 하지만 사람들은 여전히 중요하지 않은 일로 다투며 죽고 죽이기까지 합니다. 일하는 시간은 줄지 않고 여가에 들어가는 비용은 늘어나기만 합니다. 수입이 충분하지 않아 생존을 위한 돈벌이에 삶의 가장 큰 에너지를 쏟아부어야만 하는 사람들이 여전히 대다수입니다.

케인스의 꿈은 왜 현실이 되지 못했을까요? 후대 사람들은 그의 탁월한 통찰력을 경외하면서도 그가 내다보지 못한 몇 가지 문제를 지적합니다. 여러 문제가 있지만 어쨌든 풍족함이 지혜로움과 유쾌함을 불러오지 못한 이유는 대체로 세 가지로 정리할 수 있습니다.

가장 먼저 살펴볼 수 있는 문제는 인간의 욕망이 케인스가 생각한 대로 적절한 선에서 멈추지 않았다는 데 있습니다. 인간이 생계를 해결하고 적절한 생활을 달성하고 나면 경제적 욕망은 더 커지지 않을 거라고 생각한 것이 케인스의 첫 번째 오류였습니다.

또 다른 경제학자 소스타인 베블런은 '과시적 소비'라는 개념으로 이를 미리 설명했습니다. 사람들은 자기 내면의 필요 때문이 아니라 다른 사람들에게 보여주기 위해 소비를 한다는 것이지요. 그러니 타인과 비교하면서 끊임없이 소비가 늘어나는 것은 당연합니다. 아무리 경제가 성장해도 '더 많이!'를 외치게 되고 그러다 보면 늘 부족함을 느끼게 되는 것이지요.

처음에는 과시적 목적으로 소비에 대한 욕망이 커진다면, 나중에는 여기에 자본 증식과 축적의 욕망까지 더해집니다. 거대 자본가가 아닌 이들도 더 많은 것을 쌓아두고 불안한 미래를 대비해야 한다는 생각으로 투자와 축적에 나섭니다. 이런 욕망은 결코 적절한 선에서 멈추지 않습니다. 자원이 고갈되고 대기가 엷어지고 기후가 변화해 종족이 공멸할지 모른다는데도 욕망은 멈추지 않았습니다. 멈추지 않고 자라기만 하는 욕망은 2008년 금융위기 이후 '탐욕'이라고 불리며 세계 경제 거품의 주범으로 비판받게 됩니다.

두 번째 문제는 분배에 있습니다. 전체 경제가 성장하더라도 그것을 누리는 것은 아닙니다. 누군가는 평균의 100배를 누리고, 누군가는 전혀 누리지 못합니다.

한 사회 내의 분배 문제는 점점 더 심각해집니다. 세계 곳곳에서 공통적으로 겪는 문제입니다. 그리고 사회 사이의 격차가 있습니다. 미국이나 서유럽과 아프리카나 남아시아의 격차는 심각합니다. 또 모두가 기여한 만큼 분배받는 게 아니라는 정의의 문제가 있습니다. 한국 사회만 봐도 토지와 부동산으로부터 나오는 불로소득이 근로소득보다 월등한 대접을 받습니다. 부동산으로부터 나오는 소득은 심지어 기계나 기술 같은 생산적 자본으로부터의 소득보다도 더 우월하게 취급됩니다. 분배의 결과가 문제이기도 하지만 정당성에도 문제가 있다는 이야기입니다.

세 번째로 '일'의 문제가 있습니다. 케인스는 명시적으로 언급하지는 않았지만 사람들이 노동보다 여가를 선호할 것이라는 전제를 바탕에 깔고 있었습니다. 그런데 통계를 보면 소득이 높은 직장인이 더 많은 시간 일을 하는 경우도 흔합니다. 즉 소수의 앞서가는 사람들은 일 자체를 즐긴다는 이야기지요. 그래서 경제가 성장해도 노동시간이 줄지 않는다는 이야기입니다. 다만 생계 때문에 억지로 긴 시간 일해야 하는 대부분의 노동 인구에는 해당되지 않는 명제이지요.

하기야 일하는 시간이 줄지 않더라도 일이 보람 있고 유쾌하다면 케인스의 꿈은 달성될 수 있습니다. 그러나 생계 때문에 억지로 시키는 대로 일해야 하는 대부분의 노동 인구는 고통스러울 수밖에 없습니다. 대부분 현대인에게 일자리는 먹고사는 일을 해결하는 '자리'일 뿐, 보람 있는 '일'이 있는 일터가 아닙니다.

문제만 늘어놓고 보면 한숨이 나오지만, 놀랍게도 우리는 이 문제들에 대한 대략의 답을 이미 꺼내놓았습니다. 구조적 해결책에 대해 선언도 하고 토론도 했습니다.

이 문제는 인류가 환경과 생태를 생각하는 지속 가능한 소비와 지속 가능한 생산을 함으로써 해결해야 한다는 논의가 주류입니다. 이런 생산과 소비가 모이면 경제, 사회, 환경이 균형 있게 발전하는 '지속 가능한 발전(sustainable development)'가 됩니다. 현재의 경제 성장은 지속 불가능하다는 전제 아래 유엔이 1992년 지구정상회의 이후 지지하고 있는 경제 발전 모델이지요. 본문에 언급한 '행복 GDP' 같은 지표도 개발되어 이런 대안을 뒷받침하고 있습니다.

분배 문제에도 모범 답안은 있습니다. 한 사회 내 분배 문제는 대체로 복지정책으로 바로잡자고 합니다. 국가 간 격차 해소를 위해 국제 원조와 공정무역이 거론됩니다. 분배 정당성을 바로잡자는 의미에서의 경제 민주화는 선거 때마다 이슈가 되어 너무나 유명해졌습니다.

'일'의 문제는 어떨까요? 사실 사람들이 즐길 만한 일을 만들어내고 여기 뛰어들게 하면 케인스의 문제는 저절로 해결된다는 이야기지요. 일 자체가 놀이이고 예술이 될 테니 일하면서도 지혜, 유쾌, 풍요를 누릴 수 있다는 이야기입니다. 물론 적절한 균형은 여전히 중요하겠지만요.

여기에 대한 제도적 대안으로는 사회적 기업이나 협동조합 등 일하는 사람이 주인이거나 사명을 갖고 일하는 기업 형태가 제시됩니다. 남의 일을 해주고 그 대가로 월급을 받는 게 아니라 내가 주인인 일을 보람 있게 하면서 보수까지 받는다면 문제는 절로 해결되겠지요.

또한 구글이나 실리콘밸리의 벤처기업들에서처럼 개개인이 모두 기업가 정신을 갖고 창의적인 일을 하도록 만드는 시스템도 대안이 될 수 있습니다. 제니퍼소프트처럼 기업 내에서 적절한 HR을 통해 사람들이 일을 즐길 수 있는 분위기를 만드는 방법도 이야기됩니다.

케인스가 이야기한 지혜롭고 유쾌하고 풍족한 사회는 가능합니다. 어쩌면 우리는 그 방법마저 거의 알고 있는지 모릅니다. 좀 더 다듬어 실천하면 되는 문제인지도 모릅니다. 그런데도 우리는 늘 우리가 사는 사회가 케인스의 세상에서 완전히 동떨어진 것처럼 느낍니다. 어쩌면 그런 상상을 비현실적이라 치부해버리는 우리의 경직된 사고방식이 변화의 가장 큰 걸림돌은 아닐까요? 지금 우리에게 가장 필요한 것은, 그런 생각의 한계를 넘어서 보는 연습이 아닐까요?

1 | 박제훈, 옥우석, 《장 모네 회고록》, 세림출판, 2008.

2 | 위와 같음.

3 | 위와 같음.

4 | Tony Blair, "It's Time for the Direct Election of a European President", Huffingtonpost.com, 2012. 11. 26.

5 | Parag Khanna, "Mapping the future of countries", TED, 2009.

6 | Michael Ha, "Korea, Japan Will Help Create EU-Style Asian Union", *The Korea Times*, 2008.

7 | 넬슨 만델라, 《자유를 향한 머나먼 여정》(하), 아태평화출판사, 1995.

8 | 홍기빈, 《비그포르스, 복지국가와 잠정적 유토피아》, 책세상, 2011.

9 | 레그란드 츠카구치 도시히코 편, 강내영 · 온나자와 나오코 · 홍일표 공역, 참여사회연구소 기획, 《스웨덴 스타일: 복지국가를 넘어 복지사회로, 스웨덴 모델의 미래를 보다》, 이매진, 2013.

10 | Muhammud Yunus, Grameen Bank at a glance, 2011.

11 | David Roodman, "Grameen Bank, Which Pioneered Loans For the Poor, Has Hit a Repayment Snag", Center for Global Development, 2010. 9. 2. http://international.cgdev.org/blog/grameen-bank-which-pioneered-loans-poor-has-hit-repayment-snag

12 | 무함마드 유누스 · 알란 졸리스 저, 정재곤 역, 《가난한 사람들을 위한 은행가》, 세상사람들의책, 2002.

13 | 국회예산정책처, 〈서민금융제도의 현황 및 발전 방안〉, 2013. 8

14 | 문진수, 《금융, 따뜻한 혁명을 꿈꾸다》, 북돋움, 2013.

15 | http://www.aquaplanet.co.kr/jeju/03info/tourist_info4.jsp

16 | Charles Leadbeater, *We-Think: Mass innovation, not mass production*, Profile Books, 2009.

17 | Steven Johnson, "Where good ideas come from", TED, 2010. http://www.youtube.com/watch?v=0af00UcTO-c

18 | Chris Anderson, "How YouTube is driving innovation," TED, 2010. http://www.ted.com/talks/chris_anderson_how_web_video_powers_global_innovation.html

19 | Charles Leadbeater, *We-Think: Mass innovation, not mass production*, Profile Books, 2009.

20 | Clay Shirky, "How the internet will on e day transform government", TED, 2012.

21 | 부르노 카우프만 · 롤프 뷔치 · 나드야 브라운 저, 이정옥 편역, 《직접민주주의로의 초대》, 리북, 2008.

22 | Mark Rory Stewart, "Why Democracy Matters", TED, 2012. http://www.ted.com/talks/rory_stewart_how_to_rebuild_democracy.html

23 | Jeffrey M. Jones, "Congress' Approval Rating Remains Near Historical Lows", Gallup, 2013. 8. 13. http://www.gallup.com/poll/163964/congress-approval-rating-remains-near-historical-lows.aspx

24 | http://voteforpolicies.org.uk

25 | 도현명, 전상욱, "임팩트 비즈니스가 뜬다", 〈동아일보〉, 2011. 9. 16.

26 | SBS 스페셜, "싱글턴 혼자 살아서 좋다!?", 2013. 11. 3.

27 | 이화여대 한국여성연구원, 〈시장사회를 넘어: 공동체 경제와 젠더〉, 2013. 11. 22.

28 | http://cafe.daum.net/femihealth

29 | 이유진, 〈페미니즘 깃발 의료생협의원 탄생 … 여기선 '3분 진료' 없어요〉, 〈한겨레〉, 2012. 8. 30.

30 | 이화여대 한국여성연구원, 제13회 김옥길 기념강좌, "시장사회를 넘어: 공동체 경제와 젠더〉" 자료집, 2013. 11. 22.

31 | http://www.aspenideas.org/session/age-possibility

32 | http://www.aarp.org

33 | http://www.ageuk.org , 정동우, '유럽의 노인복지〈上〉', 〈동아일보〉, 2008. 2. 24.

34 | "Center for Community Development Investments", *Community Development Investment Review Vol. 9 Issue 1*, Federal Reserve Bank of San Francisco, 2013.

34 | 임동원, "우리나라 행복 수준은 세계 41위", 〈사이언스타임즈〉, 2013. 9. 30.

35 | 오관철, "중국의 GDP 부풀리기", 〈경향신문〉, 2013. 7. 17.

37 | 뉴스속보부, "후쿠시마 원전 3호기 폭발 … 복구비 135조 이상", 〈매일경제〉, 2011. 3. 14.

38 | 이상언, "메르켈, 일본발 원전 쇼크 … 50년 보수텃밭서 패배," 〈중앙일보〉, 2011. 3. 29.

39 | 이필렬, "반세기 원전 반대 결실 맺다", 한겨레 21(제864호), 2011. 6. 13.

40 | 전성훈, "후쿠시마 사태 후 주요국 원전정책 변화 사례", 〈연합뉴스〉, 2013. 10. 13.

41 | 위와 같음.

42 | 강민구, "전세계 1462명 사망 … 가을 대유행 우려", 〈매일경제〉, 2009. 8. 16.

43 | PwC, "Future of Government", 2013. 6. http://www.pwc.com/gx/en/psrc/publications/future-of-government.jhtml

44 | Andrew Puhanic, "Council on Foreign Relations Reveals How World Government Can Be Achieved in 2013", *The Globalist Report*, 2012. 12. 38.

45 | "Sal Khan of Khan Academy Accepts the Skoll Award at 2013 Skoll World Forum", 2013. http://skollworldforum.org/session/awards-ceremony/?play=sal-khan-of-khan-academy-accepts-the-skoll-award-at-2013-skoll-world-forum#videos

46 | Salman Khan, "Let's use video to reinvent", 2011. www.ted.com/talks/lang/en/salman_khan_let_s_use_video_to_reinvent_education.html

47 | 살만 칸 저, 김희경 · 김현경 역, 《나는 공짜로 공부한다》, 알에이치코리아, 2013.

48 | "Will Massively Open Online Courses Transform the Way We Learn?", 2013. http://www.aspenideas.org/session/will-massively-open-online-courses-transform-way-we-learn

49 | "Schools for the Future", 2011. http://www.aspenideas.org/session/schools-future

50 | "Too Big to Fail: The Inside Story of How Wall Street and Washington Fought to

Save the Financial System? and Themselves", Andrew Ross Sorkin, 2009.

51 | Phillip Swage, "The Cost of the Financial Crisis: The Impact of the September 2008 Economic Collapse", PEW, 2009. http://www.pewtrusts.org/uploadedFiles/wwwpewtrustsorg/Reports/Economic_Mobility/Cost-of-the-Crisis-final.pdf

52 | Satoshi Nakamoto, "Bitcoin: A Peer-to-Peer Electronic Cash System", http://bitcoin.org/bitcoin.pdf

53 | A Point Of View: Bitcoin's freedom promise, 2013. 4. http://www.bbc.co.uk/news/magazine-22292708

54 | Aamodt & Nygard, "Different roles and mutual dependencies of data, information, and knowledge ? An AI perspective on their integration", *Data & Knowledge Engineering*, vol.16(3), 1995.

55 | 위와 같음.

56 | Chaboud, Alain · Chiquoine, Benjamin · Hjalmarsson, Erik, Vega, Clara, "Rise of the Machines: Algorithmic Trading in the Foreign Exchange Market", *Federal Reserve Board International Finance Discussion Paper* No. 980, 2009.

57 | 김준석, 고빈도매매의 현황과 특성: KOSPI200 선물시장 분석, Perspective vol. 3 no. 3, pp. 45-55, 2011.

58 | Yacine Ait-Sahalia · Mehmet Saglam, "High Frequency Traders: Taking Advantage of Speed", 2013. http://ssrn.com/abstract=2331613

59 | Alfred P. Wadsworth · Julia De Lacy Mann, "The cotton trade and industrial Lancashire 1600-1780", Manchester university press, 1965.

강정수

독일에서 경제학(학사 및 석사)과 경영학(박사)을 전공했다. 인터넷 경제 및 인터넷이 가져오는 다양한 사회변동에 대한 고민과 연구를 담은 블로그 '베를린로그'를 운영하고 있다. 독일에 거주할 때 〈한겨레21〉 통신원을 시작으로 글쓰기를 시작했으며, 블로터를 거쳐 지금은 〈슬로우뉴스〉에 필진으로 참여하고 있다. 인터넷에서 이용자 표현의 자유, 망중립성, 이용자 유익을 함께 고려하는 저작권, 액티브 엑스 없는 인터넷 환경 등을 위해 싸우는 시민단체 (사)오픈넷에서 활동하고 있다.

│ Chapter 9 │ 정보와 지식의 디지털화, 기자 없는 기사와 로봇 저널리즘 │ Chapter 9 │ 기계, 인간의 노동을 대체하다

김산

개발자, 콘텐츠 기획자, 인터넷 서비스 기획자, PR/마케팅 컨설턴트 등의 직업을 전전한 끝에 두 아이에게 좀 더 좋은 세상을 물려주겠다는 생각으로 소셜픽션랩에서 아이들이 살 세상을 상상하기로 했다. 퇴근 후에는 '똥탱아빠'라는 이름으로 육아와 관련한 글을 쓰고 있으며 가족, 특히 아이들을 중심으로 지역 사회에 건강한 마을을 만들어주기 위한 프로젝트를 준비 중이다.

│ Chapter 2 │ 사람에 대한 차별을 철폐할 수는 없을까 │ Chapter 5 │ 걷다 보면 치유가 되는 길이 한국에도 있다면
│ Chapter 6 │ 특별한 도시가 특별한 기업을 만났을 때 │ Chapter 7 │ 낙후 지역 몬드라곤이 협동조합 도시가 되기까지

김진화

한국 비트코인 거래소 코빗(korbit.co.kr)의 공동설립자이자 이사. 비영리 공익법인 타이드 인스티튜트 이사로 세계 최초의 비트코인 해설서 《넥스트 머니 비트코인》을 썼다. 인터넷과 제조업, 영리와 비영리, 그리고 국경의 경계를 넘나들며 사회 혁신을 구현해온 기업가로 2009년 노동부장관상을 수상했으며, 2012년 유엔지구환경정상회의 한국 대표단 및 글로벌 청년 혁신가로 선정된 바 있다.

│ Chapter 9 │ 자본에 얽매이지 않는 디지털 화폐 비트코인

윤지영

'한국경제TV 와우스타' 문화부 팀장이다. 이화여대 법학과를 졸업하고 국회입법조사처 복지 노동팀과 '선진과 창조' 국회 교섭단체에서 근무했다. 이후 창조한국당 '사람희망정책연구소' 에서 선임연구원으로 일자리, 중소기업, 교육정책을 연구했으며 2012년 19대 국회의원 선 거 창조한국당 비례대표 1번으로 출마했다.

이성은

1992년부터 이화여대와 영국 요크대학 여성학과에서 공부했다. 박사학위를 받은 후 10년 동 안 이화여대에서 여성학 강의와 연구를 했으며, 서울시여성가족재단 연구위원으로서 성평 등 복지를 위한 다양한 정책 연구에 집중했다. 2012년 대통령 선거 기간에는 안철수 진심캠 프 정책본부에서 성평등, 육아. 아동청소년, 복지, 보건의료 5개 정책 포럼의 코디네이터로 활동했다. 격차 해소를 위한 평등정책네트워크 상임대표로서 평등하고 좋은 정책 만들기를 고민하는 사람들과 소통하며 자유롭게 연구, 강의, 집필 활동을 하는 삶을 만끽 중이다.

이숙현

서울에서 태어났다. 중학교 3학년 때 좋은 세상을 만들기 위해서는 언론인이라는 직업이 효 과적일 거라는 망상을 품었다. 실제 약 9년간 기자로 생활하며 정치부, 외교부, 국제부, 경제 부 등을 거쳤다. 국제관계에 대한 뒤늦은 호기심으로 미국 워싱턴대학에서 국제 관계학(석 사)을 전공했다. 지금은 시사저널리스트라는 이름으로 다수의 라디오 방송에 출연하며 청취 자들을 만나고 있다. 관심 분야는 정치, 외교, 남북관계 등이다.

이원재

경제평론가. 소셜픽션랩 소장. 이전에 한겨레경제연구소장과 삼성경제연구소 수석연구원을 지냈다. 현재는 경제정책 전문가로 활동하고 있으며 각종 매체에 칼럼을 기고하고 있기도 하다.
이 책의 나머지 부분을 모두 집필했다

소셜픽션랩 SOCIAL FICTION LAB

함께 모여 상상하면 즐거운 마음으로 사회를 변화시킬 수 있다는 믿음을 가지고 만든 연구소로 소셜픽션을 통해 개인과 사회의 문제를 치유하고 해결하는 일을 한다. 상상에 관련된 다양한 일을 하는데, 콘텐츠를 만들고 강연을 진행하고 또 특별한 문제에 대해 여러 사람이 모여 즐겁게 상상하는 소셜픽션 워크숍과 컨퍼런스를 기획하고 진행하기도 한다. http://www.socialfiction.kr